die 091 Foto: dw

Ingrid Retterath

Insel Djerba & Zarzis

„Die Luft ist so mild, dass man nicht sterben kann."

Gustave Flaubert, franz. Schriftsteller (1821–1880), über die Insel Djerba

Impressum

Ingrid Retterath
Insel Djerba & Zarzis

erschienen im
Reise Know-How Verlag Peter Rump GmbH
Osnabrücker Str. 79, 33649 Bielefeld

1. Auflage 2007

Gestaltung
Umschlag: G. Pawlak, P. Rump (Layout); M. Luck (Realisierung)
Inhalt: G. Pawlak (Layout); M. Luck (Realisierung)
Karten: C. Raisin; der Verlag
Fotos: I. Retterath (ir) und D. Winter (dw)
Titelfoto: D. Winter

Lektorat: M. Luck

Druck und Bindung: Media Print, Paderborn

ISBN 978-3-8317-1534-3
Printed in Germany

Dieses Buch ist erhältlich in jeder Buchhandlung Deutschlands, Österreichs, der Niederlande, Belgiens und der Schweiz. Bitte informieren Sie Ihren Buchhändler über folgende Bezugsadressen:

Deutschland
Prolit GmbH, Postfach 9, D-35461 Fernwald (Annerod)
sowie alle Barsortimente

Schweiz
AVA-buch 2000, Postfach, CH-8910 Affoltern

Österreich
Mohr Morawa Buchvertrieb GmbH, Sulzengasse 2, A-1230 Wien

Niederlande, Belgien
Willems Adventure, Postbus 403, NL-3140 AK Maassluis

Wer im Buchhandel trotzdem kein Glück hat,
bekommt unsere Bücher auch über unseren
Büchershop im Internet: www.reise-know-how.de

Ingrid Retterath
Insel Djerba
& Zarzis

Reise Know-How im Internet

Aktuelle Reisetipps und Neuigkeiten
Ergänzungen nach Redaktionsschluss
Büchershop und Sonderangebote

www.reise-know-how.de
info@reise-know-how.de

Wir freuen uns über Anregungen und Kritik.

Reise Know-How

Vorwort

Beim Schreiben dieses Reisehandbuchs wurde ich gefragt: „Einen ganzen Reiseführer nur über Djerba und Zarzis schreibst du? Womit willst du denn die vielen Seiten füllen?". Wer die Insel kennt, kann sich vorstellen, dass ich beim Schreiben eine ganz andere Sorge hatte: Wie schaffe ich es, alle wesentlichen Informationen einzubauen, ohne den Umfang eines handlichen Urlaubshandbuchs zu sprengen?

Djerba – das klingt nach Sonne, Meer und Palmen, nach Orient, Dromedaren und Gewürzhändlern. Keine dieser Erwartungen wird enttäuscht, und der Reisende ist überrascht, welche **landschaftliche und kulturelle Vielfalt** sich darüber hinaus bietet.

Auf der Insel leben die **unterschiedlichsten Menschen friedlich zusammen.** Dies ist schon daran zu erkennen, dass es in dieser zu über 90% von Sunniten bewohnten Region auch ibaditische Moscheen, eine Synagoge und eine christliche Kirche zu besichtigen gibt. Hinter diesen Gebäuden stehen selbstverständlich auch die entsprechenden Religionsgemeinschaften. Schülerinnen der Hotelfachschule in Jeans feilschen mit Berberinnen in traditioneller Tracht auf dem Wochenmarkt. Selbst bei den Touristen fehlt die übliche Polarisierung: Hier fühlen sich Sonnenanbeter drei Wochen lang wohl, hier machen mit gleichem Genuss die Saharafahrer nach vielen Tagen im Motorradsattel, Lkw-Führerhaus oder Geländewagen einen Zwischenstopp zum Ausspannen, bevor es wieder nach Norden zur Fähre geht.

Bei 325 Sonnentagen im Jahr sind **alle denkbaren Urlaubsaktivitäten** ein Genuss. Ich wünsche Ihnen daher eine abwechslungsreiche Reise mit vielen netten Begegnungen.

Ingrid Retterath

Inhalt

Praktische Tipps A–Z

unter Mitarbeit von *Elfi H. M. Gilissen*

Exkurse zwischendurch

Kartenverzeichnis

Djerba im Überblick

- **Lage:** im Golf von Gabès, 3 km vor der tunesischen Küste, N 33°49′, E 11°10′
- **Fläche:** 514 km²
- **West-Ost-Ausdehnung:** 28 km
- **Nord-Süd-Ausdehnung:** 24 km
- **Einwohner:** 120.000
- **Hauptstadt:** Houmt Souk, 17.000 Einwohner
- **Religion:** überwiegend sunnitische Muslime, außerdem ibaditische Muslime sowie Juden und Christen
- **Währung:** Tunesischer Dinar (TD); 1 Euro = 0,59 TD (Jan. 2007)

Houmt Souk

Der Osten

Die Mitte

Der Westen

Auf dem Festland

Anhang

Hinweise zur Benutzung

- Die **geografischen Bezeichnungen** sind grundsätzlich von den französischen Namen vor Ort übernommen worden. Sollte der arabische Name in seiner Aussprache erheblich vom französischen abweichen, sind beide aufgeführt.
- **Telefonnummern im Festnetz** sind ohne die auf ganz Djerba und in Zarzis geltende Vorwahl (75) aufgeführt.

- **Preisangaben: TD** steht für den Tunesischen Dinar.
- Hinweis: Die **Internet- und E-Mail-Adressen** in diesem Buch können – bedingt durch den Zeilenumbruch – so getrennt werden, dass ein Trennstrich erscheint, der nicht zur Adresse gehören muss!

Was man unbedingt sehen sollte

Auf Djerba

- **La Ghriba:** Die Synagoge im Inselinneren ist seit Jahrhunderten Symbol für das friedliche Zusammenleben von Muslimen und Juden.
- **Ras Remel:** Die Flamingo-Insel kann kitschig-romantisch mit dem Piratenschiff oder sportlich per pedes erreicht werden.
- **Strand von Sidi Mahrès:** Der längste Strand auf Djerba lädt zu langen Strandspaziergängen ein.
- **Guellala:** Töpferdorf und Museum am höchsten Punkt der Insel.
- **Midoun:** Der betriebsame Ort zwischen den beiden Hotelzonen steht kurz davor, Houmt Souk den Rang abzulaufen.
- **Ras Taguermes:** Unter dem höchsten Leuchtturm Tunesiens ist ein geschmackvoll eingerichtetes Museum mit vielen liebevoll zusammengestellten Details entstanden.
- **Houmt Souk:** An jedem Wochentag lässt es sich gut in den engen Altstadtgassen bummeln und shoppen, an Markttagen ist dies ein besonderes Erlebnis.
- **Sidi Djimour:** Ehemalige Moschee an der Westküste mit herrlichen Sonnenuntergängen.
- **Bordj el Kastil:** Wer die alte Festung ganz im Süden der Insel mit dem Auto erreichen will, muss Unwägbarkeiten in Kauf nehmen.

Auf dem Festland

- **Zarzis, Marché des Chameaux:** Buntes Treiben herrscht bei diesem Viehmarkt sogar schon am Nachmittag vor dem eigentlichen Markttag.
- **Gightis:** Das Ausgrabungsgelände der Römerstadt am Golf von Bou Grara.
- **Bhiret el Bibane:** In der Lagune tummeln sich Fische, am Ufer freuen sich Flamingos und andere Vögel auf die nächste Algen- oder Fischmahlzeit.

dje_077 Foto: dw

Praktische Tipps A–Z

Als Gast in Tunesien

Ruhe und Gelassenheit

In Tunesien geht alles etwas langsamer und entspannter vonstatten als bei uns, Hektik und Stress sind fehl am Platze. Es hilft nur **Geduld, Gelassenheit, Toleranz und Freundlichkeit.** Das gilt in besonderem Maße für den Ramadan, wenn die Gläubigen tagsüber auf Essen, Trinken, Rauchen und Sex verzichten müssen und entsprechend müde und griesgrämig sind.

Mit freundlicher Bestimmtheit erreicht man bei Tunesiern am meisten. Ein „Danke" in der Landessprache („Schukran") zeigt Interesse am Reiseland und zaubert ein anerkennendes Lächeln ins Gesicht des Gegenübers. Auf ein zu forderndes Auftreten, das als extrem unhöflich angesehen wird, reagieren Tunesier verärgert und abwehrend. Wirkt man hingegen unsicher, wird man schnell „leichte Beute" und zum Beispiel mit Souvenirs versorgt, die man eigentlich gar nicht wollte, oder gelangt mit dem Taxi in den letzten Winkel der Insel, nur um sich zu fragen, wozu eigentlich. Kein Tunesier will Touristen verärgern, aber natürlich sind die „reichen" Besucher auch eine Geldquelle, und selbstverständlich will der fliegende Händler am Strand Kamelritte, Schmuck und Palmensetzlinge an den Mann und die Frau bringen. Wer kein Interesse hat und dann nur halbherzig (oder gar ängstlich) abwinkt, sich die Ware lange anschaut oder viele Fragen stellt, darf sich nicht wundern, wenn der Händler nachbohrt oder einige Schritte folgt.

Handeln

Wenn es nicht gerade ein Verkaufsstand mit Fixpreisen ist, sollte der Reisende um Andenken in jedem Fall handeln. Dies ist **Ausdruck der orientalischen Freude am Spiel** und gehört in der arabischen Mentalität ebenso zum Abschluss eines Kaufvertrages wie die obligatorische Einladung zum Tee während der Verkaufsverhandlungen

Bild auf den Seiten zuvor: Tiertransport à la tunisiènne

über hochpreisige Ware wie Teppiche und Lederjacken. Wer nicht handelt, gilt bei den Tunesiern als ignoranter Stoffel und wird geringschätzig betrachtet, hat er doch scheinbar zu viel Geld (und weiß es nicht zu schätzen)!

Um die Preise von Grundnahrungsmitteln, Getränken und Süßigkeiten hingegen wird keinesfalls gehandelt.

Fragen und Antworten

Tunesier sind höflich und wollen **dem Gast nur Nettes sagen.** Unangenehmes wird daher gerne verschwiegen. Es gilt als unhöflich, eine Frage nicht zu beantworten, also wird der Gast eher in die falsche Richtung geschickt, als dass er mit der Antwort „Weiß ich nicht!" brüskiert würde. Überhaupt versuchen Tunesier oft, das zu sagen, was der Fragende hören will. Wer auf die Frage „Bis zur Moschee XY ist es nicht weit, oder?" dem geantworteten „Nein, ganz nahe!" ungeprüft glaubt, kann sich mitunter auf einen stundenlangen Fußmarsch gefasst machen ...

Betteln

Erwachsenen Bettlern ein Almosen zu geben, besonders wenn sie alt oder behindert sind, ist nicht nur eine Säule des Islam (siehe Kapitel „Religionen"), sondern auch Christenpflicht und eine selbstverständliche Geste der Menschlichkeit.

Das **Betteln von Kindern** sollte nicht unterstützt werden; dies ist auch im Sinne der Eltern, die davon meist nichts ahnen und denken, die Kleinen seien brav in der Schule. Wer eine Leistung erbringt, soll dafür natürlich auch entlohnt werden. Hat Ihnen ein Kind zum Beispiel den Weg erklärt oder gezeigt, dürfen sie der Aufforderung „Donnez moi un stylo/un Dinar!" (Geben Sie mir einen Kugelschreiber/einen Dinar!) ruhig mit einer Kleinigkeit nachkommen.

Zärtlichkeiten

Der Austausch von Küssen, Streicheleinheiten und anderen Zärtlichkeiten **in der Öffentlichkeit** ist in Tunesien selbst bei verheirateten Paaren **unüblich**

bzw. verpönt und zieht abfällige Bemerkungen über die losen Sitten der Europäer nach sich. Davon ausgenommen sind die typischen südländischen Umarmungen zur Begrüßung mit Küsschen rechts, Küsschen links.

Kleidung

Weibliche Reisende sind gut beraten, Knie und Schultern bedeckt zu halten, das erspart auch Nachstellungen junger Einheimischer. Der Anblick behaarter Achseln und Beine gilt in Tunesien nicht als erstrebenswert. Kurze Hosen bei Männern werden geduldet, aber belächelt. In Tunesien käme kein Mann nach Erreichen der Pubertät auch nur auf die Idee, eine solche Hose anzuziehen, gilt sie doch als Unterhose. Freizeitmode ist auch bei jungen Tunesiern sehr beliebt, **wenig Verständnis** zeigen Tunesierinnen und Tunesier aber **für Europäer in zu enger** (= körperbetonter), **beschmutzter oder beschädigter Kleidung.** Gepflegtes Aussehen und dezente Bekleidung sollten daher eine Selbstverständlichkeit sein.

Man sollte es sich unbedingt verkneifen, die überall zum Kauf angebotene **Landestracht** zu tragen. Das wirkt schlicht albern! Eine solche Verkleidung ruft bei Einheimischen allenfalls Kopfschütteln hervor.

dje_075 Foto: ir

Oben ohne Selbst an den Swimmingpools der Hotels sind oben ohne badende Frauen eher selten anzutreffen, am Strand sollte dies mit Rücksicht auf die Moralvorstellungen der Einheimischen (und im Interesse des eigenen Ruhebedürfnisses) unbedingt **vermieden** werden.

Fotografieren Die Bewohner von Djerba und Zarzis sind inzwischen daran gewöhnt, dass Europäer sich zwar nicht trauen, mit ihnen zu sprechen, dafür aber hemmungslos fotografieren. Wenn Sie (einen) **Menschen** aus näherer Entfernung ablichten wollen, ist eine kurze Frage, auch nonverbal durch Blickkontakt und Hochhalten der Kamera, die richtige Vorgehensweise.

Homosexualität Obwohl das tunesische Strafrecht Homosexualität **unter Strafe** stellt, ist eine Reise nach Djerba für ein homosexuelles Paar allenfalls mit den gleichen Einschränkungen wie für ein heterosexuelles Paar verbunden: Der Austausch von Zärtlichkeiten in der Öffentlichkeit ist also zum Beispiel tabu (s.o.).

Wegen der strengen **islamischen Geschlechtertrennung** verbringen junge Tunesier viel mehr Zeit mit ihren Geschlechtsgenossen als Europäer; Freunde stehen sich näher – auch körperlich. So ist es unter tunesischen Männern genauso üblich, einen guten Freund zu umarmen und mit ihm eine Weile im Schulterschluss durch den Ort zu laufen, wie junge Tunesierinnen unabhängig von ihrer sexuellen Neigung Hand in Hand gehen. Dies ist für einen Mann und eine Frau in den Augen der Einheimischen nicht akzeptabel.

Die Schwulenszene im Land agiert **im Verborgenen.** Die HIV- und Aids-Raten sind denen in Europa vergleichbar und damit viel geringer als in den meisten afrikanischen Staaten. Im Falle einer Kontaktaufnahme mit Europäern muss – wie auch bei heterosexuellen Annäherungen – davon ausgegangen werden, dass das Gegenüber eine finanzielle „Unterstützung“ erwartet.

Buchtipps

- *Harald A. Friedl,* **Respektvoll reisen**
- *Birgit Adam,* **Als Frau allein unterwegs**
- *Christine Pollok,* **KulturSchock Islam**

Alle Bände REISE KNOW-HOW Verlag, Bielefeld.

Anreise

Mittelmeerfähren

Von Frankreich und Italien

Von Frankreich und Italien verkehren Fährlinien Richtung Tunesien, **Ziel** ist stets **La Goulette bei Tunis.** Zu den Einreisebestimmungen mit Kraftfahrzeug siehe im Kapitel „Ein- und Ausreise". Für die Weiterfahrt nach Djerba ist einschließlich Pausen ein voller Tag oder eine volle Nacht einzuplanen (wobei man Nachtfahrten wegen unbeleuchteter Fahrzeuge und Fußgängern auf der Straße möglichst vermeiden sollte).

Während der Hauptsaison **in den Sommermonaten** und ganz besonders zum Ferienbeginn in Frankreich, Italien und Deutschland (oft Ende Juli/Anfang August) sowie **über die Weihnachtsfeiertage** sind die Verbindungen ab Genua sehr stark frequentiert und viele Abfahrten ausgebucht. Wer sich lange Wartezeiten ersparen will, sollte daher seine Fährtickets **frühzeitig buchen.** Dies ist sowohl bei den Generalagenturen als auch bei spezialisierten Reisebüros möglich. Das Reisebüro FERRYMAN berät über eine kostenfreie Hotline und erledigt Buchungen zuverlässig (s.u.).

Genua – Tunis

Diese Strecke wird von den **Reedereien CTN** (www.ctn.com.tn) und **GNV** (www.gnv.it) bedient. In der Hauptsaison (Juli bis September) gibt es bis zu fünf Abfahrten pro Woche. Je nach Schiff dauert die Überfahrt etwa 20–24 Stunden. In der Nebensaison fährt die CTN samstags nach Tunesien und freitags zurück. Die GNV hat zwei Abfahrten an unterschiedlichen Tagen (Achtung: Bei der Rückfahrt am Sonntag wird meist ein Zwischenstopp auf Malta eingelegt, Fahrzeit 2 Tage!).

dje_076 Foto: ir

Für Pkw sind die **Tarife** beider Reedereien in etwa gleich. Bei Fahrzeugen über 1,9 Metern Höhe ist CTN deutlich preiswerter! In der Nebensaison gibt es von CTN und SNCM einen besonders günstigen Rückfahrtarif (Sondertarif „Jasmin").

Diese Verbindung ist die **beliebteste Fährverbindung nach Tunesien!** Dafür gibt es einige gute Gründe:

- Für die meisten Abfahrtsorte der Urlauber in der Mitte bzw. im Norden Europas liegt Genua etwa 200 Kilometer **näher als Marseille.**
- **Günstige Zeitpunkte der Abfahrten:** ab Genua am Samstagnachmittag, ab Tunis am Freitagmittag; Dauer zwischen 20 und 24 Stunden, je nach Schiff.
- Diese Verbindung ist wesentlich **preisgünstiger als Marseille – Tunis;** als Richtwert gilt: etwa 100 Euro pro Pkw und 50 Euro pro Person.

Innertunesischer Fährverkehr zwischen Ajim/Djerba und Djorf/Festland

Livorno – Tunis

Von Juni bis September bietet die Reederei **Medmar** (www.medmargroup.it) zwei Abfahrten pro Woche. Da die Preise nur unwesentlich niedriger sind als auf der Strecke Genua – Tunis, ist diese Verbindung nicht wirklich interessant.

Rom – Tunis

Je einmal pro Woche fahren **GNV** (www.gnv.it) und **Grimaldi** (www.grimaldi-ferries-prestige.de) ab Civitavecchia nach Tunis. Auch hier gilt, dass die längere Anfahrt in keinem Verhältnis zu dem etwas niedrigeren Fahrpreis als ab Genua steht.

Neapel – Tunis

Medmar (www.medmargroup.it) fährt einmal die Woche in der Hochsaison (Juni bis September) in 18 Stunden nach Tunis.

Sizilien – Tunis

Von Palermo und Trapani gibt es insgesamt drei Verbindungen; Dauer: 8–10 Stunden.

Buchung

- **Reisebüro FERRYMAN,** www.TheFerryman.de, Tel. 0800-33779626.

dje_078 Foto: ir

Am Fährhafen La Goulette in Tunis

Zur **Einreise mit einem Kraftfahrzeug** werden Führerschein und Fahrzeugschein (Zulassungsbescheinigung Teil 1) benötigt. Die internationale Grüne Versicherungskarte wird nur dann anerkannt, wenn sie für Tunesien gültig geschrieben ist. Bei einem Aufenthalt von weniger als drei Monaten ist die Einfuhr von Kraftfahrzeugen und Anhängern zoll- und steuerfrei, die Zollbeamten nehmen bei Ein- und Ausreise eine Eintragung im Reisepass vor. Zusätzlich wird ein tunesischer Fahrzeugschein ausgestellt. Ein Großteil der Formalitäten wird während der Überfahrt an Bord der Schiffe der CTN und SNCM vorgenommen. Fährt man mit einer anderen Gesellschaft, dauern die Formalitäten bei der Einreise auch nicht wirklich länger.

Auf dem Landweg ab Tunis

506 km bis Houmt Souk

Die Autobahn ab Tunis führt an Hammamet und Sousse vorbei bis zum Autobahnende M'Saken, danach erreicht man Djerba und Zarzis auf Nationalstraßen über Kairouan oder Sfax und Gabès.

Mit Bahn und Bus

Über Nacht

Ab Tunis fährt täglich um 22.20 Uhr ein Nachtzug der SNCFT über Sousse und Sfax **nach Gabès,** dort steigt man um 4.05 Uhr in den **Fernbus** um, der um 6.30 Uhr in Houmt Souk und um 7 Uhr in Midoun ist. Für die Rückfahrt starten die Busse in Midoun um 20.45 Uhr, in Houmt Souk um 21.15 Uhr. In Gabès wird um 0.05 Uhr umgestiegen, Tunis erreicht man dann um 5.35 Uhr. Das Ticket kostet 19,2 TD für die Strecke Tunis – Djerba, als Hin- und Rückfahrt 33,750 TD.

- Weitere und **aktuelle Zugverbindungen** sind online unter http://www.fahrplancenter.com/Fahrplan_SNCFT.html zu finden.

Louage – Sammeltaxi für den Überlandverkehr

Flugverbindungen

Nonstop-Verbindungen aus dem deutschsprachigen Raum mit Linienfluggesellschaften nach Djerba bestehen ein- oder zweimal wöchentlich mit **LTU** von Düsseldorf, Frankfurt und München sowie mit **Tunis Air** von Berlin-Schönefeld, Hamburg, Frankfurt, München und Zürich. Die Flugzeit zum Beispiel von Frankfurt nach Djerba beträgt knapp drei Stunden.

Flugpreise

Ein Economy-Ticket von Deutschland, Österreich und der Schweiz hin und zurück nach Djerba bekommt man je nach Jahreszeit und Aufenthaltsdauer **ab etwas mehr als 100 Euro** (Endpreis inkl. aller Steuern, Gebühren und Entgelte). Am teuersten ist es im Sommerhalbjahr: Flüge in den Sommerferien (Juli und August) können mehr als 300 Euro kosten. Das gilt auch für Flüge über Weihnachten und Neujahr.

Für die Tickets der Linienairlines findet man bei folgenden **zuverlässigen Reisebüros** meistens günstigere Preise als bei vielen anderen:

Buchung

- **Jet-Travel,** Buchholzstr. 35, 53127 Bonn, Tel. 0228-284315, Fax 284086, info@jet-travel.de, www.jet-travel.de. Sonderangebote auf der Website unter „Schnäppchenflüge".
- **Globetrotter Travel Service,** Löwenstr. 61, 8023 Zürich, Tel. 01-2286666, zh-loewenstrasse@globetrotter.ch, www.globetrotter.ch. Weitere Filialen siehe Website.

Billigairlines

Preiswerter geht es nur, wenn man bei einer Billigairline **sehr früh online bucht** (beim Callcenter wird eine Zusatzgebühr von ca. 10 Euro fällig und der Anruf selbst ist teuer). Es werden keine Tickets ausgestellt, sondern man bekommt nur eine Buchungsnummer per E-Mail. Zur Bezahlung wird in der Regel eine Kreditkarte verlangt.

Im Flugzeug gibt es oft **keine festen Sitzplätze,** sondern man wird meist schubweise zum Boarden aufgerufen, um Gedränge weitgehend zu vermeiden. **Verpflegung** wird **extra** berechnet.

Reise-Know-how für Fluggäste

Check-in

Nicht vergessen: **Individualreisende** nach Tunesien kommen ohne **gültigen Reisepass** nicht an Bord des Flugzeuges, bei Buchung einer **Pauschalreise** genügt der **Personalausweis.**

Bei den meisten internationalen Flügen muss man **2–3 Stunden vor Abflug am Schalter** der Airline eingecheckt haben.

Wenn ein vorheriges Reservieren der **Sitzplätze** nicht möglich war, hat man die Chance, einen Wunsch bzgl. des Sitzplatzes zu äußern.

Das Gepäck

In der Economy Class darf man in der Regel nur Gepäck **bis zu 20 kg pro Person** einchecken (steht auf dem Flugticket) und zusätzlich ein Handgepäck von 7 kg in die Kabine mitnehmen, welches eine bestimmte Größe von 55 x 40 x 23 cm nicht überschreiten darf.

Aus **Sicherheitsgründen** dürfen Taschenmesser, Nagelfeilen, Nagelscheren, sonstige Scheren und Ähnliches nicht mehr im Handgepäck untergebracht werden. Diese sollte man unbedingt im aufzugebenden Gepäck verstauen, sonst werden diese Gegenstände bei der Sicherheitskontrolle einfach weggeworfen. Darüber hinaus gilt, dass Feuerwerke, leicht entzündliche Gase (in Sprühdosen, Campinggas), entflammbare Stoffe (in Benzinfeuerzeugen, Feuerzeugfüllung) etc. nichts im Passagiergepäck zu suchen haben.

Seit November 2006 dürfen auch **Flüssigkeiten** oder vergleichbare Gegenstände in ähnlicher Konsistenz (z.B. Getränke, Gels, Sprays, Shampoos, Cremes, Zahnpasta, Suppen) nur noch in der Höchstmenge von 0,1 Liter als Handgepäck mit ins Flugzeug genommen werden. Die Flüssigkeiten müssen in einem durchsichtigen wiederverschließbaren Plastikbeutel transportiert werden, der max. 1 Liter Fassungsvermögen hat. Ausgenommen sind z.B. Babynahrung und persönlich verschriebene Medikamente, die während des Fluges benötigt werden.

Rückbestätigung

Bei den meisten Airlines ist heutzutage die Bestätigung des Rückfluges nicht mehr notwendig. Allerdings empfehlen alle Airlines, sich dennoch **telefonisch** zu **erkundigen,** ob sich an der Flugzeit nichts geändert hat, denn kurzfristige Änderungen der genauen Abfluguhrzeit kommen beim zunehmenden Luftverkehr heute immer häufiger vor.

Wenn die Airline allerdings eine **Rückbestätigung (reconfirmation)** bis 72 oder 48 Stunden vor dem Rückflug verlangt, sollte man auf keinen Fall versäumen, die Airline kurz anzurufen, sonst kann es passieren, dass die Buchung im Computer der Airline gestrichen wird; der Flugtermin ist dahin. Das Ticket verfällt aber nicht dadurch, es sei denn, die Gültigkeitsdauer wird überschritten, aber unter Umständen ist in der Hochsaison nicht sofort ein Platz auf einem anderen Flieger frei.

Die Rufnummer kann man von Mitarbeitern der Airline bei der Ankunft, im Hotel, dem Telefonbuch oder auf der Website der jeweiligen Airline erfahren.

- **Air Berlin,** www.airberlin.com. Von vielen deutschen Flughäfen sowie von Wien nach Djerba.
- **Hapagfly,** www.hapagfly.com. Von vielen deutschen Städten nach Djerba.

Last Minute

Wer sich erst im letzten Augenblick für eine Reise nach Djerba entscheidet oder gern pokert, kann Ausschau nach Last-Minute-Flügen halten, die von einigen Airlines mit deutlicher Ermäßigung **ab etwa 14 Tage vor Abflug** angeboten werden, wenn noch Plätze zu füllen sind. Diese Last-Minute-Flüge lassen sich nur bei Spezialisten buchen:

Buchung

- **L'Tur,** www.ltur.com, (D)-Tel. 01805-212121 (0,12 Euro /Min.), (A)-Tel. 0820-600800 (0,12 Euro/Min.), (CH)-Tel. 0848-808088 (0,12 SFr/Min.); 140 Niederlassungen europaweit.
- **Lastminute.com,** www.lastminute.com, (D)-Tel. 01805-777257 (0,12 Euro/Min.).
- **5 vor Flug,** www.5vorflug.de, (D)-Tel. 01805-105105 (0,12 Euro/Min.).
- **www.restplatzboerse.at:** Schnäppchenflüge für Leser in Österreich.

Buchtipps

- *Erich Witschi,* **Clever buchen – besser fliegen**
- *Frank Littek,* **Fliegen ohne Angst**

Beide Bände REISE KNOW-HOW Verlag, Bielefeld.

Ausflüge

Auf eigene Faust

Mit Mietwagen, Louage oder Bus

Auf Djerba und in Südtunesien lässt es sich problemlos **ohne Führer** allein reisen, auch wenn die Vertreter der Reisegesellschaften oft das glatte Gegenteil behaupten, um ihre Fahrten besser verkaufen zu können. Mit Mietwagen, Louage oder Bus kann man das Land ganz individuell entdecken. Zarzis-Urlauber werden bestimmt einige Ausflüge nach Djerba machen, auch in Gegenrichtung lohnt sich dies. Wer mehr Zeit hat, wird einen oder mehrere der folgenden Orte auf seine Ausflugsliste setzen:

Chebika Die Römer bauten hier den Beobachtungsposten Ad Speculum, heute bildet die **Bergoase** zusammen mit Mides und Tamerza ein traumhaftes Ausflugsziel. Am Grunde einer kesselförmigen Schlucht sprudelt eine Quelle hervor, am Ufer sitzen kleine Frösche und genießen die Feuchtigkeit.

Chenini Das malerische alte **Höhlendorf** im Berghang diente schon einigen internationalen Regisseuren als Filmkulisse. Sehenswert sind die vielen Ölmühlen, die alte Moschee Jemaa Kedima und die „Gräber der sieben Riesen".

Chott el Djerid Die größte zusammenhängende **Salzwüste** der Sahara ist vielen Lesern schon aus der Kindheit bekannt: In „Durch die Wüste" ließ *Karl May* den armen *Hadschi Halef Omar* hier seine gefährlichsten Abenteuer bestehen.

Douiret Dieses Bergdorf mit den in den Berg gegrabenen **Wohnhöhlen** ist ebenso schön wie Chenini, aber längst nicht so von Touristen überlaufen. Der Ort war früher Rastpunkt für Karawanen nach Gabès und in das lybische Ghadamès.

Douz Die **Oase** Douz gilt als das **Tor zur Sahara.** Hier starten die meisten Offroader in das Fahrvergnügen im „größten Sandkasten der Welt". Besonders sehenswert ist der Viehmarkt am Donnerstag, es ist der größte in Südtunesien.

Gabès Die Provinzhauptstadt Gabès hat wunderschöne **Palmengärten** und einen besonders **lebhaften Wochenmarkt.** Nach einem Bummel in der Altstadt fährt man mit der Kutsche durch die Oase und bewundert die vielfältigen Obstgärten.

Guermassa Das gut erhaltene **Berghöhlendorf** liegt hoch oben über den Hügeln rund um Tataouine. Die frisch gestrichene Moschee sitzt idyllisch auf einem Bergsattel, in ihrem Schatten betreibt eine junge Frau in der letzten noch bewohnten Höhle ein Café.

Ksar Ghilane Diese **Oase** an der Pipelinepiste stellt für die meisten Djerba-Reisenden den Höhepunkt eines Ausflugs in die **Sahara** dar, für Offroader ist sie willkommener Zwischenstopp. Eine Wanderung oder ein Ritt zum alten Ksar ist einem Bad in der warmen Quelle (Bilharziose-Gefahr!) vorzuziehen.

Matmata Die **Höhlenwohnungen** von Matmata waren in der zerklüfteten Felsenlandschaft eine praktische und kühle Wohnart. In den weichen Stein- und Lehmboden gruben die Bewohner einen *Haouch* (Hof), um den die Räume der Familie und die Ställe angeordnet sind.

Medenine Medenine war über viele Jahrhunderte der **Kreuzungspunkt bedeutsamer Karawanenwege** und wichtiges Getreidelager. Von den unzähligen Vorratsspeichern früherer Zeiten sind drei **Ksour** gut erhalten und ziehen täglich Busladungen von Reisenden in ihren Bann.

Mides Hoch auf dem Berg bildet eine **kleine Oase** einen grünen Baldachin über tiefen Schluchten. Die verlassenen Wohnungen der Altstadt erzählen von vergangenen Zeiten.

Nefta Vielfach wird Nefta wegen seiner Nähe zur algerischen Grenze von Reiseveranstaltern übersehen. Dies ist schade, denn die westlichste **Oase am Chott el Djerid** ist **religiöser Mittelpunkt** der Region und Heimat vieler schöner Moscheen und Marabouts.

Seldja-Schlucht

Der legendäre **Salonzug Lézard Rouge** (Rote Eidechse) fährt vom Bahnhof Metlaoui durch einen unbeleuchteten Tunnel in das herbe Tal mit seinen über 100 Meter hohen Felswänden. Auch zu Fuß ist der Weg in die Schlucht idyllisch, man folgt dem palmenbestandenen Flusslauf.

Tamerza

Hinter einer Bergkette verbirgt sich die wohl **beeindruckendste Bergoase.** Bei der Anfahrt von Chebika bietet sich ein herrlicher Blick zurück in den Chott – der **Wasserfall** ist eines der beliebtesten Fotomotive in Südtunesien.

Tataouine

Die Provinzhauptstadt brummt an den **Markttagen** Montag und Donnerstag nur so vor Händlern und Kunden. An den anderen Wochentagen ist sie guter Ausgangspunkt für Ausflüge zu den zahlreichen **Ksour** und **Ghorfa-Anlagen** in unmittelbarer Umgebung.

dje_079 Foto: dw

Touzeur Die **Oase am Westrand des Chott el Djerid** bezieht ihr Wasser aus sechs **Thermalquellen,** die schon den Römern bekannt waren. Die Lehmziegelarchitektur mit versetzten Ziegeln hält die Häuser kühler. Im Dezember steigt hier das **Sahara-Festival.**

Organisierte Ausflüge

Mit Reiseleiter Wer die Sicherheit einer Gruppe und Betreuung durch einen Reiseleiter bevorzugt, findet **in allen größeren Hotels Angebote** für Inselrundfahrten und Ausflüge, die sich in Preis und Ablauf kaum unterscheiden:

- **Inselrundfahrt:** ½ Tag 25 TD ab Djerba, 30 TD ab Zarzis; Besichtigungspunkte: Wochenmarkt in Sedouikech oder Midoun, Töpferstube in Guellala, Musée Guellala, Souks in Houmt Souk.
- **Djerba Explorer:** 14 TD.
- **„Piratenfahrt":** 1 Tag 40 TD ab Djerba, 45 TD ab Zarzis; Schifffahrt von Houmt Souk zur Flamingo-Insel.
- **Reitausflug:** 2 Std. 25 TD.
- **Kamelkarawane:** 2 Std. 26 TD.
- **Quad-Ausflug:** 1½ Std. 45 TD inkl. Helm, Benzin und Führer; ab 16 Jahre.
- **Tataouine und Chenini:** 1 Tag 42 TD; Tataouine, Chenini – Kulisse des Films „Der englische Patient" –, Ksour und Gorfas.
- **Berberdörfer:** 1 Tag 60 TD; Fähre von Ajim nach Djorf, Matmata, Dromedar-Ritt, Ksar El Ferch, Chenini, Douiret, Tataouine, Salzsee und Dünen, Römerdamm.
- **Matmata und Douz:** 1 Tag 75 TD; Fähre, Tamezret, Gewürzmarkt in Douz, Zaafrane (Kamelritt), Matmata, Fähre.
- **Berber und Nomaden:** 1 Tag 60 TD; Römerdamm, Zarzis, Salzsee, Markt in Chibou, Berberdörfer, Ksour, Sandpisten bei Chahbania, Römerdamm.
- **Oasis-Safari:** 2 Tage in kleinem Bus und Geländewagen 150 TD; Fähre, Chott el Djerid, Tamerza, Chebika, Tozeur, Hotelübernachtung, Douz (Dromedar-Ritt und Markt), Matmata, Römerdamm. Manche Anbieter haben diese Tour für 165 TD im Programm, dann ist eine Fahrt mit dem legendären Salonzug Lézard Rouge eingeschlossen.
- **Ksar Ghilane:** 2 Tage 150 TD; Römerdamm, Medenine, Ksar el Ferch, Tataouine, Chenini, Ksar Ghilane (Dromedar-Ritt und Zeltübernachtung), Matmata, Toujane, Fähre.

Ausrüstung und Kleidung

Ausrüstung Die Art der Ausrüstung ist stark **von der Art der Anreise und der Gestaltung des Urlaubs abhängig.** Im eigenen Fahrzeug auf dem Landweg ist sogar Platz für Campingausrüstung, der Flugpassagier muss sich innerhalb seiner Gepäckgrenzen gut überlegen, was eingepackt wird. Viele Sportler nehmen ihre eigenen Fahrräder, Golfschläger, Surfbretter, Tauch- und Schnorchelausrüstungen mit. Besonders Ausrüstungsgegenstände, bei denen es auf Passform ankommt, sollte man lieber mitbringen, z.B. die Tauchmaske und den Tagesrucksack. Ein Fernglas ist für Vogelbeobachtungen hilfreich, ein GPS-Empfänger zur leichteren Orientierung bei Ausflügen und zum Geocachen. Bei nächtlichen Fußmärschen ist man für eine Taschenlampe sehr dankbar, die Straßen sind schlecht beleuchtet. Vor Ort ist kaum Lesefutter in deutscher Sprache erhältlich, Bücher sollten daher mitgenommen werden. Für Sonnenanbeter gehört ein eigenes großes Handtuch ins Gepäck, nur wenige Hotels erlauben es, die Hotelhandtücher mit an den Pool oder Strand zu nehmen.

Kleidung Bei der Frage der richtigen Kleidung kommt es in erster Linie auf den eigenen Stil, die Qualität der Unterkunft, die geplanten Unternehmungen und die Reisezeit an. Generell ist **pflegeleichtes Baumwoll- oder Mischgewebe** eine gute Wahl. Außerhalb des Hotels fallen Männer nicht unangenehm auf, wenn sie lange Hosen tragen, Frauen meiden allzu kurze Röcke, kurze Hosen und Oberteile, die Bauch oder Schultern zeigen. Am Strand ist man europäische Bademode gewöhnt, „oben ohne" ist aber auch in vielen Hotels nicht erwünscht. Für den Abend, stark klimatisierte Gebäude und Fahrten in die Berge gehört eine Jacke ins Gepäck. Wer in einem Hotel mit Thermalpool unterkommt, sollte Badesachen mitnehmen, bei denen es nicht schlimm ist, wenn sie von den im Wasser gelösten Mineralien verfärbt werden.

Kopfbedeckung

Eine Kopfbedeckung griffbereit mitzuführen ermöglicht eine Reise ohne Sonnenstich, denn auch im Winter ist die Intensität der Sonnenstrahlung nicht zu unterschätzen. Für Damen ist ein großes leichtes Tuch ein praktischer Begleiter, über Schultern und/oder Kopf gelegt, **schützt** es **vor Sonne, Staub und Wind.** Im Souk, Café oder Markttreiben lassen sich zu nackte Schultern oder tiefe Ausschnitte so schnell verhüllen.

Sonstiges

Auch eine Sonnenbrille darf nicht fehlen. Zur notwendigen Ausrüstung gehören die **persönlich benötigten Medikamente** und Einreibemittel gegen Insekten und Sonnenbrand. Ohrenstöpsel können in manch einem Hotel in der Innenstadt, an einer Durchgangsstraße oder mit Disco wichtig werden. Im Waschbeutel machen sich Brillenputz- und Feuchtreinigungstücher sowie Toilettenpapier gut.

Autofahren

Verkehrsregeln

Die Verkehrsregeln in Tunesien entsprechen im Allgemeinen den mitteleuropäischen. Die Rechts-vor-links-Regel gilt auch im Kreisverkehr, es herrscht **absolutes Alkoholverbot** am Steuer, und – auch wenn es anders scheinen mag – es besteht **Anschnall- und Helmpflicht.** Fahrbahnmarkierungen in Gelb und Rot-weiß kennzeichnen Parkverbotszonen, deren Nichtbeachtung zieht in Midoun, Zarzis und Houmt Souk schnell den Einsatz von Radkrallen nach sich. Bei Dämmerung und Dunkelheit fährt man innerorts mit Standlicht. Zum Linksabbiegen geht es oft zunächst einmal rechts von der Straße herunter, um sie dann zu queren. Auf ganz Djerba ist außerorts die Höchstgeschwindigkeit von 70 km/h zu beachten, nur auf der neuen vierspurigen Straße im Osten der Insel darf 90 km/h schnell gefahren werden.

Unfälle

Bei Verkehrsunfällen sollte stets die **Polizei** hinzugezogen werden, für Unfälle mit Personenschäden ist dies gesetzlich vorgeschrieben (siehe auch „Notfälle"). Zur Abwicklung im Heimatland empfiehlt es sich, einen internationalen **Unfallbericht** mitzuführen, auf dem die Unfallbeteiligten zumindest in den Sprachen Deutsch und Französisch ihre Angaben machen können, ohne das Gefühl zu haben, vom Gegenüber übertölpelt zu werden.

Abschleppen

Sollte das Auto **wegen falschen Parkens** abgeschleppt worden sein, so kann es gegen Entrichtung einer Gebühr von etwa 30 TD bei der *Fourrière,* der Verkehrspolizei, ausgelöst werden.

Tankstellen

In Tunesien gibt es vorwiegend **Bedienungstankstellen,** das wirkt sich aber auf den Kraftstoffpreis nicht aus, dieser ist landesweit einheitlich: Ende 2006 lag Diesel bei 0,740 TD pro Liter, Super und Super bleifrei bei 1,1 TD. Für Diesel hält man Ausschau nach einer Zapfsäule mit der Aufschrift „Gasoil", Benzin heißt „Essence". Wenn der Tankwart „plain?" fragt, will er wissen, ob voll getankt werden soll. Gezahlt wird unmittelbar an der Zapfsäule, wer für den Tankvorgang nur den Tankschlüssel herausgereicht hat, wird auch am Autofenster abkassiert. Gerade im Süden des Landes nahe der libyschen Grenze gibt es viele **Kanistertankstellen,** an denen der Treibstoff zwar etwas preiswerter, aber von mitunter zweifelhafter Qualität ist. Die „Stationen" sind an den rot angemalten Plastikkanistern zu erkennen, die nachts sogar werbewirksam von innen beleuchtet werden.

Werkstätten

Autowerkstätten sind am ehesten **in Houmt Souk** zu finden, hier am Ortseingang von El May kommend. Bei einem Plattfuß findet man auch in den kleineren Orten Hilfe; die Reparaturstellen sind an einigen Reifen vor dem Laden zu erkennen. Für wenig Geld wird der Reifen von Hand abgezogen, geflickt und wieder montiert.

Camping

Campingplätze

Campingplätze sind auf Djerba und in Zarzis rar. In **Aghir** sind hierfür das Jugendferienzentrum und das Hotel Sidi Slim die wichtigsten Anlaufpunkte, in **Zarzis** das Hotel Amira. Viele andere kleine Hotels erlauben auf freundliches Bitten hin ein bis zwei Übernachtungen im Wohnmobil oder Dachzelt.

Wild campen

Wildes Camping ist nicht erlaubt, wird aber **mancherorts geduldet.** Bei Tunesiern und Libyern beliebt sind dafür die Westküste Djerbas, der „Strand der 5000 Jahre" am Ras Remel und die Sebkhets am Ras Taguermes und bei Zarzis. Sollte Wohnbebauung in der Nähe sein, ist es ratsam, die Bewohner um Erlaubnis zu fragen.

بطاقة ركوب أو نزول

CARTE D'EMBARQUEMENT ET DE DEBARQUEMENT

Nom ... Name ... : اللقب
Prénom ... Vornáme ... : الإسم
Nom de jeune fille ... Geburtsname ... : اللقب العائلي عند الولادة
Date et lieu de naissance ... Tag + Ort der Geburt ... : تاريخ ومكان الولادة
Nationalité ... Nationalität ... : الجنسية
Profession ... Beruf ... : المهنة
N° du passeport ... Passnummer ... : رقم الجواز
N° carte d'identité (*) ... Personalausweisnummer ... : أو بطاقة التعريف
Date / lieu d'émission ... Tag / Ort der Ausgabe ... : تاريخ ومكان الإصدار
Venant de / allant à ... kommend von / gehend nach ... قادم من / ذاهب إلى
Domicile ... Adresse in Tunesien ... : المقر الرسمي

بطاقة زائر (غير مقيم)

CARTE DE VISITEUR "NON RESIDENT"

Nom et Prénom ... : اللقب والاسم
Nom de jeune fille ... : اللقب العائلي عند الولادة
Date et lieu de naissance ... : تاريخ ومكان الولادة
Nationalité ... : الجنسية
Adresse en Tunisie ... : العنوان بتونس
N° du passeport ... : رقم الجواز
N° carte d'identité (*) ... (*) : أو بطاقة التعريف
Date / lieu d'émission ... : تاريخ ومكان الإصدار
(*) Si le visiteur est admis sans passeport — (*) في حالة قبول الزائر بدون جواز سفر

Code : 1206053/200
Mode : 213

Internationale Einreise- und Ausreisekarte

Familienname ______ (Bitte hier nichts schreiben)
Vornamen ______
Bei Frauen Geburtsname ______
Geburtsdatum und Geburtsort ______
Staatsangehörigkeit ______
Beruf ______
Zweck der Reise ______
Ständige Anschrift ______
Anschrift in Tunesien ______
Ankunft aus ______
Reiseziel ______
Passnummer ______
Ausstellungsdatum und Ausstellungsort ______
Nummer des Personalausweises Ausstellungsdatum und -ort ______

Besucherkarte Nichtansässige („Non Resident")

Familienname und Vornamen ______
Bei Frauen Geburtsname ______
Geburtsdatum und Geburtsort ______
Staatsangehörigkeit ______

Ein- und Ausreise

Reisedokumente

Deutsche, österreichische und Staatsbürger aus der Schweiz benötigen für die Einreise einen gültigen **Reisepass;** Kinder bis 15 Jahre können mit einem **Kinderausweis** (mit Foto!) einreisen, wenn sie in Begleitung der Eltern sind. Bei Kinderausweisen ohne Lichtbild sind zwei aktuelle Bilder erforderlich und mit sich zu führen. **Minderjährige Reisende** (bis 18 Jahre) ohne Eltern benötigen eine unterschriebene Genehmigung ihrer Eltern mit Beglaubigung vom Einwohnermeldeamt.

Deutsche Pauschalreisende, die Flug und Hotel für die gesamte Aufenthaltsdauer im Voraus gebucht und bezahlt haben, können mit dem **Personalausweis** einreisen. Sie müssen das Hin- und Rückflugticket zu einem festen Termin sowie Hotel-Voucher vorweisen können.

Für einen **Aufenthalt bis zu drei Monaten** wird **kein Visum** benötigt. Aufenthaltsverlängerung *(Carte de séjour)* über größere Polizeidienststellen möglich (2 Passfotos, Nachweis über finanzielle Mittel, Unterkunftsbescheinigung und 6-TD-Marke *(Timbre fiscale)*.

Besucherkarte

Bei der Einreise ist eine **Internationale Einreise- und Ausreisekarte** auszufüllen. Oft wird sie schon im Flugzeug oder auf der Fähre verteilt, sie ist in Arabisch und Französisch formuliert, mit etwas Glück erhält man in der Hauptreisezeit im Sommer sogar deutschsprachige Formulare. Der obere Abschnitt wird bei der Einreise einbehalten, den etwas kleineren unteren Abschnitt behält der Reisende bis zu seiner Ausreise. Diese so genannte Besucherkarte ist stets zusammen mit dem Pass mitzuführen und auf Verlangen vorzuzeigen.

Bei der Einreise auszufüllen – die Internationale Einreise- und Ausreisekarte

Impfungen Es bestehen **keine Impfvorschriften** für Urlauber, die aus Europa anreisen (Gelbfieberimpfung nur bei Einreise aus einem Infektionsgebiet). Ein Malariaschutz ist nicht erforderlich (siehe auch Kapitel „Gesundheit" und im Anhang).

Kraftfahrzeuge Die vorübergehende Einfuhr von Kraftfahrzeugen nach Tunesien ist zoll- und steuerfrei. Bei einem Aufenthalt von bis zu drei Monaten erfolgt eine **Eintragung im Reisepass.** Zusätzlich wird ein tunesischer Fahrzeugschein ausgestellt. Das Nationalitätenkennzeichen muss am Fahrzeug angebracht sein. **Nationaler Führerschein** und **Fahrzeugschein** sind erforderlich. Wer ein auf fremden Namen zugelassenes Kfz einführt, benötigt eine Vollmacht des Halters (Vordrucke beim ADAC) in französischer Sprache.

Die **Internationale Grüne Versicherungskarte** muss für Tunesien (TN) gültig geschrieben sein; anderenfalls ist ein Versicherungsabschluss unmittelbar bei der Einreise in Tunesien Pflicht (Rückerstattung dieser Versicherungsbeiträge auf Antrag durch die eigene Kfz-Versicherung).

Zu empfehlen ist der Kauf eines **Auslandsschutzbriefes** (z.B. über einen Automobilclub, siehe „Notfälle").

Haustiere Für Hunde und Katzen ist eine **Impfbescheinigung gegen Tollwut** (bei Hunden auch gegen Staupe) erforderlich (mindestens 1, höchstens 6 Monate alt); ebenso ein **amtstierärztliches Zeugnis** (nicht älter als 6 Wochen).

Am Flughafen Mellita Die Ausweis- und Gepäckkontrollen, der Sicherheitscheck und das Verhalten des Flughafenpersonals entsprechen uneingeschränkt **internationalem/europäischem Standard.** Nach der Ankunft des Flugzeugs auf dem Rollfeld werden die Passagiere mit dem Bus zum Terminal gefahren. Dort gibt es die Möglichkeit für eine erste hastig gerauchte Zigarette und/oder einen Abstecher zum

dje_080 Foto: r

WC, bevor man sich in die Warteschlangen vor den Passkontrollen einreiht. Meist sind sechs bis zehn Schalter gleichzeitig geöffnet. Die Schalterbeamten wollen den Reisepass und die ausgefüllte Einreisekarte sehen, sie drücken einen Stempel in den Pass und geben die untere Hälfte der Einreisekarte zurück. Die sollte man gut verwahren, weil man sie bei der Ausreise abgeben muss (s.o.). Für Pauschalurlauber ist die Einreise auch mit Personalausweis möglich; das Prozedere ist dann das Gleiche, nur ohne Stempel.

Vor dem Rückflug sind alle noch vorhandenen Tunesischen Dinar zurückzutauschen. Schöner ist es natürlich, sie für letzte Andenken und Leckereien auszugeben, die hinter dem Check-In angeboten werden. Im Wartebereich kann dann schon wieder mit Euro bezahlt werden. Hier bietet das **Raykoma Restaurant** gute Backwaren und frisch gepressten Orangensaft an. Die Andenkenläden liegen mit ihren Preisen kaum über den Souks. Im

Die Ausfuhr von Keramikwaren ist völlig problemlos

Duty Free Shop ist die 1-Liter-Flasche klarer Boukha für 10–14,40 Euro zu haben, 0,75 Liter Thibarine-Likör kosten 8 Euro, Wein liegt zwischen 4,40 und 8 Euro.

Transfer zum Hotel

Bei der Wahl des Hotels kann für **Pauschalreisende,** besonders für Familien, auch die Transferzeit von Bedeutung sein. Üblich ist es, dass der Reiseveranstalter alle seine Kunden **mit einem Reisebus am Flughafen abholt** und alle gebuchten Hotels nacheinander abfährt. Das bedeutet für Gäste der Hotels in der westlichen Hotelzone am Plage de Sidi Mahrès eine Fahrt von etwa 20 Minuten, bis zu den Golfhotels und zum Ras Taguermes ist es schnell eine Dreiviertelstunde. Nach Aghir braucht der Bus etwas mehr als eine Stunde, die letzten Reisenden steigen in Zarzis nach etwa zwei Stunden Fahrt aus.

Informationen

Aktuelle Informationen **zu den Einreisebestimmungen** bieten die Landesvertretungen des tunesischen Fremdenverkehrsamtes, das Internet, die Reisedienste der Automobilclubs und die diplomatischen Vertretungen.

Botschaften Tunesiens

- **Deutschland:** Lindenallee 16, 14050 Berlin, Tel. 030-3641070, Fax 30280683; Konsularabteilung: geöffnet Mo. bis Sa. 8.30–13.30 Uhr.
- **Österreich:** Sieveringerstr. 187, 1190 Wien, Tel. 01-5815280, Fax 5815592; Konsularabteilung: geöffnet Di. bis Sa. 9–13 Uhr bzw. telefonisch Di. bis Fr. 9–16 Uhr.
- **Schweiz:** Kirchenfeldstr. 63, 3005 Bern, Tel. 031-3528226, Fax 3510445; geöffnet: Mo. bis Fr. 9–16 Uhr.

Zollbestimmungen

Ein-/Ausreise nach Tunesien/Djerba

Zusätzlich zum persönlichen Reisebedarf dürfen vorübergehend **zollfrei nach Tunesien** eingeführt werden:

- **Für den Eigenverbrauch** (pro Person über 17 Jahren): 100 Zigarren oder 400 Zigaretten oder 500 g Tabak; Alkohol: 2 l bis 25% oder 1 l über 25%; ¼ l Parfüm, 1 l Eau de Toilette.
- **Kraftstoff:** 20 l in Zusatzkanistern.

- **Außerdem:** 2 Fotoapparate verschiedenen Formats bzw. Marke mit je 20 Filmen, 1 Tonbandgerät, 1 Schmalfilmkamera mit 20 Filmen, 1 Videokamera, 1 Kofferradio, 1 Schreibmaschine, 1 Fernglas, Sport- und Campingausrüstung, 1 Fahrrad, 1 Kinderwagen, 1 PC (Wertgegenstände, z.B. Videokamera, PC, im Pass eintragen lassen, um Probleme bei der Wiederausfuhr zu vermeiden).

- **Verboten** ist Besitz und Einfuhr von **Funkgeräten** jeder Art (notfalls Ausbau aus dem Fahrzeug) und von **Waffen** (Feuerwaffen, Hieb- und Stichwaffen; bzgl. der Einfuhr von Jagdwaffen Informationsblatt beim Tunesischen Fremdenverkehrsamt ONTT anfordern). Der Besitz von **Rauschgift** (egal ob „hart" oder „weich") ist strengstens verboten (schon weniger als 1 g werden in Tunesien mit mindestens einem Jahr Haft und Geldstrafe geahndet; insgesamt kann sich das Strafmaß für Drogendelikte auf bis zu zehn Jahre Freiheitsstrafe belaufen). Auch **pornografisches Material** darf nicht eingeführt werden (und dazu kann schon ein freizügiges Cover einer deutschen Illustrierten zählen).

- **Ausreise:** Ausländische Reisende können ohne Formalitäten die Gegenstände ausführen, die sie für persönliche Zwecke im Land gekauft haben (sicherheitshalber bei größeren Souvenirkäufen Rechnung und Umtauschquittung aufbewahren). Verboten ist die Ausfuhr von antiken Gegenständen, Tieren und Wildpflanzen.

Rückreise nach D/A/CH

Bei der Rückreise in das Heimatland gelten auch auf europäischer Seite **Freigrenzen, Verbote und Einschränkungen.** Folgende Freimengen darf man zollfrei einführen:

- **Tabakwaren** (über 17-Jährige in EU-Länder und in die Schweiz): 200 Zigaretten oder 100 Zigarillos oder 50 Zigarren oder 250 g Tabak.
- **Alkohol,** über 17-Jährige in die EU: 1 l über 22% Vol. oder 2 l bis 22% Vol. und zusätzlich 2 l nicht-schäumende Weine; in die Schweiz: 2 l (bis 15% Vol.) und 1 l (über 15% Vol.).
- **Andere Waren für den persönlichen Gebrauch,** über 15-Jährige: nach Deutschland 500 g Kaffee, nach Österreich zusätzlich 100 g Tee; ohne Altersbeschränkung: 50 g Parfüm und 0,25 l Eau de Toilette sowie Waren bis zu 175 Euro. In die Schweiz Waren bis zu einem Gesamtwert von 300 SFr pro Person.

Wird der Warenwert von 175 Euro bzw. 300 SFr überschritten, sind **Einfuhrabgaben** auf den Gesamtwert der Ware zu zahlen und nicht nur auf den die Freigrenze übersteigenden Anteil. Die Berechnung erfolgt entweder pauschalisiert oder nach dem Zolltarif jeder einzelnen Ware zuzüglich sonstigen Steuern.

Einfuhrbeschränkungen bestehen zum Beispiel für Tiere, Pflanzen, Arzneimittel, Betäubungsmittel, Feuerwerkskörper, Lebensmittel, Raubkopien, verfassungswidrige Schriften, Pornografie, Waffen und Munition; in Österreich auch für Rohgold und in der Schweiz auch für CB-Funkgeräte. Nähere **Informationen** gibt es bei:

- **Deutschland:** www.zoll.de oder beim Zoll-Infocenter, Tel. 069-469976-00.
- **Österreich:** www.bmf.gv.at oder beim Zollamt Villach, Tel. 04242-33233.
- **Schweiz:** www.zoll.admin.ch oder bei der Zollkreisdirektion in Basel, Tel. 061-2871111.

Einkaufen und Souvenirs

Supermärkte, Geschäfte

Lebensmittel und Hygieneartikel werden besonders preiswert in den wenigen Supermärkten **Monoprix, Magazin General** und **Bonprix** angeboten. Die kleinen fensterlosen Läden mit der Aufschrift **„Alimentation General"** entsprechen in etwa unseren alten Tante-Emma-Läden. In den Re-

dje_081 Foto: ir

galen an den drei Seitenwänden sind Brot, Kaltgetränke, Kekse, Shampoo, Pulverkaffee, Papiertaschentücher, Monatsbinden und andere Dinge des täglichen Bedarfs zu finden. In der Kühltheke gibt es eine Auswahl an Käse und Joghurt. Pfiffige Inhaber, die auf kauffreudige Touristen setzen, haben die Beschriftung ihrer Läden um die Aufschrift „Aldi" oder „Lidl" ergänzt. Die Preise der Hotelshops sind nur für Notkäufe akzeptabel.

Handeln, Fixpreise

Beim Kauf von **Kunsthandwerk** scheuen einige Reisende vor dem guten alten orientalischen Brauch des Handelns zurück. Diesem Verhalten wird nun in den größeren Inselorten und in Zarzis Rechnung getragen, indem einige Händler mit Fixpreisen arbeiten. Für die Marktstände in Zarzis hat der örtliche Tourismuschef dies sogar verbindlich festgelegt. Die Fixpreise liegen nach unserer Erfahrung auf einem Niveau, das ein unerfahrener Europäer auch beim Handeln erreichen kann, wenn er den Mut hat, die ersten zwei bis drei Angebote des Händlers auszuschlagen.

Bei Alltagsgegenständen hilft es häufig, **darauf** zu **achten, was die Einheimischen zahlen.** Wenn der Händler für einen Djerba-Hut 8 TD fordert und sich von einem anderen Kunden nur 3 Dinarmünzen in die Hand zählen lässt, kann er auf die Frage, wie die 5 TD Differenz zustande kommen, meist nur noch entschuldigend die Schultern heben und den niedrigeren Preis akzeptieren.

Markttage

- **Montag:** Houmt Souk, Zarzis
- **Dienstag:** Sedouikech, Hassi Djerbi
- **Mittwoch:** Guellala
- **Donnerstag:** Houmt Souk
- **Freitag:** Midoun (beginnt schon am Donnerstagnachmittag), Zarzis
- **Samstag:** El May
- **Sonntag:** Guellala, Erriadh, Ajim

Was es hier wohl zu kaufen gibt ...?

Souvenirs

Keramik

Töpferwaren kauft man **am besten in Guellala beim Hersteller** selbst. Wer sichergehen will, dass es echte Guellala-Keramik ist, lässt sich den gesamten Arbeitsvorgang erklären und alle Produktionsschritte bis zum Brennofen vorführen. Bei intensiver interessierter Nachfrage wird jeder Anbieter einräumen, welche Ware er zugekauft hat, um dann umso stolzer auf die Teile hinzuweisen, die er selbst gefertigt hat. Auf offene Fragen wird offen geantwortet, wer allerdings schon deutlich zu erkennen gegeben hat, dass er nichts aus Nabeul kaufen will oder nur genau ein spezielles Stück haben will, muss auch damit rechnen, eine Notlüge zu hören, die dem Händler angesichts des zu erwartenden Geschäfts leicht über die Lippen kommen wird. In den Zentren von Houmt Souk, Zarzis und Midoun kann ebenfalls schöne Keramik zu günstigen Preisen gefunden werden, wenn man sich Zeit zum Preisvergleich nimmt.

Antiquitäten

Antiquitätengeschäfte sind auf Djerba **selten;** was in den üblichen Läden in den Souks oder gar von Straßenhändlern in der Nähe der Ausgrabungsstätten angeboten wird, sollte mit großer **Vorsicht** betrachtet und nur von Kennern gekauft werden. Wer sich aber darüber im Klaren ist, dass die wortreich als „echt ehrlich ganz total superechte antike

SOCOPA – La Société de Commercialisation des Produits de l'Artisanat

Diese **staatliche Einrichtung** dient dem Reisenden als sicherer Partner beim Kauf von **Kunsthandwerk** in Tunesien. Hier gibt es **faire Preise ohne Handeln,** aber auch ohne Souk-Flair. Unerfahrene Kaufwillige, die sich den Genuss des Feilschens nicht entgehen lassen wollen, erkundigen sich hier gerne zunächst nach den angemessenen Preisen, bevor sie sich in den Souks ans Verhandeln machen.

einmalige römische Münze" (so ein junger Mann an einem Touristenbus bei Gightis) ein gut gemachtes Duplikat ist, freut sich vielleicht an einem schön gearbeiteten Andenken und hat auch keinen Ärger mit dem Zoll.

Vorsicht bei Teppichen

Es kommt immer wieder zu **Betrügereien,** bei denen bestellte und angezahlte Ware nicht geliefert wird oder im gelieferten Paket minderwertige Ware verschnürt wurde. Für den Erwerb von Teppichen wird vom Auswärtigen Amt daher seit Jahren geraten, sich ausschließlich an eine SOCOPA-Verkaufsstelle oder die vom tunesischen Tourismusbüro ONTT empfohlenen Geschäfte zu wenden. Diese sind durch einen auffälligen offiziellen Aushang im Ausstellungsraum gekennzeichnet.

Wer nicht mit dem eigenen Fahrzeug in Tunesien unterwegs ist, den Teppich also nicht sofort mitnehmen kann, sollte Fotos von der bestellten Ware anfertigen und beim Abschluss des Kaufvertrags auf eine detaillierte Warenbeschreibung und Nachnahmezahlung bei Lieferung bestehen. **An-**

Preisbeispiele für Mitbringsel

- **Bild aus 6 Kacheln:** 9 TD
- **Kanne + 6 Tassen + 6 Untertassen:** 12 TD
- **Kanne + 6 Becher:** 10 TD
- **Aschenbecher:** 2–3 TD
- **„Magisches Kamel"** (Keramikspezialität): 4–5 TD
- **Keramikschüssel 25 cm:** 6 TD
- **Keramikschüssel 20 cm:** 3 TD
- **Schüssel aus Olivenholz 22 cm:** 36 TD
- **Käfig aus Sidi Bou Said:** 19/32/70 TD
- **Decke, Stück je nach Größe:** 40–80 TD

- **Schafwollteppich 10.000 Knoten/m²:** 80 TD/m²
- **Schafwollteppich 40.000 Knoten/m²:** 120 TD/m²
- **Schafwollteppich 90.000 Knoten/m²:** 200 TD/m²
- **Seidenteppich 250.000 Knoten/m²:** 1000 TD/m²
- **Kelim** (gewebt): 80 TD/m²
- **Mirgoun** (gewebt und gestickt): 80 TD/m²

zahlungen bis 20% des vereinbarten Preises sind angemessen. Der Restbetrag unterliegt der heimischen Mehrwertsteuer.

Schönheitsprodukte

In den Souks wird eine große Auswahl an Schönheitsprodukten angeboten. **Henna** gilt schon lange als erfolgreiches Haarstärkungsmittel und gibt einen rötlichen Schimmer. Vorsicht: Graue und weiße Haare werden karottenrot! Das schwarze **Khol-Pulver,** mit dem die orientalischen Schönheiten ihre Augen schminken, wird auch bei jungen Deutschen immer beliebter, wenn sie beim Testen keine Allergie gegen einen der Inhaltsstoffe entdecken. Auch die Nase wird umschmeichelt: Bei den **Parfumhändlern** reihen sich schier endlos viele Flaschen mit reinen ätherischen Ölen aneinander, die keinen Alkohol enthalten und daher jahrelang haltbar sind. Sie werden auf Wunsch auch gebrauchsfertig mit Alkohol zu Eau de Parfum oder Eau de Toilette bzw. mit Wasser verdünnt. So ersteht man Orangenwasser, mit dem in edlen Cafés der Kaffee verfeinert wird oder Rosenwasser für die Weihnachtsbäckerei. Auch die bunten leichten **Seidentücher** sind begehrte Mitbringsel von und für Frauen.

Sonstige Mitbringsel

Gebrauchsgegenstände aus Olivenholz, Lederwaren, Messingtöpfe, geschmiedete Kerzenleuchter, Silber- und Goldschmuck sind ebenfalls beliebte Andenken. Der Preis richtet sich bei allen Schmiedearbeiten nach dem Gewicht, bei ganz filigranen Motiven auch nach der darauf verwendeten Arbeitszeit, bei antikem Schmuck wird der Preis frei verhandelt. Silberschmuck ist mit einer Weinrebe gestempelt, kleinere Stücke mit einem stilisierten Kopf. Die Juweliere verarbeiten 18-karätiges Gold, das entspricht unserem 750er Gold. Für die Ausfuhr von Schmuck wird eine Kaufquittung benötigt.

Elektrizität

Kein Adapter

Die heimischen Eurostecker passen ohne Adapter in die Steckdosen. Die Netzspannung beträgt in der Regel **220 V,** in sehr abgelegenen Gebieten ganz selten 110 V.

Essen und Trinken

Kulinarische Vielfalt

Etwas Allgemeingültiges über die tunesische Küche zu sagen, ist kaum möglich. Die würzig-scharfen Eintöpfe der Garküchen haben kaum etwas gemein mit der erlesenen französischen Küche der Gourmetrestaurants. Alle Invasoren und Reisenden der vergangenen Jahrhunderte haben auch kulinarisch ihre Spuren hinterlassen. So begegnet der Reisende mediterraner Küche mit der typischen Gewürzvielfalt der **Araber,** der Liebe zu Oliven und Olivenöl der **Andalusier,** dem süßen Gebäck der **Türken,** der Haute Cuisine der **Franzosen** und Pizza & Pasta der **Italiener.**

Restaurants, Cafés

Restaurants sind meist mittags **ab 11.30 Uhr geöffnet, Cafés** schon in den frühen Morgenstunden **ab 6 oder 7 Uhr.** Ausnahmen bilden Betriebe, die ausschließlich von Touristen leben, hier gehen die Türen erst später auf. Beim Bezahlen sollte man **5–10% Trinkgeld** aufschlagen.

Restaurants €–€€€

Die Restaurants in diesem Urlaubshandbuch sind größtenteils in **drei Preiskategorien** unterteilt:

- € steht für **Einfachrestaurants, Imbisse und Garküchen,** in denen man ein Gericht für bis zu 3 TD und ein Menü unter 6 TD bekommt. Oft ohne WC und Handwaschbecken.
- €€ kennzeichnet **Mittelklasserestaurants und typische Touristenrestaurants** mit Preisen pro Gericht bei etwa 4–10 TD und pro Menü bis 15 TD. Einfache Sanitäranlagen sind vorhanden.
- €€€ steht für **Nobelrestaurants,** die mit allem Komfort ausgestattet und entsprechend teuer sind (ab 15 TD).

Tunesische Spezialitäten

- **Baklawa:** Grießgebäck mit dicker Mandelfüllung.
- **Brik à l'oeuf:** Die tunesische Vorspeise schlechthin! Ein rohes Ei wird in einen hauchdünnen Teigfladen geschlagen und in heißem Öl frittiert, bis das Eiweiß geronnen und der Teig goldbraun-knusprig ist. Mit etwas Zitrone beträufelt schmeckt das einfach nur köstlich! Neben dem reinen Brik à l'oeuf nur mit Ei werden Briks immer häufiger auch mit Petersilie, Spinat, Kartoffeln oder Tunfisch gefüllt.
- **Brochette:** Fleischspieß, meist Hammelfleisch, über offenem Feuer gegrillt.
- **Cassecroute:** Belegtes Stangenweißbrot. Wer keine Sonderbestellung macht, findet zwischen seinen Brothälften üblicherweise Tunfisch, Kapern und gehackte Tomaten, Oliven, Zwiebeln und Gurken. Abgerundet wird der Geschmack durch Olivenöl und Harissa. Auch mit Merguez ist eine Cassecroute ein echter Leckerbissen.
- **Chakchouka:** Vegetarischer Eintopf aus Zwiebeln, Kartoffeln, Pfefferschoten und Tomaten, manchmal auch mit einem Spiegelei obenauf (übersetzt: „Kuddelmuddel").
- **Café Turk:** Feiner orientalischer Mokka, manchmal mit einem Spritzer Orangenwasser verfeinert. Wird zum Teil auch „Café Arab" genannt. Leider wird er immer mehr von Espresso verdrängt.
- **Chorba:** Aromatische scharfe Suppe mit Nudeln, Lamm und Gemüse.
- **Couscous:** Das tunesische Nationalgericht ist nichts anderes als gegarter Hartweizengrieß. Dazu gehört eine würzige Soße aus Kartoffeln, Zwiebeln und Karotten. Je nach Restaurant können Sie Couscous mit Fisch, Huhn, Lamm, Merguez, Tintenfisch oder Innereien bestellen. Auf eine Schale „Couscous Royal" legt der Koch eine Auswahl der besten Stücke seiner Fleisch- oder Fischvorräte.
- **Dattes fourrées:** Datteln mit Mandelfüllung.
- **Harissa:** Scharfe Paste aus roten Pfefferschoten, zuverlässiger Bestandteil jeder Mahlzeit in Tunesien, wird sogar in vielen kleinen Garküchen als Vorspeise serviert, meist mit Weißbrot und Olivenöl, zuweilen auch mit Oliven und

„Café de la Rue"

Zu den Mahlzeiten wird in Südtunesien meist Wasser getrunken. In den kleineren Restaurants sind **Kaffee oder Tee** nicht auf der Karte zu finden. Wenn man nach dem Essen dennoch eine entsprechende Bestellung aufgibt, muss aber nicht immer mit einer Absage gerechnet werden. Vielmehr kann man einen Mitarbeiter kurz darauf mit einem Glas des gewünschten Heißgetränks aus einem benachbarten Café zurückkehren sehen.

dje_082 Foto: ir

dje_083 Foto: ir

Tunfisch. Das Weißbrot wird zunächst ins Öl und dann in Harissa getunkt.

- **Kammounia:** Ragout aus gekochtem Fleisch und Leber; stets mit sehr viel Kümmel gewürzt.
- **Laghmi:** Teilvergorener Saft der Dattelpalme, süß und süffig. Zu beachten ist aber, dass er im Körper wirkt wie Federweißer. Er wird in leere Mineralwasserflaschen gefüllt, der Preis liegt bei etwa 2,500 TD pro Flasche.
- **Makrout:** Kleingebäck mit einer Füllung aus Nüssen, Mandeln, Datteln oder Feigen, oft mit Rosenwasser getränkt.
- **Mechoui:** Spießbraten aus Hammelfleisch, über dem offenen Feuer gegrillt.
- **Merguez:** Scharf gewürzte Würstchen aus Hammelfleisch.
- **Ojja:** Eierspeise mit Tomaten, Pfefferschoten und Koriander. Auf der Speisekarte ist Ojja manchmal auch mit Huhn, Lamm, Merguez und Meeresfrüchten zu finden.
- **Omelette au Thon:** Tunfischomelette, wird meist serviert mit Pommes Frites und Salat bzw. Gemüse.
- **Salade grillée:** „Gegrillter Salat", wird kalt serviert als Vorspeise.

Bild links: Couscous isst man gemeinsam aus einer großen Schale; rechts: Zubereitung von Brik à l'oeuf

- **Slata Mechouia:** Tunesischer Salat. Der typische Beilagensalat besteht aus fein gehackten Tomaten, Gurken, Zwiebeln, Oliven und Pfefferschoten, vor dem Servieren wird er mit ein wenig Zitrone und viel Olivenöl übergossen. Bessere Restaurants peppen ihn mit Tunfisch, Kapern, Ei und Käse auf.
- **Tabouna:** Kleines rundes Fladenbrot, wird häufig als Sandwich angeboten.
- **Tajine:** Auflauf mit Fleisch, Geflügel, Gemüse, Käse und/oder Ei.
- **Thé à la Menthe:** Der typische tunesische Pfefferminztee ist stark gezuckert und trüb-braun wie Diesel. In feinen Cafés wird er mit einem Blättchen frischer Nana und/oder Pinienkernen serviert.

Getränke

Tunesier trinken nahezu ausschließlich **Milchkaffee, Thé à la Menthe und Wasser,** das es mit jedem europäischen Mineralwasser aufnehmen kann und überall in 1,5-Liter-Flaschen verkauft wird. „Eau Minerale" ist ohne Kohlensäure, „eau gazeuse" mit Kohlensäure. Der übliche Preis für eine Flasche Wasser oder ein Glas Tee oder Kaffee liegt bei 500 Millimes, mehr sollte man nur in Restaurants und guten Cafés zahlen. Wird der Tee im Kännchen mit Minzblättern und Pinienkernen serviert, sind 2 TD die Regel.

Die tunesische Antwort auf Coca Cola und Sprite heißt **Boga:** „Boga vert" ist die Zitronenlimonade, „Boga cidre" die braune Variante. In einigen Kiosken findet man beide neuerdings sogar als light-Ausführung. Eine Apfelschorle ist unter dem Namen „apla" in den Regalen zu finden.

„Whisky Marroccain"

Ein Besucher, dem ein „Whisky Marroccain" angeboten wird, darf nicht auf einen guten marokkanischen Scotch oder Bourbon hoffen. Er ist auf einen Spaßvogel getroffen, der testen will, ob er weiß, dass in den islamischen Ländern Alkohol verboten ist. Serviert wird dann eine **köstliche Teespezialität:** Unten im Glas ist schwarzer Tee, obenauf *Thé à la Menthe,* die beiden Sorten vermischen sich ganz langsam, meist erst beim Trinken.

In Restaurants mit Schankerlaubnis stehen **Celtia-Bier** und einige **gute tunesische Weine** auf der Getränkekarte. Der beste Wein wird am Cap Bon östlich von Tunis angebaut. Um den Touristen entgegenzukommen, werden vorwiegend trockene Rot- und Roséweine angeboten, die traditionellen süßen Muskateller sind kaum noch zu finden.

Spirituosen sind nur in den Bars der internationalen Hotels und im Duty Free Shop der Häfen und Flughäfen zu haben. **Boukha** ist ein klarer, starker Feigenschnaps, er hat Konkurrenz durch **Thibarine,** den süffigen Dattellikör aus der Chott-Region, bekommen.

Feiertage

Staatliche Feiertage

- **1. Januar:** Neujahr
- **20. März:** Unabhängigkeitstag (zum Gedenken an die Unabhängigkeit von Frankreich am 20. März 1956)
- **21. März:** Tag der Jugend
- **9. April:** Tag der Märtyrer
- **1. Mai:** Internationaler Tag der Arbeit
- **25. Juli:** Tag der Republik (zum Gedenken an die Erklärung der Republik am 25. Juli 1957)
- **13. August:** Tag der Frau
- **7. November:** Tag der Erneuerung (zum Gedenken an den Machtwechsel am 7. November 1987)

Islamische Feiertage

Die islamischen Feiertage **richten sich nach dem islamischen Kalender,** einem reinen **Mondkalender.** Das Mondjahr ist kürzer als das Sonnenjahr, die Feiertage verschieben sich daher von Jahr zu Jahr um zehn bis elf Tage. Die islamische Zeitrechnung beginnt am 16. Juli 622, dem Datum der Hidschra, der Auswanderung des Propheten *Mohammed* aus Mekka; Anfang 2007 n.Chr. beginnt also das islamische Jahr 1428.

- **Ras el Ain,** islamisches Neujahr:
(1428) 20.01.2007, (1429) 10.01.2008, (1430) 29.12.2008, (1431) 18.12.2009
- **Le Mouled,** Geburtstag des Propheten *Mohammed:*
31.03.2007, 20.03.2008, 09.03.2009, 26.02.2010

- **1. Ramadan,** Beginn des Fastenmonats: 13.09.2007, 01.09.2008, 22.08.2009, 11.08.2010
- **Aid el Fitr,** Ende des Ramadan, Fastenbrechfest/Zuckerfest: 13.10.2007, 01.10.2008, 21.09.2009, 10.09.2010
- **Aid el Kebir,** Hammelfest/Opferfest: 20.12.2007, 08.12.2008, 27.11.2009, 12.11.2010

Film und Foto

Analog und digital

Ohne Fotoapparat oder Filmkamera werden die wenigsten Reisenden zu einer Reise nach Südtunesien starten. Das übliche trockene Klima macht den meisten Geräten nichts aus, empfindliche Geräte sollten in praller Sonne und während eines Sandsturms nicht verwendet werden. Auch beim Objektivwechsel sollte daran gedacht werden, dass ständig Staub und Sand in der Luft sind, nur zu schnell ist ein Glas verkratzt.

Wer **digitale Fotos** macht, hat vielerorts die Möglichkeit, sich diese auf CD brennen zu lassen, in Houmt Souk z.B. im Publinet Djerbanet. Je nach Speichermedium sollte man den entsprechenden Adapter mit USB-Anschluss mitbringen.

dje_084 Foto: dw

Kleinbildfilme sind in den größeren Orten und an den Verkaufsständen der beliebten Touristenziele erhältlich. Bei diesen muss man allerdings genau hinschauen: Oft sind sie überlagert oder zu hohen Temperaturen ausgesetzt. **Diafilme** und APS-Filme sind schwer zu finden, Gleiches gilt für **Speichermedien** für Digitalkameras.

Mancherorts werde **Einwegkameras** verkauft. Sie sind wegen des erhöhten Müllaufkommens nur in wenigen Ausnahmefällen sinnvoll, da sie nicht einmal gut verwendbare Fotos liefern.

Ein **Polfilter** ist nicht nur für bessere Bildqualität zu empfehlen, sondern auch wegen des zusätzlichen Schutzes, den er dem Objektiv gibt.

Buchtipps

- *Helmut Herrman,* **Reisefotografie**
- *Volker Heinrich,* **Reisefotografie digital**

Beide Bände Reise Know-How Verlag, Bielefeld.

Fremdenverkehrsamt

Die Tourismusbüros auf Djerba sind im Rahmen der Beschreibung der jeweiligen Orte genannt. Die Adressen der Fremdenverkehrsämter für Tunesien (**ONTT,** *Office National du Tourisme Tunisien)* im deutschsprachigen Raum lauten:

- Goetheplatz, 60313 **Frankfurt,** Tel. 069-2970640 oder 2970625, Fax 2970663, www.tunesien.info.
- Kurfürstendamm 171, 10707 **Berlin,** Tel. 030-8850457, Fax 8852198, www.tunesien.info.
- Flingerstr. 66, 40213 **Düsseldorf,** Tel. 0211-8800644, Fax 8800648, www.tunesien.info.
- Bürgerstr. 12, 80331 **München,** Tel. 089-29163685, Fax 29164009, www.tunesien.info.
- Opernring 1/R/109, 1010 **Wien,** Tel. 01-5853480, Fax 58534818, www.tunesien-info.at.
- Bahnhofstr. 69, 8001 **Zürich,** Tel. 01-2114830, Fax 2121353, www.tunisie.ch.

„Whisky Marroccain“ - eine köstliche Teespezialität

Geldfragen

Tunesischer Dinar (TD)

In Tunesien zahlt man mit dem Tunesischen Dinar (TD). Manch ein Besucher ist überrascht über die Preisangaben an Waren mit drei Stellen hinter dem Komma – der Dinar ist unterteilt in **1000 Millimes.** Es sind Scheine zu 30 TD, 20 TD, 10 TD und 5 TD im Umlauf sowie Münzen zu 5 TD, 1 TD, ½ TD, 100, 50, 20, 10 und 5 Millimes. Die 10- und 5-Millimes-Münzen sowie die 5-TD-Scheine werden nicht mehr nachgeprägt bzw. -gedruckt, sind also schon sehr selten.

Wechselkurs

Der Wechselkurs des Tunesischen Dinar gestaltete sich im Januar 2007 wie folgt:

- 1 TD = 0,59 Euro; 1 Euro = 1,686 TD
- 1 TD = 0,95 SFr; 1 SFr = 1,053 TD

Geldwechsel

Euro können **in jeder Bank** gewechselt werden, außerdem **in den Wechselstuben der größeren Hotels.** Auf der Straße darf nach tunesischem Recht kein Geld getauscht werden.

Geldautomaten

Es lohnt sich nicht, große Bargeldbeträge mit sich zu führen, **in den größeren Orten** gibt es Geldautomaten. Beim Abheben ist mit der aus Europa gewohnten **Vorsicht** vorzugehen, denn in letzter Zeit kam es auch in Tunesien, allerdings vorwiegend in Tunis, zu den ersten Fällen von Geldkartenkriminalität. Die Maestro-(EC-)Karten wurden während des Bearbeitungsvorgangs am Automaten unbemerkt kopiert. Mit den kopierten Daten konnte dann auf das Konto des eigentlichen Karteninhabers zugegriffen und Geld abgehoben werden.

Für die **Barabhebung** vom Geldautomaten mit der Maestro-Karte (in Deutschland auch EC-Karte genannt) wird je nach Hausbank pro Abhebung eine Gebühr von ca. 1,30–4 Euro bzw. 4–6 SFr berechnet. Barabhebungen per Kreditkarte kosten je nach ausstellender Bank bis zu 5,5% an Gebühr, aber für das **bargeldlose Zahlen** werden nur ca. 1–2% für den Auslandseinsatz berechnet. Also am besten viel bargeldlos bezahlen und für Bargeld gleich größere Summen mit der Maestro-Karte abheben.

Ein- und Ausfuhr von TD

Die Ein- und Ausfuhr der Landeswährung ist **verboten;** gegen Vorlage des Wechselbeleges wird tunesisches Restgeld an den Bankschaltern im Flughafen und im Fährhafen von La Goulette zurückgetauscht.

Kreditkarten

In den **großen Hotels, Spezialitätenrestaurants und modernen Geschäften** ist bargeldlose Zahlung mit den gängigen Kreditkarten (MasterCard/VISA, American Express, Diners Club) möglich.

Reiseschecks

Reiseschecks sind **vielfach unbekannt** und führen selbst in Banken zu langen Wartezeiten, in denen das Personal sich erst einmal telefonisch in der Zentrale über das Procedere informieren lassen muss.

Zum Verlust/Diebstahl der Geldkarte oder Reiseschecks siehe im Kapitel „Notfälle“.

Kleingeld

Für kleinere Ausgaben **in Cafés, im Souk und an Kiosken** ist es ratsam, genügend Kleingeld parat zu haben. Vielfach versuchen gewitzte Burschen, den Preis zu ihren Gunsten aufzurunden, indem sie vorgeben, kein Wechselgeld zu haben. Manch ein entnervter Europäer brummelt nach längerem Warten ein „Behalten Sie den Rest!“. Wer das Münzgeld zudem in der Hosen- oder Westentasche trägt, läuft bei kleineren Ausgaben nicht Gefahr, unwissentlich einem Taschendieb den Inhalt seiner Geldbörse offenbart zu haben.

Gesundheit

Alle nötigen Informationen zum Thema „Gesundheit auf Reisen" stehen im Internet unter **www.travelmed.de** bzw. im **Anhang dieses Buches.**

Gesundheitsvorsorge

Keine speziellen Impfungen

Spezielle Impfungen sind für Reisen nach Tunesien nicht vorgeschrieben. Die **Weltgesundheitsorganisation rät** unabhängig vom Reiseziel zu Impfungen gegen Polio (Kinderlähmung), Tetanus (Wundstarrkrampf), Diphtherie, Masern, Mumps, Röteln und Hepatitis (Gelbsucht). Diese Krankheiten sind besonders bei Erwachsenen mitunter mit Komplikationen verbunden.

Typhus und Gelbfieber

Bei Aufenthalt in einfachsten Unterkünften ist eine Typhusprophylaxe zweckmäßig. Bei Einreise aus einem Gelbfiebergebiet muss eine Impfung gegen Gelbfieber nachgewiesen werden.

Reiseapotheke

In die Reiseapotheke gehören in jedem Fall alle zu Hause regelmäßig eingenommenen Medikamente. **Mittel gegen Durchfall, Schmerzen und Insektenstiche sowie Sonnenschutzmittel** sollten auch nicht fehlen. Die meisten übrigen Medikamente lassen sich ebenso gut in der örtlichen Apotheke beschaffen. Gegen Erkältungen hilft das tunesische Fervex so gut, dass sich manch einer davon einen Vorrat mit nach Hause nimmt.

Medizinische Versorgung auf Djerba

Guter Standard

Auf der Insel Djerba ist die medizinische Versorgung gut. Alle tunesischen **Ärzte** sprechen perfekt französisch, manche auch englisch, italienisch oder deutsch. Im Notfall wählt man die Telefonnummer 190 oder wendet sich an Polizei, *Garde Nationale,* die Hotelrezeption oder einen Apotheker. Die staatlichen **Krankenhäuser** und Privatkliniken in Houmt Souk und Zarzis haben europäischen Standard. Ambulante und stationäre **Behandlungen werden bar bezahlt** (siehe dazu auch das Kapitel „Versicherungen").

Hammam

Orientalisches Dampfbad

Das arabische Wort „Hammam" bedeutet Bad. Wie im Deutschen ist damit sowohl das häusliche Badezimmer als auch das öffentliche Gemeinschaftsbad gemeint. Ein orientalisches Dampfbad ist **in allen größeren Orten** zu finden, und natürlich auch **in jedem Hotel,** das mit einem guten **Wellnessbereich** wirbt. Bisweilen wird es auch als „Bain maure" (maurisches Bad) bezeichnet.

In der feuchten Hitze **reinigt** sich die **Haut** und **entspannt** der **Körper,** ohne der Belastung hoher Saunatemperaturen ausgesetzt zu sein. In strandnahen Hammams wird oft Meerwasser verwendet, der Besuch im Hammam ist damit also schon Teil einer Thalasso-Therapie.

Im Hotel unterscheidet sich ein Besuch des Hammam kaum von einem Saunagang daheim. Wesentlich schöner ist es allerdings in einem der vielen kleinen, zum Teil auch uralten Hammams in Houmt Souk, Midoun, Erriadh und Zarzis. Streng **nach Geschlechtern getrennt** kann man hier tief in tunesische Lebensart eintauchen, gerade für weibliche Reisende ist dies eine gute Gelegenheit, unkomplizierten Kontakt zu Tunesierinnen zu bekommen. Fremdsprachenkenntnisse sind nicht unbedingt erforderlich, nehmen Sie einfach ein Handtuch, Shampoo sowie frische Unterwäsche mit, betreten Sie zu der für Ihr Geschlecht passenden Zeit das Hammam – und dann lassen Sie sich helfen und verwöhnen. Gewöhnlich beginnt man mit dem Aufwärmen in der *Chambre chaud* (warme Kammer); dort oder in einem Vorraum füllt man seinen Eimer mit Duschwasser, das man portionsweise daraus schöpft und genüsslich über den Körper rinnen lässt. Mit einem Gommagehandschuh massiert man nun seinen ganzen Körper und befreit ihn so von abgestorbenen Hautschichten – oder wartet auf die bestellte **Gommage.** Wer zusätzlich eine Massage gebucht hat, kann sich auf eine Ganzkörpermassage von etwa 15 Minuten Dauer mit Olivenöl freuen und geht nach insgesamt etwa einer Stunde herrlich entspannt in den Empfangsraum. Hier erfolgt die Ankleide, vielleicht wird noch ein Tattoo auf Hände oder Füße gemalt, es wird geplaudert und gelacht.

Die **Öffnungszeiten** sind deutlich am Eingang angeschlagen und nach Geschlechtern getrennt, meist für **Männer morgens und abends,** für **Frauen nachmittags.** Im Zweifel ist vorsichtiges Rufen dem allzu forschen Aufziehen des Vorhangs im Eingangsbereich vorzuziehen.

Viele Hammams bieten neben der eigentlichen Dampfanwendung auch **Massagen,** Rubbelmassagen, Schlickpackungen und eine Bemalung mit Henna an.

dje_085 Foto: ir

Der Klopapierverwalter

Wie in den Toiletten der einfacheren Restaurants und Hotels ist auch **in öffentlichen WCs** oft kein Toilettenpapier vorhanden. Zum Teil hat das Personal aber erkannt, wie dankbar Europäer sind, wenn ihnen ein paar Blatt dieses kostbaren Guts in die Hand gezählt werden. Solch fürsorgliche Menschen werden von Reisenden dann liebevoll „Klopapierverwalter" genannt.

Hygiene

Toiletten

Toiletten sind in Tunesien nur **selten** mit **Toilettenpapier** bestückt, dies ist nur in von Touristen besuchten Hotels und Restaurants üblich. Insider führen daher immer eine persönliche Notreserve mit sich oder haben sich im Laufe der Zeit mit der im ganzen arabischen Raum üblichen Reinigung mit dem kleinen **Wasserschlauch** vertraut gemacht, der überall neben der Toilettenschüssel hängt.

Internet

Internet auf Djerba

Internet-Cafés

Der Internetzugang im Hotel ist meist recht teuer (ab 6 TD/Stunde), im Internet-Café deutlich preiswerter (ab 1,5 TD/Stunde). Internet-Cafés heißen in Tunesien **Publinet.**

Für die erste eigene E-Mail auf Djerba muss zusätzliche Zeit eingeplant werden, denn es stehen zwar auch lateinische Buchstaben auf den Tasten, auf der **Tastatur** sind aber z.B. A und Q vertauscht, Z, W und Y haben einen Ringtausch gemacht, auf der deutschen Ö-Taste liegt das M. Auch die Satzzeichen sind nicht am gewohnten Platz. Für @ bedarf es der Tastenkombination AltGr + 2 oder AltGr + 0.

Djerba im Internet

Sprache der Seiten:
D = Deutsch, E = Englisch, F = Französisch.

- **www.tunesien.info** (D): Die offiziellen Seiten des Fremdenverkehrsamtes Tunesien in Frankfurt am Main geben allgemeine Informationen rund um den Tunesien-Urlaub, zu Reisezielen und speziellen Themen wie Thalasso oder Golf.
- **www.tourismtunisia.com** (E): Hier listet die ONTT alle wichtigen Urlaubsregionen auf, besonders nützlich ist die regelmäßig aktualisierte Liste der bevorstehenden Festivals.
- **www.tunisietourisme.com.tn** (D, E, F): Eine weitere Internetseite der ONTT in anderer Aufmachung mit vergleichbarem Inhalt.
- **www.tunisiaonline.com** (E): Diese Regierungsseiten legen ihren Schwerpunkt auf Verfassung, Regierung, Wirtschaft und Investment. Eine gerne weitergegebener Tipp unter Tunesien-Reisenden ist der Link zu den Mosaiken.
- **www.socopa.com.tn** (F): Die Webseiten der SOCOPA mit Informationen zu den landestypischen Kunsthandwerken und allen offiziellen Verkaufsstellen; Internetauftritt in Französisch und Arabisch, Englisch soll bald folgen.
- **www.fahrplancenter.com/Fahrplan_SNCFT.html** (D, E, F): Fahrplan der Fernreisezüge der *Société nationale des chemins de fer Tunisiens,* SNCFT.
- **www.tunesien.com** (D): Eine private Initiative zweier Tunesier, die sich rührig um die Verständigung zwischen Tunesien und den deutschsprachigen Staaten bemühen.
- **www.radiotunis.com** (F): Das Programm des tunesischen Radiosenders lässt sich als Lifestream hören.
- **www.harissa.com** (E, F): Das Informationsforum der tunesischen Juden mit zahlreichen Informationen über Geschichte und Gegenwart der jüdischen Kultur in Tunesien.
- **www.djerba.net** (D): Private Homepage, auf der neben etlichen Infos rund um Djerba auch Tipps zum Verwaltungsverfahren für Frauen zu finden sind, die ihren tunesischen Herzbuben nach Deutschland einladen wollen.
- **www.wetteronline.de/Tunesien/Djerba.htm** (D): Aktuelles Wetter, Vorhersage für drei Tage und Trend für die kommende Woche mit Windstärke, UV-Werten, Höchst- und Tiefsttemperaturen.

Lernen, Arbeiten, Auswandern

Kultur-Kontakt-Börse

Die „Kultur-Kontakt-Börse", ein **deutsch-tunesisches Tourismusprojekt mit Volkshochschulcharakter,** richtet sich insbesondere an Langzeiturlauber und Überwinterer und unterscheidet sich in Inhalt und Niveau deutlich von den üblichen Animationsprogrammen der Hotels. Ein Team von Fachleuten der unterschiedlichsten Berufe bietet Kurse, Workshops, Seminare, Vorträge, Ausflüge und Wanderungen an. Dabei werden vor allem Themen aus Geschichte, Kultur, Kunst, Literatur, Sprachen, Umweltschutz und Esskultur aufgegriffen, aber auch Vorträge von Ärzten oder Bildungsreisen organisiert.

- **Auskunft** bei der deutschen Organisatorin **Gabriele Schwarz,** Mobil 98/528 630, Gab_Schwarz@yahoo.de, und in der **Reiseagentur Majus Voyage,** 11 Rue Hedi Chaker, Zarzis, Tel. 694 666, in der Stadtmitte oder im Stadtteil Souihel, Route Touristique zwischen Hotel Zarzis und Hotel Zita sowie bei **Othman Smaali** im Tourismusbüro in Zarzis.

Arbeiten

Zur Aufnahme einer Arbeit in Tunesien bedarf es einer **Arbeitserlaubnis;** sie kann beantragt werden, sobald ein Arbeitsplatz in Aussicht gestellt wurde. Der zukünftige Arbeitgeber muss nachweisen, dass er für den Arbeitsplatz keinen geeigneten tunesischen Arbeitnehmer findet.

- **Auskunft** erteilen das tunesische **Arbeitsministerium Ministère de l'Emploi,** Bureau des Etrangers, 10, Avenue Guled Haffouz, 1005 Tunis, Tel. 71/798 196, und das **Bundesverwaltungsamt,** Ref. II B 6, 50728 Köln, Tel 0221/758-4999, Fax 758-4829, www.bundesverwaltungsamt.de, bva.eures@netcologne.de. Hier ist auch das „Merkblatt für Auslandstätige und Auswanderer Tunesien" erhältlich.

Für einen Aufenthalt von mehr als drei Monaten ist eine **Aufenthaltserlaubnis** erforderlich. Sie kann nach der Einreise bei der örtlichen Polizeidienststelle beantragt werden. Dabei muss nachgewiesen werden, dass man über ausreichende finanzielle Mittel (Vermögen oder Einkommen) und angemessenen Wohnraum verfügt.

Animateur Manch ein Djerba-Urlauber träumt davon, als Animateur für eine längere Zeit auf die Insel zurückkehren zu können. Größte Chancen haben Bewerber mit Erfahrungen als Sporttrainer, Tänzer oder Aerobiclehrer, bei der Kinderanimation helfen pädagogische Kenntnisse. Obwohl es inzwischen eine IHK-Prüfung zum Animateur gibt, werden die meisten Animateure auf Honorarbasis oder als Saisonkräfte beschäftigt. Im Internet sind zahlreiche Agenturen zu finden, die nähere Informationen geben und auf das Casting vorbereiten. Trotz vergleichsweise geringer Vergütung werden **hohe Anforderungen** an Aussehen und Sportlichkeit gestellt. Üblicherweise werden Kost und Logis vom Hotel gestellt, wobei meist die gemeinsame Einnahme der Mahlzeiten mit Gästen zum Animationsprogramm gehört.

Einen sehr subjektiven Einblick in den Lebensalltag eines Animateurs vermittelt *Daniela Vogt* mit ihrem **Buch** „Scheinwelt ... aus dem Tagebuch einer Animateurin“. Deutlich faktenorientierter sind *Drina Kunkel* und *Georg Beckmann* in „Als Animateur ins Ausland – Gästebetreuung zwischen Traum und Wirklichkeit“. Es enthält ebenfalls Erlebnisberichte, die aber zwischen hilfreichen Erklärungen zu Bewerbungsvoraussetzungen, Einstellungsverfahren, Animationsarten und einem umfangreichen Adressteil nur einen kleinen Raum einnehmen.

Immobilienerwerb Hierzu schreibt die Deutsche Botschaft Tunis auf ihrer Homepage: „Ausländische Staatsangehörige können grundsätzlich in Tunesien Immobilien, d.h. Land- oder Hausbesitz, erwerben. Hiervon ausgeschlossen sind jedoch landwirtschaftlich genutzte Flächen. Zum Abschluss eines rechtswirksamen

Grundstückgeschäfts bedarf es der vorherigen Zustimmung des örtlich zuständigen Gouverneurs. Dessen Entscheidung ist endgültig und unterliegt keiner richterlichen Überprüfung. Wird diese vorherige Zustimmung nicht eingeholt, können ein gültiger Kaufvertrag und ein Erwerb des Eigentums nicht zustande kommen, selbst wenn bereits Zahlungen auf den Kaufpreis geleistet wurden. Die Bearbeitungszeit des Genehmigungsverfahrens beträgt in der Regel mehrere Jahre. Die Botschaft empfiehlt nachdrücklich, bei Grundstücksgeschäften einen tunesischen Anwalt zu konsultieren."

Maße und Gewichte

Metrisches System

In Tunesien wird nach dem metrischen System gemessen, also auch in Litern, Gramm und Metern.

Menschen mit Behinderung auf Reisen

Teure Hotels

Auf Djerba gibt es einige behindertengerechte Hotels, meist allerdings in der gehobenen Preisklasse. Leider sind die meisten einfachen Hotels, Restaurants und Museen nur über etliche Stufen zu erreichen. Das Tauchzentrum Club La Sirène De Plongée Loisir am Plage de Sidi Mahrès bietet auch Tauchkurse für Körperbehinderte an.

Der **Bundesverband Selbsthilfe für Körperbehinderte** (Altkrautheimer Straße 20, 74238 Krautheim, Tel. 06294-4281-0, Fax 4281-79, www.bsk-ev.org) vermittelt Reise-Assistenten und bietet Reisen z.B. ins Le Grand Hotel des Thermes am Plage de Sidi Mahrès an. Dieses Hotel steht auch auf der Liste der **Reisen für Behinderte rfb-Touristik** (Reisebüro Clemens, Lufthansa City Center, Marktstraße 5, 41236 Mönchengladbach, Tel. 02166-6189020, Fax 619046, http://rfb-touristik.de).

Mietwagen

Mindestalter 21 Jahre

Die meisten Mietwagenagenturen verlangen vom Fahrer ein Mindestalter von 21 Jahren. Er muss mindestens **ein Jahr im Besitz des Führerscheins** sein. Die Hinterlegung einer Kaution (meist in Höhe der zu erwartenden Mietkosten) entfällt, wenn das Fahrzeug bereits in Europa über eine internationale Agentur angemietet wurde bzw. der Mieter eine internationale Kreditkarte vorlegt. Kautionen in bar sind in der Regel nicht möglich.

Um unliebsame Überraschungen zu vermeiden, sollte man **vor Übernahme** des Wagens Bereifung und Ersatzreifen, Beleuchtung, Bremsen, Hupe, Wagenheber und Bordwerkzeug kontrollieren sowie evtl. schon vorhandene Karosserieschäden festhalten lassen.

Die kleinsten Mietwagen kosten in der Hochsaison einheitlich 80 TD für einen Tag; dieser Wert sinkt in der Nebensaison und bei längerer Leihdauer:

„Kategorie“	1 Tag	2 Tage	3 Tage	1 Woche
Fiat	80 TD	150 TD	210 TD	420 TD
Clio	90 TD	170 TD	240 TD	560 TD
Renault 19	100 TD	180 TD	270 TD	600 TD
Clio AC	110 TD	200 TD	290 TD	720 TD
Renault 19 AC	120 TD	230 TD	350 TD	900 TD

AC = Air Condition

Eingang zur Jugendherberge in Houmt Souk

dje_086 Foto ir

Mit Kindern unterwegs

Tunesier lieben Kinder

Familien mit (wohl erzogenen) Kindern werden seltener mit überdrehten Preisvorstellungen konfrontiert und können sich freier bewegen. Selbst wenn die Familie im Gassengewirr der Altstadt von Houmt Souk getrennt wird, braucht man kaum Angst um die Kleinen haben. Die Kinder sitzen sicher in irgendeinem Laden oder Handwerksbetrieb, werden mit Boga und Keksen versorgt und haben ihre ersten arabischen Worte gelernt, wenn die aufgeregten Eltern von aufmerksamen Einheimischen zu ihnen gebracht werden.

Gesundheit

Besonders wichtig ist die Gesundheit der Kinder auf Reisen (siehe auch Kapitel „Gesundheitsvorsorge"). Sie reagieren empfindlicher auf Sonne als Erwachsene und trocknen schneller aus. Unentbehrlich sind also **viel Wasser** und eine bequeme **Kopfbedeckung,** die nicht ständig entnervt vom Kopf gezogen wird.

Nachtleben

Discos

In der **Hotelzone von Sidi Mahrès** werden ein Spielkasino und mehrere freie Diskotheken betrieben. Ferner verfügen fast alle typischen großen **Touristenhotels** über eigene Discos, zu denen auch Außenstehende Zugang finden.

Jugendschutz

Jugendlichen **unter 18 Jahren** ist es nicht erlaubt, Tabak und Alkohol zu konsumieren sowie Diskotheken zu besuchen, was auch für die hoteleigenen Diskotheken gilt. Zivilbeamte der staatlichen Aufsichtsbehörde führen regelmäßig Kontrollen durch, dem Betreiber drohen empfindliche Geldstrafen und im Wiederholungsfall die Schließung seiner Disco.

Notfälle

Notrufe und -dienste

- **Polizei: Tel. 197.**
- **Notarzt: Tel. 190.**
- **Pannendienst: SOS Ambassine,** Tel. 71/801 211, Fax 71/810 010.

Bei einer Autopanne bzw. einem Autounfall bei der Anreise nach Tunesien können die **Automobilclubs** helfen. Hilfe ist z.B. für ADACPlus- oder ÖAMTC-Mitglieder teilweise kostenlos. Hier die drei größten Clubs für Deutschland, Österreich und die Schweiz:

- **ADAC,** (D)-Tel. 089-222222, unter (D)-Tel. 089-767676 gibt es Adressen von deutschsprachigen Ärzten in der Nähe des Urlaubsortes (Liste auch vorab anforderbar).
- **ÖAMTC,** (A)-Tel. 01-2512000 oder (A)-Tel. 01-2512020 für medizinische Notfälle.
- **TCS,** (CH)-Tel. 022-4172220.

Verlust von „Plastikkarten"

Bei Verlust oder Diebstahl der Kredit- oder Maestro-Karte sollte man diese umgehend sperren lassen. Für deutsche Maestro- und Kreditkarten gibt es die einheitliche **Sperrnummer 0049-116116** und im Ausland zusätzlich 0049-30-40504050. Für österreicherische und schweizerische Karten gelten:

- **Maestro-(EC-)Karte,** (A)-Tel. 0043-1-2048800; (CH)-Tel. 0041-44-2712230, UBS, Tel. 0041-800-888601, Credit Suisse, Tel. 0041-800-800488.
- **MasterCard/VISA,** (A)-Tel. 0043-1-71701-4500 (MasterCard) bzw. Tel. 0043-1-7111-1770 (VISA); (CH)-Tel. 0041-58-9588383 für alle Banken außer Credit Suisse, Corner Bank Lugano und UBS.
- **American Express,** (A)-Tel. 0049-69-9797-1000; (CH)-Tel. 0041-44-6596333.
- **Diners Club,** (A)-Tel. 0043-1-5013514; (CH)-Tel. 0041-44-8354545.

Ausweisverlust/ dringender Notfall

Werden der Reisepass, Personalausweis, Führerschein oder die Fahrzeugpapiere im Ausland gestohlen, muss man das bei der der örtlich zuständigen **Polizeibehörde melden.** Sie stellt eine Bescheinigung *(Attestation de perte/de vol)* aus, die erforderlich ist, um einen befristet gültigen Reiseausweis zur Rückkehr nach Deutschland ausgestellt zu bekommen. Erforderlich sind zwei Lichtbilder und ein Identitätsnachweis, beispielsweise der Führerschein oder Personalausweis. In Ausnahmefällen stellt auch der Honorarkonsul auf Djerba einen Reiseausweis aus. Bei der Ausreise sind die polizeiliche Bescheinigung und der neue Ausweis vorzulegen. Es ist nicht möglich, den Reisepass vorzulegen, wenn man bei der Einreise den (inzwischen abhandengekommenen) Personalausweis gezeigt hat (und umgekehrt), da die Pass- bzw. Ausweisdaten bei Ein- und Ausreise übereinstimmen müssen.

Zusätzlich zur Meldung bei der Polizei kann man sich an die nächste **diplomatische Auslandsvertretung seines Landes** wenden, damit man einen Ersatz-Reiseausweis zur Rückkehr ausgestellt bekommt (ohne kommt man zum Beispiel nicht an Bord eines Flugzeuges!).

Auch in **dringenden Notfällen,** zum Beispiel medizinischer oder rechtlicher Art, bei der Vermisstensuche, Hilfe bei Todesfällen, Häftlingsbetreuung o.Ä., sind die Auslandsvertretungen bemüht, vermittelnd zu helfen.

Botschaften in Tunesien

- **Deutschland:** Ambassade d'Allemagne, 1, Rue el Hamra, Mutuelleville, Tunis (Belvédère), Tel. 71/786 455 und in dringenden Notfällen nach Dienstschluss und an Wochenenden Tel. 98/305 090; 8, Rue Béchir Sfar, Houmt Souk, Djerba, Tel. 75/757 767 und in dringenden Notfällen nach Dienstschluss und an Wochenenden Tel. 98/430 375.
- **Österreich:** Ambassade d'Autriche, 16, Rue Ibn Hamdis, El Menzah I, Tunis, Tel. 71/751 091, 751 094 oder 767 385.
- **Schweiz:** Ambassade de Suisse, Rue du Lac d'Annecy, Immeuble Stramica, Les Berges du Lac, Tel. 71/962 997 oder 71/965 446 (Visa).

Öffnungszeiten

Banken

Banken sind in der Regel **Mo. bis Do. von 8–11 und 14–16 Uhr, freitags von 8–11 und 13.30–15.15 Uhr** geöffnet. Einige zentral gelegene Banken arbeiten ohne Mittagspause, auch am späten Nachmittag oder am Wochenende.

Läden

Kleine Läden öffnen morgens etwa **ab 8 Uhr** und schließen erst spät abends, legen aber in den heißen Monaten mittags bis etwa 16/17 Uhr eine Pause ein.

Postämter

Die größeren Postämter sind ähnlich **wie die Banken** geöffnet, die kleineren nur vormittags von 8.30–12.30 Uhr.

Hammams

Hammams haben üblicherweise **morgens für Männer** und **nachmittags für Frauen** geöffnet.

Orientierung

Wegweiser

Bis auf ganz wenige Ausnahmen sind alle Wegweiser auf Djerba und in Zarzis **in Französisch** geschrieben, Kenntnisse der arabischen Schrift sind also nicht erforderlich.

Stadtpläne, Landkarten

Stadtpläne von **Houmt Souk, Midoun** und **Zarzis** sind in diesem Buch enthalten, ebenso Übersichtskarten für Djerba und den angrenzenden Festlandbereich.

Kartentipp

- Für ganz Tunesien ist die **Landkarte „Tunesien/Tunisia"** im *world mapping project* des REISE KNOW-HOW Verlages zu empfehlen. Tunesien ist im Maßstab 1:600.000 abgebildet, Djerba im Maßstab 1:300.000. Die Karte ist wasserfest und bei normalem Gebrauch unzerreißbar; sie ist GPS-tauglich, zeigt alle Straßen und Höhenschichten und enthält einen ausführlichen Ortsindex; alle wichtigen Sehenswürdigkeiten sind eingezeichnet.

Post

Postämter in allen Orten

Postämter sind in allen Orten der Insel zu finden. Die größeren bieten **auch Geldwechsel** und das **Versenden von Faxen** an.

Normale **Postkarten** kosten einzeln etwa 250 Millimes. In allen Orten gibt es Angebote, bei denen zum Beispiel fünf Postkarten für 1 TD zu haben sind. Im Zentrum von Houmt Souk überbieten sich die Händler dabei, hier gibt es acht, zehn oder sogar elf Stück für einen Dinar.

Die meisten Postkartenhändler verkaufen auch **Briefmarken.** Für einen Brief oder eine Postkarte nach Europa werden 600 Millimes **Porto** fällig. Die **Laufzeiten** liegen bei drei Tagen bis vier Wochen, meist geht es schneller, wenn die Post in einem Postamt abgegeben wird. **Briefkästen** werden nicht täglich geleert, und auch die Hotelrezeptionen sammeln die Urlaubspost mitunter einige Tage lang, bevor sie sie weiterleiten.

Eine **postlagernde Zustellung nach Tunesien** muss mit dem Vermerk „Poste restante“, dem Namen des Empfängers und der Anschrift „Poste centrale, Name des Ortes, Tunisie“ verschickt werden. Gewöhnlich werden Sendungen eine Woche gelagert. Sollten Sie etwas nicht auf Anhieb finden, kann ein zweiter Suchlauf helfen, oft werden ähnlich aussehende Buchstaben wie „I“ (großes „i“), „J“ und „l“ (kleines „L“) falsch einsortiert.

Radfahren

Optimale Bedingungen

Djerba ist ein Paradies für Radler, jeder Ort auf der Insel ist als Tagestour erreichbar, und die höchste Stelle der Insel misst nur 55 Meter! Viele **Hotels vermieten Fahrräder,** ansonsten vermitteln sie an einen lokalen Anbieter. Der Mietpreis liegt bei etwa **10 TD pro Tag,** Abweichungen ergeben sich je nach Qualität des Rades und Saison. Eine Probefahrt im Hof zeigt schnell, ob das Rad fahrtauglich ist. Schlösser sind keine Selbstverständlichkeit, wer ohne losgeschickt wird, bittet das Personal an der Museumskasse, den Kellner

dje_087 Foto: ir

oder einen Ladenbesitzer um Hilfe. Es findet sich bestimmt ein hilfsbereiter Mensch, der ein Auge auf das Fahrrad wirft, wenn ihm dafür ein kleines Trinkgeld in Aussicht gestellt wird. Insgesamt sind die **Fahrräder robust, aber einfach,** d.h. ohne Gangschaltung oder mit nur wenigen Gängen. Sportliche Fahrer bringen ihre Räder mit ins Land, der Transport kann bei den meisten Fluggesellschaften mit dem Ticket gebucht werden.

Radio und Fernsehen

Rundfunk

Die **Deutsche Welle** ist auf Kurzwelle 6.075 KHz und 13.780 KHz zu finden. **RTCI** *(Radio Tunis Chaîne Internationale)* sendet auf UKW 98,2 MHz in verschiedenen europäischen Sprachen; täglich von 10–11 Uhr gibt es eine deutschsprachige Sendung.

Fernsehen

Per Satellit können **fast alle deutschsprachigen Fernsehprogramme** empfangen werden, in den (großen) Hotels sind es meist zwei bis fünf deutsche Sender.

Vgl. zur Thematik auch das Kapitel „Medien".

Reisezeit

325 Sonnentage im Jahr

Djerba und Zarzis rühmen sich mit mindestens 325 Sonnentagen im Jahr als **ideales Reiseziel für jede Jahreszeit.** Die Wetterstatistiken vermelden über 3200 Sonnenstunden im Jahr, und in der Tat muss man selbst im Winterhalbjahr schon sehr viel Pech haben, wenn man in einem Urlaub mehr als einen Regentag erlebt. Der **Oktober** ist der **regenreichste Monat,** bringt es aber auch nur auf

Unabhängig von der Reisezeit – ein Besuch im Hammam (hier in Erriadh) ist das ganze Jahr über möglich

durchschnittlich fünf Tage Regen. Der kann allerdings im Herbst zum Teil recht heftig ausfallen und die Straßen kurzfristig so fluten, dass Radler nicht vorankommen und Wanderer die Hosenbeine hochkrempeln müssen.

Im Sommer bis über 40°C

Wer im **Juli** oder **August** reist, sollte sich bewusst machen, dass selbst nachts mit Werten über 30°C zu rechnen ist. Im Spätsommer führt die höhere Luftfeuchtigkeit zu einer ermüdenden **Schwüle.** Beides kann bei Menschen mit schwachem Kreislauf die Gesundheit belasten und den gesamten Urlaub verderben.

Reisezeit Herbst

Das flache Wasser bleibt bis in den November **angenehm warm,** ein Herbsturlaub ist daher für viele Individualreisende die bessere Wahl. Zwar steigt das Regenrisiko ein wenig, es muss aber nicht mehr unbedingt ein Hotel mit Klimaanlage sein, an den Stränden herrscht **kein Gedränge,** und alle Urlaubsaktivitäten sind erheblich gesundheitsschonender möglich.

Reisezeit Winter

Überwinterer und Sportler lieben den Winter auf Djerba. Bei angenehm mildem Klima, das an unseren Frühsommer erinnert, sind **Radtouren, Wanderungen, Ausritte und Golfpartien** ohne Gänsehaut oder Sonnenbrand möglich. Und abends genießt man mit Einheimischen die wohltuende Wärme eines Hammams.

Reisezeit Frühjahr

Das Frühjahr lockt mit längeren Sonnenscheinzeiten und höheren Temperaturen auch die Sonnenanbeter zurück auf die Insel. Es ist trockener als im Herbst, aber gebadet wird eher im Pool als im Meer. **Ausflüge ins Landesinnere** sind jetzt ein besonderer Genuss. Die Landschaft wirkt nicht ganz so ausgedörrt und öde wie im Herbst, lange Fahrten in Bus, Louage oder Auto sind nicht so belastend für den Kreislauf.

Vgl. zur Thematik auch das Kapitel „Klima".

Sicherheit

Aktuelle Reisehinweise

Aktuelle Reisehinweise zur allgemeinen Sicherheitslage in Tunesien erteilen:

- **Deutschland:** www.auswaertiges-amt.de und www.diplo.de/sicherreisen (Länder- und Reiseinformationen), Tel. 030-5000-0, Fax 5000-3402. Hier kann man die Broschüre „Kleiner Ratgeber für Ihre Urlaubsplanung – wir wollen, dass Sie sicher reisen" herunterladen.
- **Österreich:** www.bmaa.gv.at (Bürgerservice), Tel. 05-01150-4411, Fax 05-01159-0.
- **Schweiz:** www.dfae.admin.ch (Reisehinweise), Tel. 031-3238484.

Verstärkte Kontrollen

Nach dem Anschlag auf die Synagoge La Ghriba im Jahr **2002** wurden die Sicherheitsmaßnahmen spürbar verstärkt. Vielerorts gibt es Kontrollen durch Polizei, *Garde National* und Militär. Auf beiden Seiten des Römerdamms, in El Kantara und Kantara Continent, werden alle Fahrzeuge einer Kontrolle unterzogen.

Hundertprozentige Sicherheit wird es, wie überall auf der Welt, nicht geben. **Vor- bzw. umsichtiges Verhalten** ist besonders bei Massenveranstaltungen und an Plätzen mit vielen Menschen nie verkehrt. Natürlich gelten auch die „normalen" Verhaltensregeln für den Reisealltag, zum Beispiel lässt man seine Gepäckstücke nie unbeaufsichtigt.

Diebstähle

Im engen Gedränge der **Souks,** auf **Märkten** und an anderer Stelle, wo viele Menschen unterwegs sind, kommt es vereinzelt zu Taschendiebstählen. Der örtliche Polizeichef in Midoun hat nach jahrelangen Erfahrungen folgende **Tipps für Reisende:** Beim Bezahlen sollte man nicht zeigen, wie viel Geld man insgesamt dabeihat – schlafende Geister darf man nicht wecken! Herren sollten ihre Geldbörse nicht in einer der hinteren Hosentaschen tragen und Damen die Handtasche vorsorglich mit dem Verschluss zum Körper tragen. Eigentumsdelikte wie Diebstahl bearbeitet die lokale Polizeidienststelle *(Commissariat de Police).*

Prostitution

Prostitution ist nach islamischem Recht **verboten,** keiner leugnet aber ihre Existenz in Tunesien. Spezielle Rotlichtviertel gibt es auf Djerba und in Zarzis nicht. Der Anteil der weiblichen Touristen, die speziell für ein Liebesabenteuer nach Djerba kommen, liegt nach Schätzungen der örtlichen Polizei deutlich höher als der männlicher Interessenten.

Buchtipp

- *Matthias Faermann,* **Schutz vor Gewalt und Kriminalität unterwegs,** Reise Know-How Verlag, Bielefeld

Sport und Erholung

Bowling

In der **Hotelzone am Plage Sidi Mahrès** gibt es mehrere Bowling-Center. Das größte mit acht Bahnen liegt in der Nähe des Hotels Dar Jerba.

Geocaching

Geocacher (für den Unkundigen: Geochaching ist ein Art **Schatzsuchespiel mit GPS**) kommen auf Djerba voll auf ihre Kosten. Allein auf der Insel befinden sich vier sehr schön gelegene Caches, in denen sich verhältnismäßig oft Travelbugs und Geocoins (s.u.) tummeln. Wer Ausflüge aufs Festland macht, sollte keinesfalls den Cache in Guermassa versäumen – Lage und Aussicht sind einmalig!

Wie funktioniert Geocaching? In einen GPS-Empfänger wird eine Koordinate eingegeben und diese dann in der freien Natur gesucht. Genau am Zielpunkt liegt ein Geocache in einem hohlen Baum, unter einer Baumwurzel oder in einer natürlichen Höhle versteckt. Ein Geocache ist eine Dose, die meist an einem landschaftlich oder geschichtlich interessanten Punkt liegt und in der zumindest ein Logbuch und ein Bleistift enthalten sind, damit erfolgreiche Finder den Fund beweisen können. Meist gibt es auch einen kleinen „Schatz", bestehend aus Spielzeug, Büchern, Feuerzeugen, Lupen, Taschennähsets, Parfümproben oder anderen kleinen nützlichen Dingen. Daraus darf sich jeder Finder ein Teil aussuchen, muss aber auch ein Teil wieder hineinlegen.

Travelbugs und **Geocoins** sind „Schätze", die unter Geocachern besonders beliebt sind: Geocoins sind speziell für Geocaching geprägte Münzen, die von Cache zu Cache wandern, Travelbugs funktionieren ähnlich, sind aber eher mit den Kennmarken von Soldaten vergleichbar, die dann an einem kleinen Stofftierchen, einer Taschenlampe o.Ä. befestigt von Cache zu Cache reisen.

Diese moderne Schnitzeljagd findet aktuell viele neue Freunde – Freude an der Bewegung in freier Natur, Umgang mit technischem Gerät, kniffelige Aufgaben und Rätsel sind eben eine gelungene Kombination, bei der nicht nur Büromenschen Abwechslung erfahren und entspannen können. Dabei sind Alter, Geschlecht, soziale Stellung und Beruf reine Nebensache, gecacht wird in der Familie, mit Hund oder im Alleingang. Bei der **Auswahl der Caches** suchen sich die Cacher ganz nach ihrer Neigung einen kniffeligen Rätselcache oder einen Cache mit möglichst weiter Wanderung aus. Fußfaule suchen nach Caches, die quasi ein „Drive-in" sind. Es gibt auch Caches, die nur für Taucher oder Bergsteiger erreichbar sind.

- Wer bislang (noch) nicht Geocacher ist, findet alle nötigen Infos unter **www.geocaching.com.**

Golf

Im **Djerba Golf Club** sind ausländische Spieler mit gültigem Mitgliedsausweis eines anerkannten Golfclubs willkommen. Der Green mit drei 9-Loch-Runden liegt im östlichen Teil der Hotelzone Sidi Mahrès.

Reiten

Einige **Hotels und Reiseveranstalter** haben eigene Pferde und Reitlehrer, sie bieten täglich Ausritte am Strand und in der Lagune an. **Freie Anbieter** für Ausritte lassen in den beiden Hotelzonen eine „Ranch" neben der anderen aus dem Boden schießen. Alle haben Programme für Anfänger und Fortgeschrittene im Angebot, außerdem Ausfahrten mit Kaleschen.

Strandsport

Selbst in der Hochsaison sind die **Strände nie überfüllt.** Auch Mitte August sind freie Liegen, ruhige Strandabschnitte und Plätzchen zum Beachballspiel oder Drachensteigen ohne Mühe zu finden. Beim Funsport ist mit folgenden Preisen zu kalkulieren:

- **Wasserski:** 25 TD
- **Jet-Ski:** 1 Person 35 TD, 2 Personen 40 TD
- **Parachute:** 1 Person 25 TD, 2 Personen 40 TD, 3 Personen 55 TD (1–3 Personen werden mit Sitzgurt und Schwimmweste an einem Fallschirm von einem Motorboot gezogen)
- **Bananaboat:** 8 TD (5–6 Personen werden auf einem bananenförmigen Boot von einem Motorboot gezogen)
- **Ballade au Mer:** 30 TD (Bootsausflug im Schlauchboot mit Außenborder)

Segeln und Surfen

In den großen **Ferienclubs und Hotels** können auch Segelboote und Surfbretter gemietet werden, für Anfänger werden auch **Kurse** angeboten. Größter Anbieter ist eine deutsch-tunesische Segel-, Surf-, Kitesurf und Buggykiteschule mit vier Schulen in den Hotelzonen.

Schnorcheln und Tauchen

Vor der Küste Djerbas lässt es sich sehr gut schnorcheln und tauchen. Vor den beiden Touristenzonen fällt der Meeresgrund sanft ab, sodass auch Neulinge schon beim **Schnuppertauchen** und im Anfängerkurs beeindruckende Unterwasser-Erlebnisse genießen können. Hier liegen auch einige Wracks in Tiefen zwischen 20 und 40 Metern, zu denen **Wracktauchgänge** angeboten werden. Erfahrene Taucher können sich zu **Nachttauchgängen** anmelden und haben die Möglichkeit, bei Ajim zu tauchen, wo stets mit Strömungen zu rechnen ist. **Tauchschulen** sind in den Ortsbeschreibungen genannt.

Die **Tauchausbildung** findet nach internationalem Standard statt, meist wird nach CMAS-Richt-

dje_094 Foto: dw

linien ausgebildet. In etwa fünf Tagen wird man in Theorie und Praxis eingewiesen, die Praxisübungen finden zunächst im Nichtschwimmerteil eines Pools, später im tiefen Abschnitt, dann erst im Meer statt. Andere Brevets werden anerkannt, müssen aber im Original vorgelegt werden. Bei Tauchgängen von mehr als 12 Metern Tiefe sowie Wrack- und Nachttauchgängen wollen die Tauchführer auch das Logbuch sehen. Die nächste Dekompressionskammer ist im Flottenstützpunkt Bizerte in Nordtunesien. Die **Leihausrüstung** hat europäisches Niveau, es sind vorwiegend französische Markenhersteller zu finden. Wer eine eigene Ausrüstung braucht, sollte sie mitbringen, kaufen kann man auf Djerba kein spezielles Tauchzubehör. Einzig Unterwasserlampen gibt es in einem Kramladen in Houmt Souk.

Surfer bei Aghir

Thalasso

Seit 1994 ist Tunesien Ziel vieler Kurgäste für Thalasso-Therapien; das Land steht nach Frankreich an zweiter Stelle der weltweit führenden Thalasso-Zentren. Besonders auf der Insel Djerba bieten **viele Strandhotels** in ihren Wellnessbereichen Thalasso an.

Das Wort „Thalasso" leitet sich vom griechischen *thalassa* = Meer ab und bezeichnet eine **Behandlung mit** frisch aus dem nahe gelegenen Meer entnommenen Zutaten wie **Meerwasser, Sand, Salz, Algen und Schlick.** Das tunesische Gesundheitsministerium achtet peinlich genau auf die Einhaltung der strengen gesetzlichen Vorschriften für die Entnahmestellen, Transportbedingungen, Anwendungen und die Ausbildung der Teams. Diese arbeiten stets unter Leitung und Kontrolle eines Arztes.

Urlauber mit Rheuma, Rückenbeschwerden, schweren Beinen, Arthrose, Schuppenflechte (Psoriasis), Durchblutungsstörungen, Neurodermitis, allgemeiner Erschöpfung und Stresssymptomen berichten von guten Erfolgen. Vor Beginn einer etwa einwöchigen Kur findet eine ärztliche Untersuchung statt; in diesem Arztgespräch wird ein **Kurprogramm** individuell zusammengestellt. Elemente der Thalasso-Therapie sind Wassergymnastik im Meerwasserbecken, Hydrojet-Duschen, Sprudelbäder, Nebensprühduschen, Aerosol-Inhalationen, Algen- und Schlickpackungen sowie Massagen. Üblicherweise sind die bis zu vier Behandlungen über einen halben Tag verteilt, den Rest des Tages nutzt der Kurgast im Hammam, am Strand, im Meerwasserschwimmbecken, in der Sauna oder in den Ruhe- und Fitnessräumen.

Im Wellnessbereich von Hotels sind einzelne Anwendungen aus dem Thalasso-Programm zur puren Entspannung vor oder nach dem Besuch des Hammams sehr beliebt.

Wandern

Hartgesottene Wandersleute zieht es eher nach Nord- und Westtunesien, im Süden ist es ihnen oft zu flach. In Midoun starten aber vier schön zu laufende **Rundwanderwege** für Freizeitwanderer. Auch die Landzungen und Halbinseln Djerbas sowie die Ufer das Sebkhet Bibane bei Zarzis werden gerne umwandert.

Sprache

Pauschaltouristen reicht Deutsch

Pauschaltouristen, die einen reinen Badeurlaub planen, kommen im Hotel und bei organisierten Ausflügen allein mit Deutsch klar. Abseits der ausgetretenen Touristenpfade sind zumindest Grundkenntnisse der französischen Sprache dringend erforderlich. Mit Englisch kommt man nicht weiter, ein paar Brocken Arabisch können in abgelegenen Regionen und aus purer Höflichkeit sehr nützlich sein. Eine kleine Sprachhilfe ist im Anhang dieses Buches zu finden.

Telefonieren

Sechsstellige Rufnummern

Tunesien hat die internationale Vorwahl 00216, die **Ortsnetzvorwahl für Djerba und Zarzis** ist **75.** Die Umstellung auf zweistellige Vorwahlen hat erst vor einigen Jahren stattgefunden, in älteren Texten ist noch häufig eine einzelne 5 für Djerba/Zarzis oder zum Beispiel eine 1 für Tunis zu finden. Es ist stets eine 7 voranzustellen, also für Tunis 71. Alle Rufnummern sind sechsstellig, auch die der Mobilfunknetze, und werden in zwei Dreierblöcken angegeben. Die Vorwahlen der Mobilfunknetze sind 20–23 und 90–98.

Festnetz

Von allen Post- bzw. Telegrafenämtern, von vielen in jüngster Zeit eingerichteten „Taxiphone-“ bzw. „Publitel“-Stationen und von den meisten Ferienhotels können Telefongespräche **ins Ausland** geführt werden. Dafür ist weitgehend Selbstwählverkehr eingeführt; Direktwahl nach Münzeinwurf

(1 TD/500 Millimes). Wo Selbstwahl nicht möglich ist: Vermittlung über Post oder größere Hotels. Ein 3-Minuten-Gespräch nach Deutschland kostet etwa 5 TD. Achtung: Hotels berechnen in jedem Fall eine bedeutend höhere Grundgebühr!

Für **Orts-** (100 Millimes) und **Inlandsgespräche** sind die Münzfernsprecher mit 100-Millimes-Münzen zu „füttern"; halten Sie einen ausreichenden Vorrat bereit.

- **Telefonauskunft** unter der Nummer **121.**

Vorwahlen für D/A/CH

Die Vorwahl für Gespräche von Tunesien nach Deutschland ist **0049,** in die Schweiz **0041,** nach Österreich **0043;** im Anschluss kommt die Ortsvorwahl ohne die „0" (z.B. für München 89 statt 089) und schließlich die eigentliche Rufnummer.

Mobiltelefon

Das eigene Handy lässt sich auf Djerba **problemlos nutzen,** denn die meisten Mobilfunkgesellschaften haben Roamingverträge mit den tunesischen Gesellschaften *Tunisiana* oder *TunTel* (beide GSM 900 MHz). Wegen hoher Gebühren sollte man bei seinem Anbieter nachfragen oder auf dessen Website nachschauen, welcher der Roamingpartner günstig ist und diesen per **manueller Netzauswahl** voreinstellen. Nicht zu vergessen sind die **passiven Kosten,** wenn man von zu Hause angerufen wird (Mailbox abstellen!): Der Anrufer zahlt nur die Gebühr ins heimische Mobilnetz, die teure Rufweiterleitung ins Ausland zahlt der Empfänger.

Wesentlich preiswerter ist es, sich von vornherein auf **SMS** zu beschränken, der Empfang ist dabei in der Regel kostenfrei. Versand und Empfang von Bildern per **MMS** sind hingegen nicht nur relativ teuer, sondern je nach Roamingpartner auch gar nicht möglich. Die **Einwahl ins Internet** über das Mobiltelefon, um Daten auf das Notebook zu laden, ist noch kostspieliger – da ist der Gang ins nächste Internetcafé weitaus günstiger.

Falls das Mobiltelefon **SIM-lock-frei** ist (keine Sperrung anderer Provider vorhanden ist) und man sich länger in Tunesien aufhält, kann man sich eine örtliche **Prepaid-SIM-Karte** von *TunTel* oder *Tunisiana* besorgen. Für nur 5 TD erhält man eine SIM-Karte, Rubbelkarten für Guthaben sind an jedem Kiosk ab 5 TD zu haben, in den Tunisiana-Läden kann das Guthaben schon ab 1 TD elektronisch aufgeladen werden.

Buchtipps

- *Volker Heinrich,* **Kommunikation von unterwegs**
- ders., **Handy global – mit dem Handy im Ausland**

Beide Bände Reise Know-How Verlag, Bielefeld.

Uhrzeit

ME(S)Z

Die Zeit in Tunesien entspricht der Mitteleuropäischen Zeit (MEZ), im Sommer wird ebenfalls auf Sommerzeit (MESZ = MEZ + 1 Std.) umgestellt.

Unterkunft

Kleinere Unzulänglichkeiten

Globetrottern ist bekannt, dass in vielen Ländern der Erde der technische und handwerkliche Standard nicht mit dem heimischen vergleichbar ist. Gleiches gilt auch für Tunesien. Schon am Tag der Eröffnung gibt es in jedem Hotel beschädigte Fliesen, defekte Steckdosen oder unsauber verputzte Wände. Hier hilft allein Gelassenheit. Schäden, die behoben werden können/müssen, wie zum Beispiel defekte Glühbirnen und klemmende Balkontüren, meldet man an der Rezeption, meist wird schnell Abhilfe geschaffen.

Reklamationen

Wer mit seinem Hotel unzufrieden ist, kann seine Beanstandungen in das dort verpflichtend vorhandene Reklamationsheft eintragen. Die örtlichen Tourismusbehörden kontrollieren die Hefte mindestens einmal pro Saison, sie nehmen Reklamationen auch unmittelbar entgegen. Pauschalreisende sollten Beschwerden in jedem Fall auch gegenüber ihrer Reiseleitung vorbringen.

Jugendherberge

In Djerba gibt es eine Jugendherberge **in Houmt Souk** (siehe dort). Kann man einen **internationalen Jugendherbergsausweis** aus dem Heimatland vorweisen, schläft man auch hier zum günstigeren Tarif.

Hotels €-€€€

Die Hotels in diesem Urlaubshandbuch sind größtenteils in **drei Preiskategorien** unterteilt:

- € steht für **Einfachhotels;** die Zimmer sind meist ohne Klimaanlage, Fernseher oder anderen Komfort. Vielfach gibt es Toiletten und Duschen nur für alle Gäste gemeinsam. Frühstück wird nur selten angeboten. Die Übernachtungspreise pro Person pro Nacht beginnen bei 4 TD.
- €€ kennzeichnet **Hotels mit 2–3 Sternen** mit einem Mindestmaß an Ausstattung, eigenem Bad/Dusche/WC, oft auch schon mit Pool, Café oder Restaurant. Frühstück wird stets angeboten, fällt aber zum Teil „typisch französisch“ aus, besteht also nur aus Kaffee, Stangenweißbrot, Butter und Konfitüre. Die Preise liegen bei 20–60 TD pro Nacht.
- €€€ bezeichnet eine Preisgruppe, in der **Hotels** enthalten sind, die international **mit 4 und 5 Sternen** bewertet werden, in den Zimmern gut mit einem Großteil touristischer Technik (Klimaanlage, Heizung, Minibar, Sat-TV, Minibar, Telefon usw.) ausgestattet sind und in der Regel üppige Frühstücksbuffets haben. Preis: ab etwa 60 TD pro Person pro Nacht.

dje_089 Foto: ir

Buchtipps

- *Hartmut Schäfer,* **All inclusive?**
- *Erich Witschi,* **Unterkunft und Mietwagen clever buchen**

Beide Bände Reise Know-How Verlag, Bielefeld.

Verkehrsmittel

Bus

Auf Djerba bedienen die **Inselringlinien 10 und 11** die Hotelzonen, Houmt Souk und Midoun. Der Bus von Zarzis nach Djerba fährt viermal täglich. Fernbusse starten von Houmt Souk und Zarzis in viele südtunesische Städte und nach Tunis.

Die **Bushaltestellen** sind meist nur schlecht zu erkennen, **Fahrpläne** hängen nicht aus. Sie können eher in der Touristeninformation, bei Straßenhändlern oder an der Hotelrezeption in Erfahrung gebracht werden.

Kalesche

Gemeint sind **Pferdekutschen,** die an vielen Hotels für Ausflüge gemietet werden können.

Louage

Diese im **Überlandverkehr** eingesetzten **Sammeltaxis** haben üblicherweise sechs bis acht Plätze für Mitfahrer, man bezahlt pro Person und nicht viel mehr als im Linienbus. Die Louagen fahren feste Strecken und starten, sobald alle Plätze besetzt sind. Vorsicht: Die Schilder am Fahrzeug benennen den Heimatort, der Zielort wird immer wieder laut vom Fahrer ausgerufen. Louagen mit blauen Streifen fahren Ziele in ganz Tunesien an, diejenigen mit roten Streifen verkehren nur innerhalb des Gouvernorats.

Taxi

Die kleinen gelben Taxis sind durchweg mit Zählern ausgestattet und besonders bei innerstädtischen Fahrten angenehm **preiswert.** Die Grundgebühr beim Einsteigen beträgt 350 Millimes, nach 21 Uhr 525 Millimes. Für Nachtfahrten zwi-

Entspannung am Hotelpool

schen 21 und 5 Uhr beträgt auch beim Fahrpreis der Aufschlag 50%, für Gepäckstücke ganztägig ½ TD pro Stück. Die **Taxameter** zeigen beim **Tagestarif** eine „1", beim **Nachttarif** eine „2" an, einige Schlitzohren unter den Taxifahrern „vergessen" morgens gelegentlich, die Einstellung wieder zu ändern ...

Mehr als vier Fahrgäste dürfen nicht mitgenommen werden; ehe der Taxifahrer seine Konzession in Gefahr bringt, winkt er lieber schnell einen Kollegen herbei und teilt die Fuhre. Den Taxifahrern ist vorgegeben, nicht miteinander bekannte Fahrgäste getrennt voneinander zu befördern. Das ist aber blanke Theorie. Wer winkend am Straßenrand steht und grob (!) in die gleiche Richtung will, erhält auch einen der freien Sitzplätze. Der Fahrpreis wird dann geteilt. Diese Praxis ist bei Touristen unüblich.

Für eine Taxifahrt sollte man **Kleingeld** dabeihaben. Oft hat der Taxifahrer/Händler nicht genug Wechselgeld und muss es erst bei Kollegen tauschen. Manchmal wird dies als Trick angewendet, um das Trinkgeld zu erhöhen, viel häufiger ist es aber die pure Geldnot.

Zu beachten ist, dass die meisten Taxis ihren **Heimatbereich nicht verlassen** dürfen, d.h. ein djerbisches Taxi nicht nach Zarzis und ein Taxi aus Zarzis nicht nach Djerba fahren darf. Mit ein wenig Glück trifft man auf ein Exemplar mit Sonderplakette, muss dann aber etwa 35–40 TD einplanen. Ansonsten findet sich an beiden Seiten des Römerdamms meist ohne lange Wartezeit ein Autofahrer mit Herz für Tramper.

Großtaxi

Auf Djerba sind einige große Taxis unterwegs, meist Vans und Minibusse, die **wesentlich teurer** sind, aber **bis zu acht Passagiere** mitnehmen und zum Teil auch die Insel verlassen dürfen. Hier lohnt es sich, den Preis vorher zu vereinbaren, um am Ende nicht enttäuscht zu werden oder enttäuschen zu müssen.

- Ein fairer **Anbieter** ist **Whole Tunisia Taxi Service,** http://tunisia-taxitours.netfirms.com, s.barnat@topnet.tn, Mobil 98/281 142 oder 98/253 666; neunsitzige Autos, englischsprachige Fahrer und Sonderlizenz für Fahrten außerhalb Djerbas.

Versicherungen

Notfallnummern notieren!

Für alle abgeschlossenen Versicherungen sollte man die Notfallnummern notieren und mit der Policenummer gut aufheben! Bei Eintreten eines Notfalles sollte die Versicherungsgesellschaft sofort telefonisch verständigt werden!

Auslandskrankenversicherung

Die Kosten für eine Behandlung in Tunesien werden von den gesetzlichen Krankenversicherungen in Deutschland und Österreich nicht übernommen, daher ist der Abschluss einer privaten Aus-

dje_090 Foto: dw

landskrankenversicherung **unverzichtbar.** Dieser ist zum Beispiel in Deutschland ab 5–10 Euro pro Jahr auch sehr günstig. Bei Abschluss der Versicherung – die es mit bis zu einem Jahr Gültigkeit gibt – sollte auf einige Punkte geachtet werden: Zunächst sollte ein Vollschutz ohne Summenbeschränkung bestehen, im Falle einer schweren Krankheit oder eines Unfalls sollte auch der Rücktransport übernommen werden; wichtig ist, dass im Krankheitsfall der Versicherungsschutz über die vorher festgelegte Zeit hinaus automatisch verlängert wird, falls die Rückreise nicht angetreten werden kann.

Schweizer sollten bei ihrer Krankenversicherungsgesellschaft nachfragen, ob die Auslandsdeckung auch für Tunesien inbegriffen ist. Sofern man keine Auslandsdeckung hat, kann man sich kostenlos bei *Soliswiss* (Gutenbergstr. 6, 3011 Bern, Tel. 031-3810-494, info@soliswiss.ch, www.soliswiss.ch) über mögliche Krankenversicherer informieren.

Zur **Erstattung der Kosten** benötigt man ausführliche Quittungen (mit Datum, Namen, Bericht über Art und Umfang der Behandlung, Kosten der Behandlung und Medikamente).

Der Abschluss einer **Jahresversicherung** ist in der Regel kostengünstiger als mehrere Einzelversicherungen. Günstiger ist auch die Versicherung als Familie statt als Einzelpersonen; hier sollte man nur die Definition von „Familie" genau prüfen.

Andere Versicherungen

Ob es sich lohnt, weitere Versicherungen abzuschließen wie eine Reiserücktritts-, Reisegepäck-, Reisehaftpflicht- oder Reiseunfallversicherung, ist individuell abzuklären. Gerade diese Versicherungen enthalten viele **Ausschlussklauseln,** sodass sie nicht immer Sinn machen.

Die **Reiserücktrittsversicherung** für 35–80 Euro lohnt sich nur für teure Reisen und für den Fall, dass man vor der Abreise einen schweren Unfall hat, schwer erkrankt, schwanger wird, gekündigt wird, nach Arbeitslosigkeit einen neuen Arbeitsplatz bekommt, die Wohnung abgebrannt ist u.Ä. Nicht gelten hingegen: Terroranschlag, Streik, Naturkatastrophe etc.

Auch die **Reisegepäckversicherung** lohnt sich seltener, da zum Beispiel bei Flugreisen verlorenes Gepäck oft nur nach Kilopreis und auch sonst nur der Zeitwert nach Vorlage der Rechnung ersetzt wird. Wurde eine Wertsache nicht im Safe aufbewahrt, gibt es bei Diebstahl auch keinen Ersatz. Kameraausrüstung und Laptop dürfen beim Flug nicht als Gepäck aufgegeben worden sein. Gepäck im unbeaufsichtigt abgestellten Fahrzeug ist ebenfalls nicht versichert. Die Liste der Ausschlussgründe ist endlos ... Überdies deckt häufig die Hausratsversicherung schon Einbruch, Raub und Beschädigung von Eigentum auch im Ausland. Für den Fall, dass etwas passiert ist, muss der Versicherung als Schadensnachweis ein Polizeiprotokoll vorgelegt werden.

Eine **Privathaftpflichtversicherung** hat man in der Regel schon. Hat man eine **Unfallversicherung,** sollte man prüfen, ob diese im Falle plötzlicher Arbeitsunfähigkeit aufgrund eines Unfalls im Urlaub zahlt. Auch durch manche (Gold-)Kreditkarten oder eine Automobilclubmitgliedschaft ist man für bestimmte Fälle schon versichert. Die Versicherung über die Kreditkarte gilt jedoch meist nur für den Karteninhaber!

Zeitungen und Zeitschriften

International nur in Houmt Souk

Einige tunesische Tageszeitungen erscheinen in französischer Sprache. Deutsche bzw. internationale Presse ist nur in Houmt Souk zu finden. Die Zeitungen sind wegen des Transportweges meist **vom Vortag oder älter;** Zeitschriften, Magazine und Illustrierte werden so lange angeboten, bis sie verkauft wurden.

dje_057 Foto: ir

Land und Natur

Geografie

Größte Insel im Mittelmeer

Djerba ist mit 514 Quadratkilometern die größte Insel im Mittelmeer. Sie liegt im **Golf von Gabès,** auch Kleine Syrthe genannt, und ist umgeben von Untiefen, Sandbänken und Flachwassergebieten. Noch 9 Kilometer vor der Küste ist das Wasser nur 5 Meter tief, erst nach 20 Kilometern erreicht es eine Tiefe von 20 Metern. Einige Landzungen schieben sich fingerartig ins Meer und bieten in ihrem geschützten Flachwasser gute Lebensbedingungen für Zugvögel.

Djeffara-Ebene

Geologen zählen Djerba zum Festland der Djeffara-Ebene, die sich östlich der Linie Gabès – Tataouine – Dehibat bis zum Mittelmeer erstreckt. Diese **Steppenlandschaft** besteht vorwiegend aus Ton- und Sandschichten. Erdgeschichtlich gesehen wurde die Insel wohl erst „kürzlich" vom Festland getrennt, als sich nach der letzten Eiszeit der Meeresspiegel im Mittelmeer hob. Der Golf von Bou Grara zwischen Djerba und dem tunesischen Festland ist daher sehr flach. Vereinzelt wird auch die Theorie vertreten, Djerba sei bereits vor etwa einer Million Jahren entstanden, als die Steilküste bei Djorf einstürzte.

Bild auf den Seiten zuvor: Olivenbäume

Die versunkene Stadt

Taucher bringen **in der Meerenge von Djerba** immer wieder alte Tonscherben ans Tageslicht und berichten von **Ruinen auf dem Meeresgrund.** Dazu erzählt man sich, dass beim Abbruch der Steilküste bei Djorf eine ganze Stadt im Meer versunken sei (obwohl dieser Abbruch eine Million Jahre zurückliegen soll ...). Obwohl – oder weil – sich die Geologen nicht auf die genaue erdgeschichtliche Entstehung der Insel einigen können, wird diese Legende weiter in den Erzählungen der Inselbewohner, Taxifahrer und Fremdenführer lebendig bleiben.

Flache Insel

Die Insel selbst ist ebenfalls ziemlich flach, eine Ausnahme bildet nur die 55 Meter hohe Anhöhe bei Guellala. Hier ist der Boden sehr tonhaltig und bildet die Grundlage der Keramikproduktion des kleinen Örtchens. Weite Teile der Insel sind von **Sand- und Kalkschichten** bedeckt, lediglich vereinzelt kommen Felsen zum Vorschein, wie am Ras Taguermes, vor Aghir und an der Westküste. Hier haben sich im Laufe der Zeit durch Auswaschungen bizarre Formen im ufernahen Sandstein gebildet. Geschützt von Landzungen sind vielerorts **Sebkhets** entstanden, **Salzseen,** die zumindest zu Beginn ihrer Entwicklung und bei Hochwasser Verbindung mit dem offenen Meer hatten oder haben. Sie trocknen allmählich aus und bilden **Salztonebenen.** Im Osten wird die Küstenlinie von **feinsandigen Stränden** dominiert, die sanft ins Meer abfallen. Der Tidenhub vor Djerba und Zarzis beträgt knapp 40 Zentimeter.

Klima

Keine Kälteperioden

„Djerba, la Douce“ (die Sanfte) wird die Insel oft von Schriftstellern und Denkern genannt. Das ganzjährig sanfte Klima ohne Kälteperioden wird dabei als wohltuend herausgestellt, die heißen Tage im Sommer werden von vielen Menschen in den Strandregionen wegen des stetig wehenden leichten Windes gar nicht als so unerträglich wahrgenommen, wie sie mitunter im Inselinneren sind.

Im Südosten Tunesiens treffen das **heiße Wüstenklima der Sahara** und das **gemäßigte mediterrane Klima** aufeinander. Dies führt im Sommer zu Temperaturen bis über 40°C. In dieser niederschlagsfreien Zeit weht auf Djerba und in Zarzis der **Küstenwind** stetig, die Hitze wird also nicht so drückend und unerträglich wie nur wenige Kilometer landeinwärts.

Djerba und Zarzis sind geprägt von **trockenem Steppenklima; Niederschläge sind selten** und

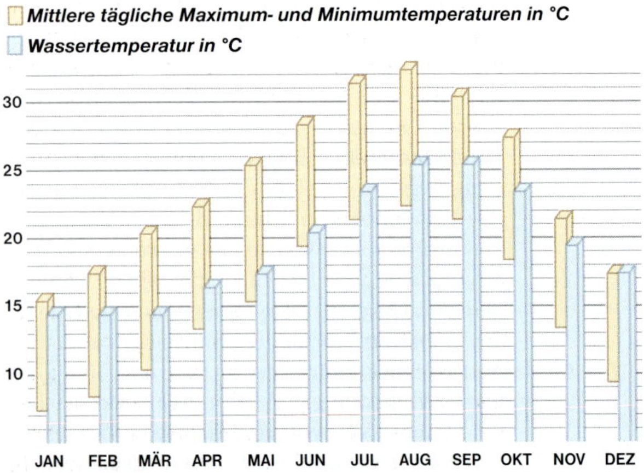
Mittlere tägliche Maximum- und Minimumtemperaturen in °C
Wassertemperatur in °C
30
25
20
15
10
JAN FEB MÄR APR MAI JUN JUL AUG SEP OKT NOV DEZ

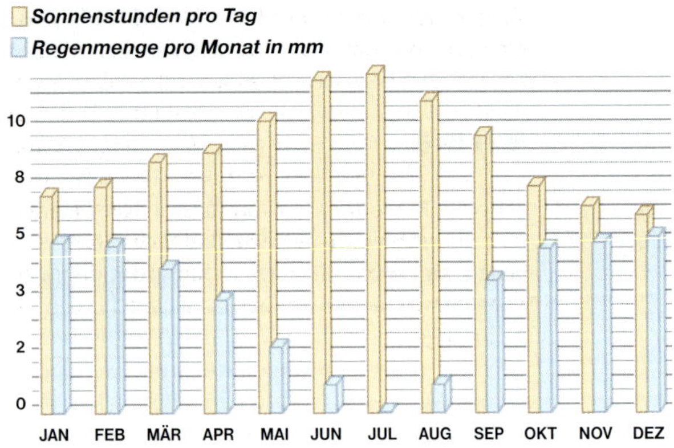
Sonnenstunden pro Tag
Regenmenge pro Monat in mm
10
8
5
3
2
0
JAN FEB MÄR APR MAI JUN JUL AUG SEP OKT NOV DEZ

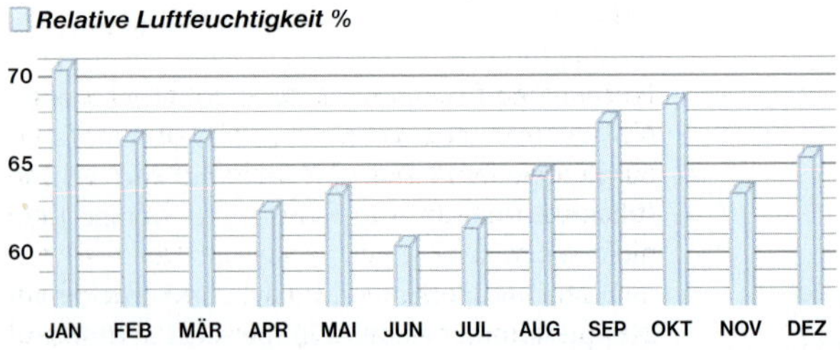
Relative Luftfeuchtigkeit %
70
65
60
JAN FEB MÄR APR MAI JUN JUL AUG SEP OKT NOV DEZ

konzentrieren sich auf die Wintermonate. November bis April sind die frischesten Monate mit immer noch deutlich über 10°C, die heißesten Monate sind Juli und August. In dieser Zeit ist auch am ehesten mit der atemraubenden, drückenden Hitze des Schirokkos zu rechnen, der durchschnittlich an etwa 14 Tagen zwischen Juni und Oktober die Insel heimsucht.

Im Frühling und Herbst kämpfen die Kaltfront aus dem Norden und die Warmfront aus dem Süden oft tagelang um die Vorherrschaft auf Djerba: Siegt die **Polarfront,** entwickelt sich Ostwind über dem offenen Meer und bringt feuchte Luft auf die Insel. An solchen Tagen fällt zum Teil heftiger Regen, mitunter als Gewitter, zumindest aber ist der Himmel bedeckt. Dominiert die **Tropenfront,** bringt der aus der Sahara wehende Chili plötzliche Temperaturanstiege um bis zu 15°C. **„Chili"** ist die Bezeichnung für den **Schirokko** in Tunesien, in Libyen und rund um Djerba wird er *Ghibli* genannt, im Süden von Algerien heißt er *Chichili,* in Nordalgerien *Schergi,* in Marokko *Chergui.* Sahara-Fahrer kennen ihn eher unter dem treffenden Namen „Blood Boiling Wind" und werden feststellen, dass er hier an der Küste deutlich milder ausfällt. Immer noch führt er jedoch große Mengen an Staub und Sand mit sich, sodass sich die Luft gräulich-gelb färbt.

Land und Natur

Flora und Fauna

Pflanzenwelt

Wildpflanzen

Nur wenige Pflanzen wachsen auf Djerba ohne die Einflussnahme des Menschen. Vereinzelt sind Eukalyptus, Tamarisken, Dornginster, Kiefern und Johannisbrotbäume zu finden. In den wenigen nicht landwirtschaftlich bewirtschafteten Regionen der Insel gedeihen **Trocken- und Salzpflanzen.** Sie kommen mit wenig Wasser aus, vertragen auch Salzwasser und halten auch sengender Hitze stand, weil sie Verdunstung nur in ganz geringem Umfang zulassen und weitere biologische Tricks anwenden. So kann der Feigenkaktus nach Regenfällen schnell seine Wasserspeicher auffüllen und dann lange Trockenperioden überstehen, bei denen er stetig von den Flüssigkeitsreserven zehrt. Andere Pflanzen reagieren mit Trocken- oder Zwergwuchs. Überschüssig aufgenommenes Salz wird von manchen Pflanzen durch spezielle Poren oder Absalzhaare wieder ausgeschieden, wie z.B. bei der rund um Djerba vertretenen Salzmelde. Sukkulenten wie der am Ras Remel weit verbreitete Queller verhindern eine zu hohe Salzkonzentration in einzelnen Zellen durch Verdünnung.

Kulturpflanzen

Geprägt wird das Landschaftsbild jedoch durch **Olivenhaine** im Inselinneren und die genügsameren **Dattelpalmen** in Meeresnähe, denen der Salzgehalt des Wassers nichts ausmacht. Durch intensive Bewässerung lassen sich in den üppigen Gärten im Inselinneren **Etagenkulturen** anlegen: Im Schatten von Dattelpalmen wachsen Obstbäume wie Feigen, Granatäpfel, Orangen, Mandeln, Pfirsiche, Äpfel, Birnen, Pflaumen und Aprikosen, an deren Fuß Mohrrüben, Kartoffeln, Getreide, Kräuter und Tabak. **Alfagras** wird angebaut, um Matten, Körbe, Hüte und Chamias herzustellen (Chamias sind die Behälter, in die in der Ölmühle die zerkleinerten Oliven für den Pressvorgang gefüllt werden).

Dattelpalmen

Die Tunesier machen sich die Dattelpalme in all ihren Bestandteilen zunutze. Mit den **Stämmen** werden die tragenden Teile von Häusern oder Wasserleitungen gebaut, die **Palmwedel** werden bei der Einfriedung von Grundstücken, als Sperre bei der Langleinenfischerei und für Flechtarbeiten verwendet. Die **Früchte** der auf Djerba wachsenden Dattelpalmen sind zwar essbar, aber nicht so

schmackhaft wie die aus der Chott-Region. Entsprechend werden sie häufig an das Vieh verfüttert, und man kauft sich auf dem Markt die bessere Qualität. Ein besonderer Genuss ist der **Palmsaft Laghmi.** Von April bis Oktober kann er gewonnen werden, indem eine tiefe Rinne in einen Palmenstamm geschnitten wird. Die Palme „blutet" dann quasi aus, der Saft wird in Krügen aufgefangen und möglichst rasch getrunken, da er schon abends heftig gärt.

Feigenkakteen (Opuntien)

Der Feigenkaktus ist eine wirksame Befriedung für Grundstücksgrenzen. Dazu wird ein Erdwall angeschüttet, in den Kakteensetzlinge gepflanzt werden. Schon im Folgejahr ist eine spitzstachelige Hecke gewachsen, die weder streunende Hunde noch menschliche Eindringlinge überwinden wol-

Fruchtstand einer Dattelpalme

len. Im Sommer werden die stacheligen Kaktusfeigen auf den Märkten angeboten; man kann sie nur mit größter Vorsicht essen. In Restaurants werden sie geschält angeboten, wer sie frisch kauft, sollte zunächst seine Finger schützen, die feinen Stacheln gründlich abrubbeln, dann die Frucht in der Mitte durchschneiden und das Fruchtfleisch herauslösen.

Olivenbäume

Der Ölbaum heißt auf Djerba **Zitouna** und ist auf der Insel mit etwa 500.000 Exemplaren vertreten, stets in akkuraten Reihen angepflanzt - so weit das Auge reicht. Je trockener der Boden ist, desto größer wird der Pflanzabstand gewählt. Einige Prachtexemplare mit knorrigen, knotigen Stämmen sind schon über tausend Jahre alt, es wird sogar vermutet, dass Bäume aus der Römerzeit überlebt haben. Oliven werden **im November und Dezember geerntet,** dabei beteiligt sich die ganze Familie. Die Frauen und älteren Kinder ste-

dje_059 Foto: ir

hen auf Leitern und lösen die Oliven mit ihren Fingern oder Kunststoffkämmen von den Zweigen. Die kleineren Kinder und Alten sammeln die herabgefallenen Früchte von den vorher sorgfältig untergelegten Tüchern oder Planen. Die Männer sorgen für den Transport der prall gefüllten Säcke zur Ölmühle. Dort werden die Oliven von einem Mühlrad zerkleinert und in eine Presse gefüllt. Das goldgelbe Olivenöl rinnt an der Seite hinaus, der ausgepresste Rest bildet ein nahrhaftes Futter für die Haustiere. Oliven und **Olivenöl** sind wesentlicher Bestandteil der tunesischen Küche, werden aber auch in der Kosmetik eingesetzt. In Hammams wird Olivenöl als Massageöl verwendet, eine 3:1-Mischung aus Olivenöl und Zitronensaft ergibt die Après-Sun-Lotion der Tunesier.

Tierwelt

Landtiere

Nur wenige Säugetierarten haben sich dem rauen Steppenklima angepasst und leben rund um Djerba und Zarzis. Bei der Spurensuche im Sand und Staub etwas ruhigerer Gegenden findet man Fußabdrücke von Hasen, Igeln, Füchsen und Mäusen. Bei den Reptilien und Insekten ist das Spektrum größer, vielleicht bekommt man sogar eine Eidechse, einen Skorpion oder eine Natter zu sehen. **Skorpione** sind eher scheu und flüchten bei Kontakt mit Menschen. Erst wenn sie sich bedroht oder in die Enge getrieben fühlen, greifen sie an. Auch die zahlreichen **streunenden Hunde,** die meist bereits seit Generationen ohne Bindung an eine konkrete menschliche Familie sind, gehören inzwischen wohl eher zu den Wildtieren. Sie sind mit Vorsicht zu behandeln, reagieren sie doch nicht immer so, wie man es von Haushunden gewöhnt ist.

Das Kamel bzw. Dromedar – das Nutztier in Wüstenregionen schlechthin

Meeres-tiere

Die meisten Reisenden werden Fischen, Schwämmen und Tintenfischen am ehesten nach deren Tod auf dem Markt oder im Restaurant begegnen. **Speisefische** wie Tunfisch, Sardine, Makrele, Seeteufel, Barsch und Dorsch werden täglich frisch von den Fischern gefangen und in die Häfen von Houmt Souk, Ajim, Aghir und Zarzis gebracht. **Tintenfische** werden in Tonkrügen gefangen, die über Nacht unter Wasser ausgelegt werden. Bei der morgendlichen Suche nach einem Versteck schwimmen die Tiere in die Krüge und können so ganz simpel aus dem Wasser gefischt werden.

Die Ausflugsschiffe werden auf ihrem Weg von Houmt Souk zur Flamingo-Insel an manchen Tagen von Delfinen begleitet. **Beim Schnorcheln und Tauchen** können Zackenbarsche, Seesterne, Zahn- und Blaustreifenbrassen, Muränen, Barben, Lipp- und Mönchsfische gesichtet werden. Beim Baden sind Begegnungen mit **Quallen** möglich. Zur Beruhigung: Haie gibt es zwar vor Tunesiens Küste, aber nicht in Strandnähe. Zumindest sind keine Sichtungen oder gar Unfälle bekannt.

Vogelwelt

Wie überall am Mittelmeer gehören auch auf Djerba und in Zarzis Seemöwen zum Hafenbild. Mit etwas Glück kann man Falken, Sperber und Bussarde bei der Jagd beobachten. Im Schlammboden der flachen Küsten und Sebkhets suchen Kormorane, Kraniche, Flamingos, Kuh- und Graureiher nach Schalentieren und Würmern. Bienenfresser und Graugänse fühlen sich ebenfalls auf Djerba sehr wohl. Immer wieder ist zu lesen, dass sich unter den Zugvögeln auch Storche befinden. Diese sind jedoch eher in Ksar Ghilane zu finden.

Von den Flachwassertümpeln bei Guellala und im Sebkhet el Bibane berichten Vogelkenner von Blässhuhn, Seeregenpfeifer, Uferschnepfen, Löffler, Rot- und Grünschenkel, Strandläufer, Flussuferläufer, Kampfläufer, Brachvogel, Kurzzehenlerchen, Haubenlerchen, Grasmücken, Schafstelzen und Pieper.

Das Kamel

„Nur das Kamel kennt Allahs hundertsten Namen, daher sein hochmütiger Blick“, besagt ein arabisches Sprichwort und bringt damit die Zuneigung (nicht nur) der Tunesier zu diesem Tier zum Ausdruck. Streng genommen sind die Kamele in Tunesien **einhöckrige Dromedare** – Trampeltiere haben zwei Höcker und sind eher in Asiens Wüstenregionen zu finden. Wilde Dromedare kommen noch vereinzelt in den südtunesischen Sahararegionen vor, domestiziert werden sie zum Ziehen und Tragen schwerer Lasten eingesetzt. Die Hufe sind für das Laufen im Wüstensand ideal, sie sind groß und flach, das Tier sinkt daher nicht ein. Das Dromedar kann mehr als zwei Wochen ohne Wasser auskommen, dann aber in wenigen Minuten bis zu 120 Liter Wasser saufen.

Nutztiere Als Arbeitstiere werden Pferde, Esel, Maulesel und Dromedare gehalten, zur Ernährung Kühe, Ziegen und Schafe. Besonders verbreitet sind die Barbarine Schafe mit einem auffallend breiten Schwanz.

Umwelt- und Naturschutz

Wasserversorgung Auf der niederschlagsarmen Insel ist die Wasserversorgung ein **großes Problem.** Schon der historische Name *Meninx* bedeutet „Mangel an Wasser“. Es gibt keine oberirdischen Gewässer, der Großteil der Einwohner versorgt sich mit dem gesammelten Regenwasser der **Zisternen** oder entnimmt den **über 4000 Brunnen** leicht salzhaltiges Wasser. Zum Inselinneren hin nimmt der Salzgehalt ab, das beste Wasser lässt sich aus den Brunnen von Mahboubine schöpfen. Die Fremdenverkehrszone im Osten der Insel wird über eine **Pipeline vom Festland** mit Wasser versorgt.

Der **hohe Wasserverbrauch** und immer tiefere Brunnenbohrungen senken den Grundwasserspiegel. Die Auswirkungen sind so absehbar wie verheerend: Quellen versiegen, Brunnen trocknen aus, Palmenhaine sterben ab. Wer Tozeur kennt, hat ein Bild von dem kümmerlichen Rest eines einstmals üppig wachsenden Belvédère-Palmenhains. Expandierende Städte, Industrie und Landwirtschaft benötigen von Jahr zu Jahr mehr Wasser. Ein wichtiger Faktor sind zudem die zahlreichen Hotels und deren Gäste: **Touristen** lassen sich von immer größeren Süßwasserpools in ein bestimmtes Hotel locken, freuen sich an dem satten Grün des Golfplatzrasens, duschen mehrmals täglich mit den gewohnten Wassermengen und verursachen weiteren Wasserverbrauch in Küche und Wäschekeller. Die wenigsten Urlauber auf Djerba wissen, dass ihr Wasser durch eine dicke Pipeline vom Festland über den Römerdamm in die Hotelzonen geleitet werden muss. Einige verantwortungsvolle Hotelbetreiber bitten ihre Gäste um Mithilfe beim sparsamen Umgang mit Wasser. Es sollte den Urlaubsgenuss nicht eintrüben, wenn man sein Handtuch einen zweiten Tag verwendet und beim Einshampoonieren oder Zähneputzen das Wasser von Dusche oder Waschbecken abdreht.

Umweltpolitik

Auch in anderen Umweltbereichen versucht man in Tunesien Verbesserungen zu erreichen. Seit 1992 gibt es ein eigenes Umweltschutzministerium, das für die Erhaltung natürlicher Ressourcen und die Verbesserung der Umweltqualität zuständig ist. **Wiederaufforstungsprogramme** und die **Einrichtung von Nationalparks** sind Schwerpunkte im staatlichen Umweltschutz. Man bemüht sich um die **Sensibilisierung der Bürger** für den Umweltschutz durch Vorträge bei Erwachsenen und Aufnahme des Umweltschutzes in den Lehrplan aller Schulen. Das **Umweltmaskottchen „Labib“**, ein stilisierter Wüstenfuchs, hat inzwischen bei Kindern und Erwachsenen gleichermaßen hohen Identifikationswert und ist überall im Land auf Plakaten, Mülleimern und als plastische Figur zu finden.

Müll

Eine Plage für Einheimische und Besucher ist der allgegenwärtige Müll. Eine **Müllabfuhr und Straßenreinigung** nach europäischen Maßstäben ist in Tunesien **unbekannt.** Es gibt zwar Mülltonnen und Container, vieles landet aber einfach auf der Straße und im Gelände. Ordentlich an den Straßenrand gestellte Mülltüten werden vom Wind verweht oder von streunenden Hunden und Katzen geplündert. Abfälle werden oft achtlos fallen gelassen. Warum sollte man nach einem Picknick am Meeresstrand oder in einem historischen Gemäuer den Müll mitnehmen, wenn es doch viel einfacher ist, ihn einfach liegen zu lassen? Hier gilt es für Urlauber aus Ländern, die bei den Themen Müllvermeidung/-trennung/-entsorgung schon etwas weiter sind, **mit gutem Beispiel voranzugehen.** Es ist doch ein Leichtes, seinen Müll in den entsprechenden Müllbehältern zu entsorgen und beim Einkauf eine Tasche oder einen Rucksack mitzunehmen, damit also auf die hauchdünnen Plastiktüten zu verzichten, die ohnehin schon unter der Last einer Wasserflasche reißen.

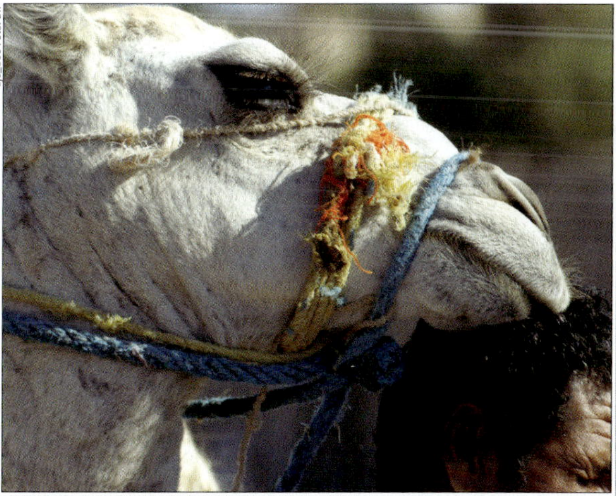

dje_060 Foto: dw

dje_066 Foto: ir

Staat und Gesellschaft

Geschichte

Verständnis für das Reiseland

Einige Eckdaten der Geschichte Tunesiens zu kennen, zeugt nicht nur von Interesse für das Reiseland, sondern erleichtert zudem das Verständnis für Baudenkmäler und Straßennamen. So sind in allen Orten die Straßen und Plätze gerne nach Helden der tunesischen Befreiungsbewegung und nach historischen Daten benannt. Auch die **Freiheitsliebe der Tunesier** lässt sich besser verstehen, wenn man sich einen Überblick über die vielen, zum Teil sehr brutalen Fremdherrscher verschafft hat.

Die Geschichte Djerbas ist untrennbar mit der **gesamttunesischen Geschichte** verknüpft. Ein geschichtlicher Überblick für Djerba und Zarzis muss daher auch stets Daten und Fakten für Tunesien beinhalten.

Frühgeschichte

Am Anfang

Afrika gilt als Wiege der menschlichen Entwicklung, nach Schätzungen der Fachleute wurde Nordafrika bereits vor etwa einer Million Jahren vom *Homo erectus* besiedelt. Zu dieser Zeit war die **Sahara** noch keine lebensfeindliche Wüste, sondern **grünes Wald- und Savannenland.** Die nomadischen Jägergruppen folgten dem Großwild (Nashorn, Elefant und Antilope). Erste Skelette und Werkzeuge aus der Altsteinzeit wurden in Kélilia, Monastir und am Cap Blanc in Nordtunesien gefunden.

Vor 8000 Jahren

Nach Ende der letzten Eiszeit, vor etwa 8000 Jahren, **veränderte sich das Klima in der Sahara** drastisch. Regenfälle blieben aus, und Tunesien wurde nach Süden vom restlichen Afrika förmlich abgeschnitten. Von Osten, später auch von Süden, kamen verschiedene Volksgruppen auf der Flucht vor der sich ausbreitenden Wüste. Die be-

Bild auf den Seiten zuvor: Männer beim Dominospiel

deutendsten für Südtunesien waren die **Capsier,** auf die der Ortsname Gafsa (Capsa) zurückgeht. Aus einem Völkergemisch der Capsier mit den Libyern (auch „Protolibyer" genannt) sollen sich die Berber entwickelt haben.

Vor 6000 Jahren

In neolithischer Zeit vor etwa 6000 Jahren wurden die **ersten Menschen sesshaft,** gründeten **feste Siedlungen** und begannen mit der Landwirtschaft. Zur Schaffung von Äckern und Weidegrund wurden ganze Wälder durch Brandrodung vernichtet.

Erste nachweisbare Spuren menschlicher Siedlungen auf Djerba sind die **neolithischen Dolmen bei Sedouikech** (ca. 1600 v.Chr.). Etwa 100 Jahre später unternahmen die Griechen erste Vorstoße nach Djerba und pflanzten die ersten Ölbaumkulturen.

Phönizier und Karthager

Ab dem 12. Jh. v.Chr.

Die Phönizier waren ab dem 12. vorchristlichen Jahrhundert die vorherrschende Handelsmacht im Mittelmeer und gründeten entlang der Küsten ihrer Handelsrouten Umschlagplätze und Siedlungen. Die berühmteste ist das 814 v.Chr. gegründete **Karthago bei Tunis.** Etwa zur gleichen Zeit entstand eine erste Siedlung mit **Ankerplatz auf Djerba;** sie wurde wegen ihrer günstigen Lage zwischen Sahara und Meer, zwischen westlichem und östlichem Mittelmeer und zwischen Europa und Afrika schnell zu einem wichtigen **Umschlagplatz für Waren, Sklaven und Informationen.** Hier stellten die Phönizier später vermutlich das für ihre typischen dunkelroten Stoffe notwendige **Purpur** her, zumindest lassen die vielen zerstoßenen Schalen von Purpur-/Murrhex-Schnecken, die an Djerbas Küste gefunden wurden und aus dieser Zeit stammen, darauf schließen.

Der erste überlieferte Name der Insel, **Meninx,** stammt aus phönizischer Zeit und bedeutet „Mangel an Wasser". Er lebt bis heute als Ortsbezeichnung für die Fundstücke aus der Römerzeit im Süden der Insel fort. Historiker datieren die Gründung von Meninx auf etwa 1000 v.Chr.

Von den drei **Punischen Kriegen,** die im 2. und 3. vorchristlichen Jahrhundert im Norden Tunesiens tobten und in der völligen Zerstörung Karthagos endeten, bliebt Djerba verschont.

Während ihrer Herrschaft gründeten die Karthager auf dem benachbarten Festland **Gightis,** das auch in den ersten beiden Punischen Kriegen von den Römern angegriffen wurde.

Die einzelnen Bezeichnungen sind etwas verwirrend: Die Phönizier der Kolonie Karthago nannten sich Karthager, wurden aber von den Römern **Punier** genannt.

Die Zerstörung Jerusalems

Einwanderung von Juden

Nach der zweifachen Zerstörung des salomonischen Tempels von Jerusalem im Jahr **586 v.Chr.** durch die Babylonier unter *Nebukadnezar II.* und **70 n.Chr.** durch die Römer gab es zwei starke jüdische Einwanderungswellen nach Djerba. Mit dem Bau von **La Ghriba** wurde vermutlich schon 586 v.Chr., spätestens aber nach der zweiten

dje_061 Foto: dw

Flüchtlingswelle begonnen. Sie ist damit die **älteste Synagoge Afrikas** mit einer der weltweit ältesten jüdischen Gemeinden. La Ghriba gilt als eine der heiligsten Stätten des Judentums, denn die gläubigen Flüchtlinge sollen bei ihrer Flucht aus Jerusalem einen Stein des zerstörten Salomon-Tempels mitgenommen und als Grundstein für den Bau der Synagoge verwendet haben.

Die Römer

Provinz Africa

Karthago fiel 146 v.Chr. im dritten Punischen Krieg. Die siegreichen Römer gründete die Provinz Africa, sie entsprach in etwa dem heutigen tunesischen Staatsgebiet und ist Namensgeber für den Kontinent. Djerba blühte unter der römischen Herrschaft auf, auf der gesamten Insel wurden prächtige **Villen und Tempel** gebaut. Es entstanden die **Orte** Haribus (bei Guellala), Girba (zwischen La Ghriba und Houmt Souk), Meninx (bei El Kantara) und Tipasa (bei Ajim) auf der Insel, das karthagische Gightis wurde weiter ausgebaut. Einige wenige Reste der Römersiedlungen sind noch erhalten, vorwiegend vom Ort Meninx, weil dort in den folgenden Jahrhunderten keine neuen Siedlungen gebaut wurden. Schnell erkannten die Römer, wie flach das Wasser im Golf von Bou Grara ist und verbanden die Insel durch einen 7 Kilometer langen Damm mit dem Festland. So wurde Djerba mit seinem Hafen schnell zu einem wichtigen Umschlagplatz für den **Handel** mit Olivenöl, Elfenbein, Sklaven und anderen afrikanischen Gütern nach Europa. Ab Anfang des 3. Jahrhunderts lebten Christen in Südtunesien.

Die Insel Meninx wurde etwa 250 n.Chr. in **Girba** umbenannt, woraus später der jetzige Name der Insel, Jerba oder Djerba, werden sollte.

Römische Ruinenreste in Meninx

Vandalen

Ab 429

Nach dem Zerfall des römischen Imperiums in ein Ost- und Westreich am Ende des 4. Jahrhunderts hatten die Vandalen unter **Geiserich** ab 429 leichtes Spiel bei der Eroberung Europas und Nordafrikas. Von Schlesien über Gallien und Spanien zogen sie nach Nordafrika, 438 erreichten sie zunächst Karthago, ein Jahr später stand die gesamte Provinz Africa unter ihrer Herrschaft. Aus dieser Zeit stammen die blonden Berber Nordafrikas.

Byzantiner

Ab 533

533 gelang es dem oströmischen Feldherr **Belisar,** die Vandalen zu besiegen. Doch die Herrschaft der Byzantiner (so genannt nach der Hauptstadt Ostroms, Byzanz) war nur von kurzer Dauer, schon kurz nach dem Tod *Mohammeds* (632) begannen die ersten Einfälle der Araber aus dem Orient über Ägypten. Die Byzantiner hinterließen in Tunesien einige Befestigungsanlagen, mit denen sie sich gegen die Berber schützen wollten.

Die arabische Herrschaft

Djerba 674 erobert

Die Araber nannten das neu eroberte Land in Anlehnung an Africa nun *Ifriqiya* und gründeten **Kairouan als neue Hauptstadt.** Djerba wurde vermutlich 674 erobert; nach dem leichten Spiel, das die Araber andernorts mit den Byzantinern hatten, war dies ein schwieriges Unterfangen, die Berber auf Djerba gaben sich erst nach erbitterten Kämpfen geschlagen. Anfang des 8. Jahrhunderts zogen sich die sittenstrengen **Ibaditen** nach Djerba zurück, um dort ihre asketische Form des Islam zu praktizieren, im folgenden Jahrhundert folgten die orthodoxen islamischen **Malekiten.** In den Regierungsgeschäften wurden die arabischen **Aglabiden** nach einem Berberaufstand von den neu formierten **Fatimiden** abgelöst, die nach Ägypten weiterzogen und die Berberdynastie der **Ziriden** als Statthalter in Tunesien ließen.

Karawanen Während der arabischen Herrschaft hatte der **Transsahara-Handel** seinen Höhepunkt. Die zahlreichen Karawanen brachten Wohlstand nach Südtunesien, wo sich viele Karawanenwege kreuzten. Djerba war ein Endpunkt für Karawanen mit Ware für Europa, in Houmt Souk wurden viele **Foundouks (Karawansereien)** gebaut, in denen die Karawanen rasten konnten, bevor die Ware verschifft wurde und die Kamele mit ihren Treibern zurück nach Niger und Algerien gingen.

Spanische Invasionen

Ab dem 13. Jahrhundert Die Angriffe der Genueser und Piser im 11. Jahrhundert konzentrierten sich auf Nordtunesien, erst die spanischen Eroberungszüge des 13. bis 16. Jahrhunderts haben auf Djerba deutliche Spuren hinterlassen. 1284 baute Admiral *Roger de Loria* im Auftrag des Königs von Aragon nach der Eroberung Djerbas in Houmt Souk das **Bordj el Kebir.** Die Spanier zogen nach einigen Aufständen der einheimischen Bevölkerung vorübergehend ab. Nach ihrer Rückkehr errichteten sie 1432 im Süden der Insel das **Bordj Kastil,** verließen aber erneut die Insel. Ein dritter Angriff unter *Pedro de Navarra* scheiterte 1510 wegen Wassermangel.

Piraten

Ab 1525 Ab 1525 gewährten die Djerbi einigen Korsaren **auf der Insel Unterschlupf,** darunter auch *Kheir ad-Din Barbarossa* und *Dragut der Schreckliche.* Insel und Hafen wurden zum Stützpunkt der Freibeuter des westlichen Mittelmeers ausgebaut. Mehrere Versuche der Spanier, die Insel zurückzuerobern und das Piratentum zu beenden, scheiterten in einer vernichtenden Niederlage, bei der *Draguts* Männer alle Spanier köpften, die nicht rechtzeitig fliehen konnten. Die Köpfe wurden am Strand neben der Festung Bordj el Kebir aufgestapelt und bildeten über Jahrhunderte den makabren **Schädelturm,** der inzwischen einem dezenten Gedenkobelisk gewichen ist.

Um **Dragut** ranken sich viele Legenden: Als er von *Andrea Dorias* Flotte in einer Bucht bei Djerba eingeschlossen wurde, soll er den Römerdamm durchbrochen haben, um fliehen zu können. Andere Quellen berichten davon, dass er die Schiffe über Land auf einem gefetteten Bohlenweg zur anderen Seite der Insel gezogen habe und ihm so die Flucht gelang. Vielleicht war es ja auch eine Kombination aus beidem. Historische Tatsache ist dann wieder, dass er nach Konstantinopel entkam und dort zum osmanischen Amtsträger mit dem Titel „Bey (Statthalter) von Tripolis" ernannt wurde.

Die Türken

1574 bis 1881

Von 1574 bis 1881 war Tunesien eine **Provinz des Osmanischen Reichs.** Um 1600 flüchteten viele muslimische Andalusier aus Spanien, weil sie dort von der Inquisition der katholischen Kirche gejagt wurden. Dies brachte zwar in der Kunst und im geistigen Leben einen Aufschwung, konnte aber nicht verhindern, dass Misswirtschaft, Aufstände und unfähige Regierungen Tunesien in eine wirtschaftlich schlechte Lage manövrierten.

Kolonialzeit und Unabhängigkeit

Französisches Protektorat

1881 drangen französische Truppen aus Algerien nach Tunesien ein und zwangen die ottomanischen Beys zur Einwilligung in einen so genannten Protektoratsvertrag. Tunesien stand ab sofort unter französischer Hoheit, bis 1911 wanderten fast **150.000 Siedler aus Italien und Frankreich** ein

Von Maltesern und Franzosen erbaut – die katholische Kirche in Houmt Souk

und ließen sich vorwiegend an der Nordküste nieder. In der Hoffnung auf Selbstbestimmung als Gegenleistung kämpfte Tunesien im Ersten Weltkrieg trotz einiger Aufstände in Südtunesien auf der Seite Frankreichs, doch die Kolonialisierung schritt weiter voran.

Kampf um Unabhängigkeit

Die bereits 1907 gegründete Gruppe junger tunesischer Intellektueller, die **1920** zusammen mit Vertretern der Oberschicht die **Destour-Partei** gründete, setzte sich für die Unabhängigkeit und eine eigene Verfassung ein. Die fünf Jahre später gegründete **Gewerkschaft CGTT** fand schnell zahlreiche Anhänger, auch unter den Tunesiern im Ausland. 1934 gründete der 30-jährige Rechtsanwalt **Habib Bourguiba** mit dem radikalen Flügel der Destour-Partei die **Neo-Destour-Partei.** Die Franzosen reagierten mit einem Parteiverbot und *Bourguibas* Deportation nach Frankreich.

dje_062 Foto: ir

Zweiter Weltkrieg

Im Zweiten Weltkrieg besetzten italienische Truppen und das deutsche Afrikakorps große Teile Tunesiens. Südlich von Gabès bei Mareth fanden 1942/43 die heftigsten Kämpfe statt, am Ende kapitulierten die Deutschen vor den Briten und Amerikanern. Eine aussagekräftige Ausstellung zu den Kämpfen entlang der so genannten **Mareth-Linie** kann im *Musée Ligne Mareth* am südlichen Ortsrand von Mareth besichtigt werden.

Die Deutschen hatten den Leitern der Neo-Destour-Partei 1942 die Rückkehr nach Tunesien erlaubt. Diese gründeten eine **Regierung mit Moncef Bey** an der Spitze, die von den Franzosen sofort wieder abgesetzt wurde als der Krieg beendet war. *Moncef Bey* wurde deportiert, *Bourguiba* floh nach Ägypten.

Freiheitskampf

Nach Kriegsende litten die Tunesier unter den im Krieg entstandenen Verwüstungen und zwei **Dürrejahren 1945** und **1947,** in denen viele Menschen starben. Dies ließ die Unabhängigkeitsbewegung weiter erstarken, besonders nach der Rückkehr von *Habib Bourguiba* 1949. Im Freiheitskampf wurden **Farhat Hached,** der Gründer der neuen Gewerkschaft UGTT, und **Hedi Chaker,** ein enger Vertrauter Bourguibas, getötet. Sie wurden so zu **Nationalhelden,** in jedem Ort Tunesiens sind auch heute noch Straßen nach ihnen benannt. Die tunesischen Oppositionellen reagierten auf die französische Unterdrückung mit Terror, Streik und Sabotageakten, was 1952 eine dritte Exilzeit für *Habib Bourguiba* nach sich zog.

1953 entstand der Straßendamm zwischen El Kantara und El Kantara Continent auf der Trasse des alten Römerdamms.

Die Ära Bourguiba

1957 bis 1987

Am 1. Juni 1955 kehrte *Bourguiba* letztmalig aus der Deportation nach Tunesien zurück, die Franzosen hielten dem Druck nicht mehr länger stand.

Am **20. März 1956** wurde die tunesische **Unabhängigkeit** durch Frankreich offiziell anerkannt, dieser Tag ist seither Nationalfeiertag. Am 25. Juli 1957 wurde Tunesien zur Republik, der knapp 54 Jahre alte **Bourguiba** als unumstrittener „Vater des modernen Tunesien" wurde **Staatspräsident.** Am **1. Juni 1959** trat die **Verfassung** in Kraft.

In den ersten Jahren seiner Regierung war *Bourguiba* als tatkräftiger Reformer allseits sehr beliebt, schnell konnte er den Wiederaufbau der Wirtschaft voranbringen und eine Bodenreform durchsetzen. Er verfolgte einen **patriarchalischen Regierungsstil,** mit dem er nahezu alle Lebensbereiche seiner Untertanen zu regeln versuchte. Mit der Abkehr von der Rechtsprechung nach dem Koran (Sharia) hin zu weltlicher Gerichtsbarkeit, dem Verbot der Polygamie, der Einführung der allgemeinen Schulpflicht und der rechtlichen Gleichstellung der Frau machte er sich **bei den Traditionalisten unbeliebt.**

In den 1970er und 1980er Jahren erfuhr Tunesien einen hohen **Bevölkerungszuwachs,** aus dem schnell auch hohe Arbeitslosenzahlen resultierten. Die allgemeine Unzufriedenheit der Bevölkerung, Streikwellen und ständige **Spannungen** mit dem Nachbarstaat Libyen schwächten die Macht des auch gesundheitlich angeschlagenen Staatspräsidenten. Als dann **1987** nach mehreren Bombenanschlägen auf Touristenhotels die Regierung mit Härte und Todesurteilen reagierte, gelang es dem kurz zuvor von *Bourguiba* als Ministerpräsidenten eingesetzten **Zine el Abidine Ben Ali,** den alten kranken Mann nach über 30 Jahren Amtszeit abzusetzen. Obwohl *Habib Bourguiba* 1974 zum Staatspräsidenten auf Lebenszeit ernannt worden war, akzeptierte das Volk den Machtwechsel, der wegen seines unblutigen Verlaufs fortan **Jasmin-Revolte** hieß. Am 6. April 2000 starb *Habib Bourguiba* im Alter von 96 Jahren.

Während *Bourguibas* Präsidentschaft wurde der **Tourismus** auf Djerba und in Zarzis gefördert und ausgebaut. In den 1970er Jahren entstanden die ersten internationalen Großhotels, zum Teil sind sie heute noch in Betrieb.

Nach der Jasmin-Revolte

Ben Ali als starker Mann

Nach der Absetzung von *Habib Bourguiba* übernahm Ben Ali am 7. November 1987 das Amt des Staatspräsidenten. Mit einer Änderung des Wahlrechts erlaubte er 1988 zwar die Kandidatur von Oppositionsparteien, aber nur, soweit sie keine religiöse Basis hatten; die En-Nahda-Partei der islamischen Fundamentalisten wurde daher nicht zur Wahl zugelassen. Ben Alis Partei RCD errang als Wahlbündnis mit der Gewerkschaft UGTT in den ersten **Parlamentswahlen 1989** aufgrund des geltenden Mehrheitswahlrechts über 80% der Stimmen und damit alle 141 Sitze in der Nationalversammlung; die „Unabhängigen", auf deren Liste sich einige Islamisten zur Wahl stellten, erreichten immerhin 14% der Stimmen. Bei den folgenden Wahlen **1994** und **1999** wurde *Ben Ali* jeweils mit über 99% aller Stimmen für weitere fünf Jahre im Amt bestätigt. Speziell für ihn wurde 2002 in einer Verfassungsänderung die Beschränkung auf drei Amtsperioden aufgehoben, sodass er **2004** wiedergewählt werden konnte.

Für Europäer befremdlich ist der **Personenkult,** der in Tunesien mit dem Präsidenten betrieben wird. Neuankömmlinge wundern sich in den ersten Tagen über die vielen Fotos und Portraits von *Ben Ali,* die nicht nur in öffentlichen Gebäuden, sondern auch in Hotels, Cafés und Restaurants hängen.

Aktuelle Politik

Europa und Maghreb

Die Regierungspolitik blieb auch nach der Jasmin-Revolte an Europa orientiert, seit 1995 gilt ein **Assoziationsvertrag mit der Europäischen Union.** Gleichzeitig setzt sich *Ben Ali* für einen gemeinsamen Wirtschaftsraum mit Zollunion der Maghrebstaaten Marokko, Mauretanien, Algerien, Libyen und Tunesien ein.

Demokratiedefizite

Internationale Kritiker werfen der Regierung die **Verletzung von Menschenrechten** und die **Beschränkung der demokratischen Freiheiten** vor. Das Recht auf freie Meinungsäußerung, die Pressefreiheit und Vereinigungsfreiheit seien stark eingeschränkt und das Wahlrecht genüge den Anforderungen an demokratische Wahlen nicht, weil große Teile der Opposition weiterhin von den Wahlen ausgeschlossen sind, wie z.B. die islamischen Fundamentalisten. Entgegen der vielen Ankündigungen der Regierung, demokratische Reformen einzuleiten, kam es auch in den vergangenen Jahren regelmäßig zur Behinderung und Verfolgung oppositioneller Kräfte. Amnesty International berichtet Jahr für Jahr in seinen Länderberichten über unfaire Prozesse, Folterungen und Misshandlungen politischer Gefangener. Die **islamische Partei Ennadha** („Wiedergeburt") ist verboten, ihre Mitglieder befinden sich im Exil oder in Haft.

Terroranschlag 2002

Islamische Fundamentalisten verübten 2002 an der **Synagoge La Ghriba** einen blutigen Terroranschlag auf deutsche und andere europäische Urlauber. Dies hatte einen heftigen Einbruch bei den Touristenzahlen zur Folge, von dem sich die Tourismusbranche nur ganz allmählich erholt. Die Sicherheitsmaßnahmen wurden nach dem Attentat erheblich verstärkt, allein die Straßenkontrollen wurden vervielfacht.

Staat und Verwaltung

Präsidialrepublik

Tunesien ist der kleinste nordafrikanische Staat, **Hauptstadt ist Tunis.** Offizielle Staatsbezeichnung ist Tunesische Republik, **Al-Djumhurijja at-Tunisijja.** Tunesien ist eine zentralstaatliche Präsidialrepublik mit **sieben Regionen und 24 Gouvernoraten.** Djerba und Zarzis gehören zum Gouvernorat Medenine.

Parlament

Das Parlament besteht aus **zwei Kammern.** Im **Chambre des Députés** gibt es 189 Sitze, die Abgeordneten werden in direkter Wahl nach einem gemischten Mehrheits- und Verhältniswahlrecht für fünf Jahre gewählt, die nächste Wahl ist 2009. Die **Regierungspartei RCD** hält 152 Sitze, die Oppositionsparteien 37 Sitze. Im **Chambre des Conseillers** sitzen 126 indirekt gewählte oder ernannte Abgeordnete.

Gewaltenteilung

Der **Präsident** wird für fünf Jahre gewählt und ist Staatsoberhaupt, Chef der Exekutive und Oberbefehlshaber der Streitkräfte. Er ernennt und entlässt die Regierung, Regierungschef ist der Ministerpräsident. Die **legislative Gewalt** liegt bei der Nationalversammlung, der Staatspräsident hat ein Vetorecht im Gesetzgebungsverfahren. Die Sharia, also die Rechtsprechung nach islamischem Recht, wird trotz des hohen muslimischen Bevölkerungsanteils nicht angewendet, es gilt allein weltliches Recht. Das **Rechtswesen** orientiert sich stark am französischen Recht, einige islamische Grundregeln wurden integriert.

Staatssymbole

Flagge

Die nach der Unabhängigkeit von Frankreich zum Nationalsymbol erklärte Flagge zeigt einen **roten Halbmond mit rotem Stern auf weißem Rund auf rotem Hintergrund** (nicht zu verwechseln mit der türkischen Flagge, die weißen Halbmond und Stern auf rotem Grund zeigt). Halbmond und Stern sind Symbole des Islam und gelten als Glücksbringer.

Wappen und Staatsmotto

Das Wappen von Tunesien besteht aus einem geschwungenen Schild und einer über dem Schild stehenden Plakette. Diese hat einen roten Rand und zeigt einen roten Halbmond und einen roten Stern auf silbernem/weißem Grund. Das Wappen ist dreigeteilt: Im Schildhaupt befindet sich eine Galeere mit weißen Segeln und roten Wimpeln auf blauer See vor hellblauem Himmel; der untere Teil ist gespalten, links eine schwarze Waage auf goldenem/gelbem Grund, rechts ein schwarzer Löwe mit Schwert auf rotem Grund. Ein weißes Spruchband mit den arabischen Worten für **Ordnung, Freiheit und Gerechtigkeit** liegt über der Mitte des Schildes und bildet das Staatsmotto. Die Wappenbestandteile drücken ebenfalls das Staatsmotto aus: Der Löwe steht für Ordnung, die Waage für Gerechtigkeit und die Galeere für Freiheit. Sie ist gleichzeitig eine Erinnerung an die karthagische Geschichte Tunesiens.

Nationalhymne

Die Nationalhymne ist mit **Humata Lhima** („Verteidiger des Vaterlandes") überschrieben und kündet von Vaterlandsliebe bis in den Tod. Sie war in ihrer ursprünglichen Fassung (geschrieben von dem Ägypter *Mustafa Sadik Al-Rafij*) lange Zeit das Kampflied der Revolutionäre. In einer auf die tunesischen Verhältnisse angepassten Fassung wurde das Lied nach der Jasmin-Revolte vom 7. November 1987 zur Nationalhymne. Ihr reichlich pathetischer Text lautet übersetzt in etwa:

„Verteidiger des Vaterlandes, Verteidiger des Vaterlandes!
Versammelt euch, versammelt euch,
zum Ruhme unserer Zeit,
Das Blut flutet in unseren Adern:
Wir sterben zum Wohle unseres Landes!
Lasst den Himmel vor Donner brüllen,
lasst Donnerschläge mit Feuer regnen!
Ihr Männer und Jugend Tunesiens,
erhebt euch für Stärke und Ruhm eures Vaterlandes!
In Tunesien ist kein Platz für Verräter,
nur für die, die es verteidigen.
Wir leben und sterben in Treue zu Tunesien,
ein würdevolles Leben und einen ruhmvollen Tod!“

dje_063 Foto: dw

Medien

Rundfunk

Die staatliche Rundfunkgesellschaft **Etablissement de la Radiodiffusion Television Tunisienne ERTT** sichert über mehrere Sendestationen und Satellit (Astra, Arabsat) die landesweite Versorgung der Bevölkerung mit Hör- und Fernsehfunk. Über Satellit sind auch zahlreiche europäische Programme zu empfangen (siehe zur Thematik auch das Kapitel „Radio und Fernsehen“).

Presse

Tunesienweit erscheinen **acht regelmäßige Tageszeitungen** in Arabisch und Französisch, hinzu kommen vier freie Wochenzeitungen und je eine Wochenzeitung der Gewerkschaft UGTT und des Arbeitgeberverbandes UTICA.

Telekommunikation

Das nationale **Festnetz** in Tunesien ist vollständig digitalisiert. Viele Bürger ziehen dennoch ein **Mobiltelefon** der beiden GSM-Betreiber *TuniTel (Tunisie Telecom)* und *Tunisiana* vor, deren Netze das gesamte tunesische Staatsgebiet mit Ausnahme der unbesiedelten Sahara-Anteile abdecken (siehe auch das Kapitel „Telefonieren“). Zusammen liegt die Quote in Fest- und Mobilnetz bei etwa 50 Anschlüssen je 100 Einwohner.

Internet

Das Internet unterliegt starker staatlicher Kontrolle und **Zensur.** Dennoch gibt es zahlreiche Internet-Cafés *(Publinet)* in allen Städten, meist im Zentrum oder bei den Universitäten und Schulen. Die Endung „.tn“ steht für Domains in Tunesien. Hauptanbieter für E-Mails sind die Provider www.ati.tn, www.gnet.tn und www.planet.tn.

Das einzige Kasino der Insel lockt in Plage Sidi Mahrès

Wirtschaft

Landwirtschaft

50% Agrarfläche

Tunesien ist trotz seines großen Wüstenanteils ein Agrarland, über 50% der Gesamtfläche werden landwirtschaftlich genutzt. Etwa 30% der Agrarfläche werden von **Genossenschaften und Staatsgütern** mit moderner Technik bewirtschaftet, die restlichen 70% sind in der Hand von **Kleinbauern,** die ihre Felder noch mit viel menschlicher und tierischer Muskelarbeit bestellen und von Hand ernten.

Im Norden werden **Getreide, Wein, Obst, Gemüse und Wein** angebaut. Im nordwestlichen Bergland wachsen **Korkeichen,** die ein wichtiges Naturprodukt für den Export in die Weinanbauländer Italien und Frankreich liefern.

dje_064 Foto: ir

Oliven und Datteln

Die Mitte Tunesiens, besonders der Sahel, ist Anbaugebiet für Oliven, hier fährt man durch streng in Reihen gepflanzte Ölbaumkolonien, die in alle Richtungen bis an den Horizont reichen. Im Süden werden Datteln und Oliven angebaut. Tunesien ist weltweit **führender Exporteur für Datteln,** bei der Produktion von Oliven und Olivenöl kann nur Griechenland höhere Zahlen präsentieren.

Viehhaltung

Viehhaltung ist wegen des trockenen Klimas schwierig. Die **Rinderhaltung** beschränkt sich weitgehend auf den Norden des Landes, im Süden sind es eher **Ziegen** und **Schafe.**

Handwerk

Vielfältig und wichtig

Das traditionelle Handwerk hat im tunesischen Alltag eine wesentliche Bedeutung. Wer nicht in der Landwirtschaft oder im Tourismus arbeitet, übt ein Handwerk aus. Da sind die vielen Friseure, die ihr Handwerk bis tief in die Nacht ausüben. Schuhmacher, Weber und Schneider sorgen für Kleidung, Teppichknüpfer für die Verschönerung der Wohnungen. Immer mehr junge Männer machen sich als Elektriker oder Automechaniker selbstständig. Der Urlauber hat am ehesten Kontakt mit den vielen **Kunsthandwerkern,** die mit ihrer Tätigkeit indirekt auch für die Tourismusbranche arbeiten. Gold- und Silberschmiede fertigen filigrane Schmuckstücke, Kupferschmiede bieten reich verzierte Messinggefäße zum Kauf an, Eisenschmiede gelangen bei Bettgestellen und Balkongittern zu vergleichbarer Kunstfertigkeit. Holzschnitzer zaubern aus dem unscheinbarsten Stück Olivenholz eine wunderschöne Obstschale. In Südtunesien versteht man es auch, Stühle und Tische aus Rohr und Palmholz anzufertigen. Auffäl-

Olivenernte in Erriadh

Der Kamelmarkt

Um Enttäuschungen vorzubeugen: Häufig wird von Kamelmärkten gesprochen, und man stellt sich ein Markttreiben mit Dutzenden oder gar Hunderten Kamelen vor. So mag es früher auch gewesen sein. Inzwischen aber hat das Kamel das Monopol für Transporte durch die Sahara verloren und wird immer mehr von der motorisierten Konkurrenz verdrängt. Die meisten Kamele werden mittlerweile im Tourismussektor gebraucht. So sollte man eher von **Viehmärkten** sprechen. Zwischen den vielen Schafen, Ziegen, Eseln, Kühen und Hühnern wird nämlich allenfalls mit viel Glück ein einzelnes Kamel zum Kauf angeboten.

ligstes Kunsthandwerk auf Djerba ist aber unbestreitbar das **Töpferhandwerk in Guellala,** es ist weithin bekannt für seine unglasierte Gebrauchskeramik.

Handel

Märkte und Kleinläden

Handel findet in hohem Maße noch über Wochenmärkte und kleinste Einzelhandelsgeschäfte ohne Angestellte statt, bei denen der Inhaber allenfalls von ein bis zwei Familienangehörigen unterstützt wird.

Außenhandel

Von dem in El Borma in der tunesischen Sahara und bei den Kerkennah-Inseln bei Sfax gewonnenen **Erdöl** fließt vieles in den Außenhandel, ebenso ein Teil des im Golf von Gabès gefundenen **Erdgases.** In Sfax werden die westlich von Gafsa abgebauten Phosphate zu hochwertigen **Düngemitteln** verarbeitet und verschifft. Tunesien ist eine der international größten Exporteurnationen für **Phosphate** und Phosphatprodukte. Weitere

Den Touristen gefällt's, den Einheimischen bringt's Geld – Folkloredarbietung in Midoun

Exportprodukte sind Datteln, Oliven, Olivenöl, Textilien und elektromechanische Waren.

Wichtigster Partner im tunesischen Außenhandel ist die **Europäische Union,** mehr als 80% der Außenhandelsbilanz geht auf das Konto der EU-Staaten.

Tourismus

Wichtigste Devisenquelle

Wirtschaftlich bedeutsam und wichtigste Devisenquelle ist der seit den 1970er Jahren vonseiten der Regierung forcierte Tourismus. An den Küsten des Cap Bon, des Sahel und Djerbas entstanden in den vergangenen 30 Jahren imposante Tourismuszentren mit guter touristischer Infrastruktur. Die Flughäfen Mellita/Djerba und Skanès/Monastir werden nahezu ausschließlich von Urlaubern genutzt. **Jährlich** werden ungefähr **vier Millionen Gäste** betreut, sie kommen vorwiegend aus Frankreich, Deutschland und Italien. In den letzten Jahren nimmt der Anteil der Tschechen, Slowenen und Polen stetig zu.

dje_065 Foto: dw

dje_073 Foto: ir

Menschen und Kultur

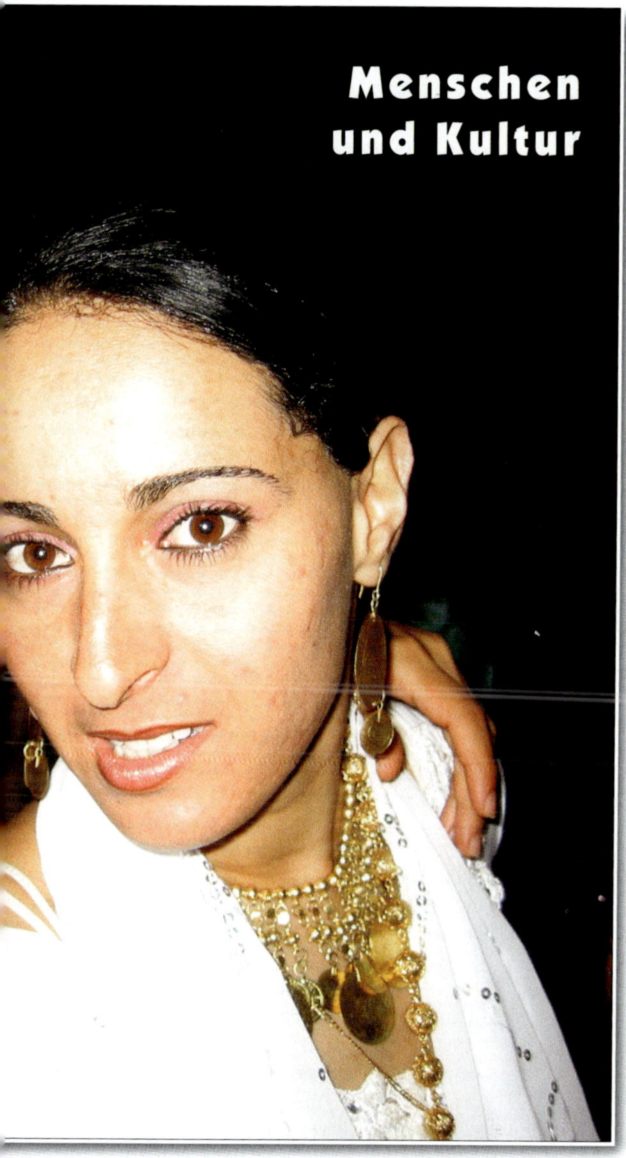

Bevölkerung

Berber

Die Berber gelten als die **Urbevölkerung des Maghreb,** ihre Wurzeln gehen mehrere Jahrtausende vor die Zeit der Karthager und Römer zurück. Sie haben eine eigene Kultur und sprechen verschiedene Dialekte. Selbst bezeichnen sie sich als **Imazighen,** also „Freie". Ihre starke Neigung zum Individualismus machte es ihnen in der Vergangenheit schwer, sich als Gruppe gegen Invasoren zu wehren. Die meisten tunesischen Berber sind inzwischen arabisiert und kaum von der übrigen Bevölkerung zu unterscheiden, der Anteil der nicht arabisierten Berber liegt nur noch bei gut 1% der Gesamtbevölkerung. **98% der Tunesier sind Araber oder arabisierte Berber,** Minderheiten von Franzosen, Maltesern und Italienern machen weniger als 1% aus. Die dunkelhäutigen Einheimischen, die man auf Djerba und in Südtunesien antrifft, haben ihre Wurzeln in der Karawanenvergangenheit, in der ihre Vorfahren aus Mittelafrika nach Nordafrika und Europa verkauft wurden.

Insel Djerba: 120.000 Einwohner

Von den insgesamt **9,9 Millionen Einwohnern Tunesiens** im Jahr 2005 lebten allein 1,9 Millionen in der Hauptstadt Tunis und ihren Vorstädten, mehr als 70% aller Tunesier leben im nördlichen Drittel des Landes. Die Insel Djerba zählt 120.000 Einwohner. Die tunesische Gesellschaft ist geprägt von einer **breiten Mittelschicht** von Kleinbauern, Handwerkern und Gewerbetreibenden. Rund eine halbe Million Tunesier lebt dauerhaft im Ausland, vorwiegend in Frankreich.

Fehlende Arbeit

Bild auf den Seiten zuvor: Wer will, trägt Kopftuch

Trotz guter Ausbildung an Schule, Fachhochschule und Universität gibt es zu wenige Beschäftigungsmöglichkeiten für junge Menschen, insbesondere Universitätsabsolventen zieht es daher ins europäische Ausland. Der Anteil der Bevölkerung unter 15 Jahren liegt mit 17% vergleichsweise hoch. Die Regierung hat vor einigen Jahren das Problem erkannt und sucht nun nach Abhilfe. Das Bevölkerungswachstum betrug 2005 1,08% und soll durch weitere staatliche Kampagnen zur Familienplanung weiter sinken.

Religionen

Islam ist Staatsreligion

Der Islam ist in Tunesien Staatsreligion, **knapp 99% der Bevölkerung sind sunnitische Muslime.** Auf Djerba leben muslimische **Ibaditen** (Kharidjiten). Die landesweit knapp 20.000 **Christen** sind vorwiegend Katholiken europäischer Abstammung, fast alle 2000 **Juden** leben auf Djerba und in Zarzis.

Islam

Koran

Der Islam ist eine monotheistische Religion, die die Existenz mehrerer Götter und die Dreifaltigkeitslehre ablehnt. **Grundlage des Glaubens** ist der Koran, eine Sammlung der göttlichen Offenbarungen gegenüber dem Propheten *Mohammed.* Diese Schrift ist für Muslime das unverfälschte Wort Gottes. Die zweite wichtige Erkenntnisquelle für die korrekte Lebensweise sind die Worte und Taten des Religionsstifters *Mohammed,* sie werden als **Sunna** bzw. **Hadithe** bezeichnet.

Mohammed

Mohammed wurde etwa 571 in Mekka geboren und ist **Religionsstifter** für den Islam. 595 bot ihm seine damalige Arbeitgeberin *Chadidscha bint Chuwalid,* eine reiche Kaufmannswitwe, die Ehe an. Sie ist Mutter von *Fatima,* seiner bis heute verehrten Tochter. 610 erschien ihm der Erzengel *Gabriel,* danach folgten zahlreiche göttliche Offenbarungen, die er an die Bewohner Mekkas weitergab und die ihm unter den Mekkanern nicht nur Freunde einbrachten. Als er den Bilderkult und die Vielgötterei angriff, kam es zu gewalttätigen Übergriffen, schließlich zu seiner Auswanderung nach Yathrib. Seine dortige Ankunft am 24. September 622 ist Grundlage der islamischen Zeitrechnung nach dem muslimischen Mondkalender. Danach führte ihn sein Leben und Wirken nach Medina, wo er am 8. Juni 632 starb.

Fatima

Fatima bint Mohammed war die **Tochter des Propheten Mohammed.** Ihre Geschwister blieben kinderlos, sodass alle Nachfahren *Mohammeds* von ihr abstammen. Sie gilt daher als „Mutter der Frauen der Welten" und wird als eine der „Vierzehn Unfehlbaren" verehrt, neben ihrem Vater *Mohammed* und zwölf Imamen also die einzige Frau in dieser Ehrengalerie.

Fünf Säulen des Islam

Der gläubige Muslim ist dazu verpflichtet, die fünf Säulen des Islam zu erfüllen:

Shahada – das Glaubensbekenntnis: „Ich bezeuge, dass es keinen Gott gibt außer Allah und *Mohammed* ist sein Prophet."

Salat – das tägliche Gebet: Fünfmal am Tag, in der Morgendämmerung, mittags, nachmittags, am Abend und bei Einbruch der Dunkelheit, ist das Gebet zu sprechen.

Saum – das Fasten: Im **Fastenmonat Ramadan** ist zwischen Sonnenaufgang und Sonnenuntergang auf Essen, Getränke, Tabak und Geschlechtsverkehr zu verzichten. Für Urlauber sollte es selbstverständlich sein, in dieser Zeit möglichst nicht auf offener Straße zu essen, zu trinken oder zu rauchen.

Zakat – die Almosen: Als fromme Handlung gegenüber anderen Muslimen sind Almosen an Bedürftige, Kranke und Behinderte zu leisten.

Hadsch – die Pilgerfahrt: Einmal in seinem Leben muss der gläubige Muslim **nach Mekka** pilgern. Sieben Pilgerreisen ins mitteltunesische Kairouan ersetzen die Pilgerfahrt nach Mekka, wenn es dem Gläubigen nicht möglich ist, nach Mekka zu reisen.

Daneben sind **weitere Vorschriften** zu beachten. Dem Gläubigen sind der Selbstmord, das Glücksspiel, der Alkoholgenuss und der Verzehr von Schweinefleisch untersagt. Dem stehen Gebote zum sittlichen Lebenswandel gegenüber, wie beispielsweise Gastfreundschaft, Hilfsbereitschaft, Fairness in geschäftlichen Angelegenheiten, die Achtung der Eltern und der Alten.

Glaubensrichtungen

Der Islam ist in verschiedene Richtungen gespalten, mit etwa 90% bilden die **Sunniten** die größte Gruppe. Sie sind in vier anerkannte Rechtsschulen aufgeteilt: Hanafiden, Malekiten, Hanbaliten und Schafiiten. Auf Djerba leben vorwiegend **Malekiten** und **Wahabiten.** Die Wahabiten stellen keine anerkannte sunnitische Rechtsschule dar, die Anhänger stehen den Hanbaliten nahe.

Die zweite große Richtung des Islam sind die **Schiiten,** die in Tunesien nicht vertreten sind. Dritte und kleinste Richtung sind die **Charidshiten;**

Aberglaube

Überall auf Eingangstüren, an Autospiegeln, als Kettenanhänger oder auf Buchdeckeln ist auf Djerba **Fatimas Hand** abgebildet. Sie ist ein Glückssymbol und soll vor dem Bösen Blick und anderem Unheil schützen. *Fatima* war die Tochter des Propheten *Mohammed.* Auch **Fatimas Auge** gilt als Glücksbringer, viele Fischer in Tunesien und Griechenland fahren ohne ein solches in der Tasche nicht aufs Meer.

Ebenfalls weit verbreitet sind **Fischsymbole** (eher an der Küste) und **Widderhörner** (bei Viehzüchtern und Bauern); sie sollen ebenfalls gegen den Bösen Blick schützen, stammen aber schon aus phönizischen Zeiten.

Tunesische Frauen setzen ihre Hoffnungen auf Glück im Leben und in der Liebe in kunstvolle Verzierungen ihrer Hände und Füße mit **Henna;** diese Pflanze gilt als zuverlässiger Glücksbringer. Henna-Tattoos dürfen bei keiner Hochzeit fehlen.

Berberfrauen verzieren neben Händen und Füßen auch ihre Gesichter mit Henna-Ornamenten. Sie tragen **Amulette** aus Silber und Bronze, die unsichtbare Bedrohungen fernhalten sollen. Diese sind inzwischen häufig als *Fatimas* Auge oder *Fatimas* Hand geformt, hier vermischen sich alter und neuer Glaube.

deren Hauptzweig, die Ibaditen, lebt heute in Oman, Südalgerien und auf Djerba.

Während die vier sunnitischen Rechtsschulen sich gegenseitig als gleichwertig in der Auslegung des Korans anerkennen, bleiben die **Ibaditen** außen vor. Man erkennt ihre strenge Auslegung des Islam an, hat aber wenig Verständnis dafür, von ihnen als ungläubig angesehen zu werden. Nach ihrem Selbstverständnis sind allein die zutiefst schriftgläubigen Ibaditen die „Familie der Aufrechten", sie halten andere islamische Rechtsschulen für zumindest „abweichend Gläubige", was in ihrem Verständnis zwar nicht ganz so schlimm ist wie Christen, Juden und „Ungläubige", aber dennoch für eine deutliche Distanzierung sorgt.

dje_067 Foto: dw

Heilige Stätten

Mekka als Geburtsort *Mohammeds* ist die heiligste Stätte des Islam, die Kaaba als zentrales Heiligtum gibt die Gebetsrichtung für die fünf Tagesgebete vor. Zweiter heiliger Ort ist **Medina,** hier hatte *Mohammeds* Leben und Wirken seinen Höhepunkt. Die dritte von allen Muslimen unstreitig anerkannte heilige Stadt ist **Jerusalem.** Daneben gibt es eine Vielzahl von Wallfahrtsorten wie Kairouan und die im nordafrikanischen Volksislam weit verbreiteten Marabouts (Gräber von weisen Männern des Islam); sie kommen den Heiligen des Christentums recht nahe, der Begriff des Heiligen wird aber von strenggläubigen Muslimen nicht gerne gehört.

Judentum

2000 Juden in Tunesien

Seit der Zerstörung des ersten und zweiten Tempels von Jerusalem durch die Babylonier (586 v.Chr.) und Römer (70 n.Chr.) leben Juden in Tunesien. Sie überlebten die Judenverfolgungen durch die Araber im 8. Jahrhundert und durch die spanischen und portugiesischen Christen ab dem Ende des 15. Jahrhunderts. Im Zweiten Weltkrieg begann die französische Vichy-Regierung mit antisemitischer Gesetzgebung, während der deutsch-italienischen Besetzung 1942/43 wurden die Juden als Feinde angesehen und entsprechend behandelt. Nach Kriegsende lebten in Tunesien 70.000 tunesische Juden und gut 20.000 Juden französischer, italienischer und anderer Nationalität. Nach einem historischen Höchststand von 105.000 Juden im Jahr 1948 sank die Zahl nach der Gründung Israels von Jahr zu Jahr. 1958 waren es noch 80.000, zehn Jahre später 10.000. Dieser Schwund geht nach Ansicht jüdischer Gruppen in erster Linie auf das antijüdische Ver-

Eingang zur Fremdenmoschee in Houmt Souk
(Zutritt wie bei fast allen Moscheen nur für Muslime)

Menschen und Kultur

halten der Bourguiba-Regierung zurück. Präsident *Ben Ali* stellte die Juden dann unter seinen Schutz und rief Anfang der 1990er Jahre zur Heimkehr tunesischer Juden auf.

Von den etwa 2000 heute noch in Tunesien lebenden Juden wohnt etwa die Hälfte auf Djerba. Zarzis hat ebenfalls eine relativ große jüdische Gemeinde. Neben der bekannten **Synagoge La Ghriba** befinden sich auf Djerba noch ein weiteres Dutzend Synagogen und eine Talmud-Schule.

Christentum

20.000 Christen in Tunesien

Überall in Tunesien sind Spuren der frühchristlichen Siedler zu finden. Ab 1840 kamen Griechen, Italiener und Malteser zum Schwammfischen (und Waffenschmuggel!) nach Djerba, viele kehrten nicht in ihre Heimat zurück. 1890 gab es bereits eine mehrere tausend Europäer starke christliche Gemeinde in Houmt Souk. Wie viele Christen es heute unter der tunesischen Bevölkerung gibt, kann keine öffentliche Stelle konkret sagen. Für ganz Tunesien schätzt man gut 20.000 Christen, vorwiegend Katholiken europäischer Herkunft. Allein wegen der vielen zugezogenen Europäer und auch der Touristen lohnte es sich, die **katholische Kirche in Houmt Souk** zu renovieren und Mitte 2006 wieder zu eröffnen. Dass in diesem Gebäude jahrelang ein Fitnessstudio betrieben wurde und die Messen im Betsaal der Franziskanerinnen stattfinden mussten, empfanden viele Einheimische und Gäste seit Jahren als geschmacklos.

Festlich gekleidete Braut mit Freundinnen

Sitten und Bräuche

Geburt

Einem neugeborenen muslimischen Baby wird das **Glaubensbekenntnis Shahada** („Ich bezeuge, dass es keinen Gott gibt außer Allah und *Mohammed* ist sein Prophet.“) ins Ohr gesprochen. Dies soll im Leben eines Muslims das Erste und das Letzte sein, was er hört. Eine Woche später wird zur Begrüßung des neuen Familienmitglieds ein Schaf geschlachtet.

Beschneidung

In Tunesien ist die Beschneidung **von Jungen im frühen Kindesalter** üblich. Die männliche Beschneidung wird im Koran nicht erwähnt, ist aber in der Sunna beschrieben und gilt als für die rituelle Reinheit unverzichtbar. Eine Verstümmelung der weiblichen Genitalien ist in Tunesien unüblich, entgegen vieler Stimmen aus anderen islamischen Staaten sieht man dazu keine Verpflichtung aus den Hadithen. Es gibt Fälle bei Einwanderern aus anderen afrikanischen Staaten.

Hochzeit

Wer in den Hochzeitsmonaten Juli und August nach Tunesien reist, wird täglich die **hupenden Autokorsos** erleben, die zu einer typischen tune-

dje_068 Foto: ir

sischen Hochzeit gehören. Sollten Sie eingeladen werden: Nur zu, das ist ein **fröhliches Fest,** selbst wenn man kein Wort Arabisch spricht! Vielleicht prägen Sie sich noch ganz schnell das Wort „Mabrouk" ein, das ist der Glückwunsch zu einem besonderen Ereignis wie einer Eheschließung.

Der Hochzeit vorangegangen sind Monate oder Jahre der **Auswahl** – auch heute noch suchen die Mütter oft ihren Söhnen die richtige Ehefrau aus. Hierzu treffen sie sich mit Freundinnen, die Töchter im heiratsfähigen Alter haben, oder im Hammam wird nach gut gewachsenen hübschen Mädchen Ausschau gehalten. Nach tunesischem Recht ist das **Einverständnis der Braut** unverzichtbar, lehnt sie die Hochzeit ab, wird dies von den meisten Familien respektiert. Es folgen einige förmliche Treffen zwischen Braut und Bräutigam ohne allzu große Chance, sich kennen zu lernen, denn von beiden Seiten sind etliche Verwandte anwesend. Dies wird heutzutage von den meisten Brautpaaren als der unzeitgemäßeste und nervigste Teil der Hochzeitsvorbereitungen bezeichnet. Einen Monat vor der Hochzeit rasiert sich der Bräutigam das letzte Mal. Mutter und Tanten schleppen für die junge Braut in den Wochen vor der Hochzeit köstliche Süßigkeiten an, damit sie am Tag der Hochzeit möglichst pralle Formen hat und dem Ehemann größtmögliche Ehre macht.

Die eigentliche **Hochzeit dauert drei Tage.** Am **ersten Tag** fährt der Bräutigam mit seinen Freunden und Brüdern in die Stadt und kauft **Hochzeitsgeschenke** für seine Braut. Dies sind schöne Kleidung, teurer Schmuck und erlesene Düfte, mit denen er ihr Herz gewinnen will. Besonders wichtig sind dabei die Schmuckstücke, sie waren und sind eine finanzielle Absicherung für den Fall der Trennung, werden mitunter aber auch bei Krankheit oder Pflegebedürftigkeit im Alter wieder zu Geld gemacht. Unter großem Hallo liefert der Bräutigam diese Geschenke im Haus der Braut ab, die zusammen mit all ihren weiblichen Familien-

Sind die Südtunesier Ehemuffel?

In Südtunesien wird im Vergleich zu anderen Ländern der Region spät geheiratet. Die Familien wohnen in den traditionellen Menzels noch eng beieinander, die Eltern haben sehr starken Einfluss. Besonders die **dominanten Mütter** lassen ihren Söhnen in ihrer Fürsorglichkeit und Bevormundung keine Freiräume, für eine Ehefrau ist da kein Platz.

Viele junge Männer, die in der Tourismusbranche tätig sind, träumen von einer Zukunft in Europa und hoffen auf ein Arbeitsangebot oder eine Europäerin, die sich in sie verliebt, sie heiratet und mit in ihr Heimatland nimmt. Die Tunesier sind dabei recht zielstrebig und haben für die **Flirts mit Touristinnen** sogar ein eigenes Wort: *Bezness,* abgeleitet von Business. Entschließen sie sich doch zu einer Heirat mit einer Landsmännin, wird auch heute noch manch eine Ehe durch die Mütter arrangiert. Dies erklärt auch die vergleichsweise hohe Scheidungsquote in Zarzis und Houmt Souk.

angehörigen und Freundinnen schon ungeduldig darauf wartet. Bis tief in die Nacht werden alle Geschenke genauestens begutachtet, ausprobiert und diskutiert, das Lachen und Schnattern nimmt meist erst dann ein Ende, wenn die Erste auf die Idee kommt, eine CD in den Player zu schieben, und mit ausgelassenem Tanz begonnen wird. Früher konnte man eine verheiratete Frau daran erkennen, dass sie Schmuck trug, inzwischen warten viele Mädchen damit nicht mehr bis zur Hochzeit und kaufen sich manche Preziosen schon vorher.

Den **zweiten Tag** verbringen Braut und Bräutigam getrennt voneinander. Wichtigster Tagesordnungspunkt ist der **Besuch im Hammam,** hier nimmt der Bräutigam seinen Bart ab. Die Braut lässt sich bei einer stundenlangen Schönheitsbehandlung mit Massage, Gommage (Massageart), Packungen und Tataouage (vorübergehende Tätowierung mit Farbe) auch alle Körperhaare entfernen. Manchmal wird schon an diesem Tag (häufiger am dritten Tag) die **Aussteuer der Braut** in das Haus des Bräutigams gefahren, wo sie ab dem folgenden Tag leben wird. Abends steht von Anfang an das Tanzen im Vordergrund, wiederum

dje_069 Foto: ir

getrennt nach Männern und Frauen. Mit gemischten Gefühlen verbringt die Braut die letzte Nacht in ihrem Elternhaus.

Am dritten und **letzten Hochzeitstag** wird die festlich gekleidete Braut auf einem geschmückten Kamel ins Haus des Bräutigams gebracht. Auch in heutigen Zeiten halten viele Brautleute dies für stilvoller als die Fahrt in einem Pkw. Während mehrgängige Menüs aufgefahren werden, sitzen Braut und Bräutigam ein wenig abseits und schauen ihren zahlreichen Gästen beim Schlemmen zu. Nach dem Essen wird erneut getanzt und gefeiert, auch wenn sich am späten Abend das Brautpaar in ein Hotel begibt und eine ganze Woche lang von keinem gesehen wird.

Auf dem Weg zum Bräutigam – Brautkamel in Midoun

Alltagsleben

Begrüßung Bevor irgendein anderes Thema besprochen wird, ist es eine Selbstverständlichkeit, sich **nach dem Befinden des Gesprächspartners** zu **erkundigen.** Kennt man seine Familie, fragt man auch nach deren Gesundheitszustand. Als Besucher darf man daher nicht genervt reagieren, wenn man am Strand von vollkommen Fremden immer wieder mit „Hallo, wie geht's?" angesprochen wird. Das ist aus deren Sicht die einzige Möglichkeit, ein Gespräch zu beginnen, ohne die Regeln der Höflichkeit zu verletzen. Enge Familienmitglieder und Freunde begrüßen sich, indem sie sich die Hände reichen und auf beide Wangen küssen.

Café Ins Café gehen Tunesier nicht etwa, weil sie Durst haben – dafür würden sie sich bei einem Straßenhändler eine Flasche Wasser kaufen. Für **Männer** aller Altersgruppen bedeutet ein Besuch im Café Abstand von den Sorgen des Alltags. Hier treffen sich Freunde zum Erzählen, dabei werden der starke Tee oder der Milchkaffee eher als Alibi bestellt, die **Wasserpfeife** bringt den wahren Genuss. Vielleicht werden auch Spielkarten oder Dominosteine aus der Tasche gezogen. Beim Gespräch ist der Augenkontakt gar nicht so wichtig, lieber sitzt man nebeneinander und schaut in eine Richtung – auf die Straße, wo das hektische Leben weitergeht, während man im Café entspannt.

Einkaufen Für Tunesier ist Einkaufen das Größte, egal ob auf dem **Markt** oder in den **Souks.** Hier kann man Freunde treffen, Neuigkeiten austauschen, feilschen und sogar Hochzeiten planen. Geld wird üblicherweise nicht angespart, sondern sofort in die Verschönerung des Hauses oder die Aussteuer der Töchter gesteckt. So kommt es dann auch, dass viele Tunesier davon ausgehen, dass europäische Urlauber zum Einkaufen von Töpferwaren,

Teppichen, Goldschmuck und Wasserpfeifen anreisen. Sie reagieren zum Teil verwirrt, gekränkt oder aufdringlich, wenn Urlauber ohne Kaufinteresse über die Märkte schlendern, einfach nur, um das orientalische Marktleben zu genießen.

Einladung Das Gebot der **Gastfreundschaft** wird in Tunesien sehr ernst genommen. Wer eine Einladung ohne guten Grund ausschlägt, begeht einen echten Fauxpas. Bei spontanen Einladungen genügt ehrlicher Dank, ansonsten ist ein kleines **Gastgeschenk** angebracht. Mit einem zu üppigen Geschenk beschämt man die Gastgeber, Alkohol sollte wegen der islamischen Vorschriften tabu sein. Mit ein paar Pralinen aus der örtlichen Patisserie, einer marktfrischen Melone oder einem typischen Mitbringsel aus der Heimat kann man kaum etwas falsch machen. Bewährt haben sich dabei Dinge, mit denen man auch über die eigene Heimat ins Gespräch kommen kann: Fotos von daheim, Ansichtskarten, Aufkleber, Anstecknadeln, Schlüsselanhänger, kleine Bildbände, Kölnisch Wasser, aber auch Duftseifen, Gummibärchen, Basecaps, Erdbeerkonfitüre und kleine Spielsachen. Kennt man die Gastgeber schon etwas besser, weiß man zum Beispiel, dass die kleine Tochter Stofftiere liebt,

Tunesischer Alltag für Touristen

Am besten kann sein **Reiseland kennen lernen,** wer in dessen Alltag eintaucht. Das kann eine Linienbusfahrt sein, ein Besuch im Hammam oder ein Einkauf auf dem Markt. Schon dorthin trauen sich etliche Touristen nicht. Doch wie wäre es noch einen Schritt weiter mit dem Essen in einer kleinen Garküche ohne Speisekarte, einem Friseurbesuch oder gar einem Kinoabend? Hier trifft man auf Einheimische, die sich nicht verstellen, um an das Geld der Touristen zu kommen, und kann sie viel „authentischer" kennen lernen. Das gilt erst recht, wenn der Europäer nicht um Hilfe bittet, sondern Hilfe anbietet: wenn ein Einheimischer eine Autopanne hat, sich mit einer viel zu schweren Last abmüht oder Hilfe beim Einfangen eines Schafs benötigt.

dass der Sohn Fan von Manchester United ist, welche europäische Zigarettenmarke der Vater schätzt und bei welchem Eau de Toilette die Mutter glänzende Augen bekommt.

Wird man **zum Essen** eingeladen, teilt man sich häufig gemeinsam eine große Schale oder Platte. Soßen nimmt man dabei mit dem Brot auf, das immer dabei ist. Zum Abschluss sollte ein herzliches „Schukran" (Danke) an die Gastgeber gerichtet und ein dankbares „Hamdullah" (Gott sei Dank) allgemein in die Runde gesprochen werden.

Die Frau in der Gesellschaft

Liberalität in Tunesien

Einer der vielen Titel und Kosenamen *Habib Bourguibas,* des ersten Staatspräsidenten Tunesiens, war „Befreier der Frauen". Er beendete schon 1956 die Polygamie und das Scheidungsrecht des Mannes durch dreimaliges Verstoßen, er forcierte die Aufnahme der formalen **Gleichstellung von Mann und Frau in die Verfassung.** Er war ein ausgesprochener Gegner von Schleier und Kopftuch. Man führt dies auf seinen langen Aufenthalt in Frankreich und auf seine Ehe mit einer Französin zurück. In der Tat ist Tunesien im Vergleich zu anderen arabischen Staaten ein sehr liberales Land, das auch unter Staatspräsident *Ben Ali* aktive Frauenförderung betreibt.

In der Stadt

Insgesamt machen Frauen 24% der erwerbstätigen Bevölkerung aus. In den großen Städten und in den Touristenstreifen entlang der Küste haben Frauen **gute Ausbildungs- und Arbeitsmöglichkeiten,** sie **heiraten später** und den Mann ihrer Wahl, mit dem sie ein bis zwei Kinder haben. Kopftücher sind im Straßenbild selten, enge Jeans häufig anzutreffen, Frauen in Tunis unterscheiden sich im Auftreten kaum von Frauen in europäischen Städten.

Auf dem Land

In den ländlichen Regionen hat sich an der **traditionellen Rolle** der Frau nicht viel geändert. Sie bleibt mit den Kindern im Haus, hat dort aber auch das Sagen. Vielfach stellen Frauen dies gegenüber Europäerinnen als erstrebenswerteres Leben dar. Sie wollen im Schutz der Grundstücksgrenzen ihre Kinder erziehen, ihr Haus pflegen, ihren Garten bestellen und sich mit Freundinnen, Nachbarinnen, Schwestern und Cousinen treffen. In diesem gut ausgebauten **Frauennetzwerk** werden vielfach die Geschicke der Familien gelenkt, immerhin sind es meist die Mütter, die ihren Söhnen die Ehefrau aussuchen. Einen Grund, warum Frauen außer Haus arbeiten sollen, sehen sie nicht, allenfalls für Mitglieder ganz armer Familien zur Sicherung des Lebensunterhalts. Bei einer Recherchereise im Jahr 2006 sagte mir ein Mann bei Midoun leicht resigniert: „Zwischen meiner Frau und mir ist es gleichmäßig verteilt. Sie entscheidet die unwichtigen Dinge, ich die wichtigen. Unwichtig ist alles, was mit dem Haus, dem Garten und unserer Familie zu tun hat. Wichtig sind die Wahlen zum Präsidenten und zur Nationalversammlung." Was sich zunächst wie ein Scherz anhört, zeigt die Stärke und Selbstsicherheit der tunesischen Frauen.

Bildungswesen

Schulpflicht

Der **Alphabetisierungsgrad** der Tunesier ist im direkten Vergleich zu den Nachbarstaaten sehr **hoch,** die Einschulungsquote liegt bei fast 100%, die Schulpflicht besteht zwischen 6 und 14 Jahren. Problematisch bleibt die hohe Zahl der Analphabeten unter den alten Menschen, die mit zunehmender Technisierung des Alltags immer größere Hilflosigkeit verspüren. Kinder lernen mit der Einschulung neben Arabisch auch Französisch; Deutsch ist nach Französisch und Englisch die dritte Fremdsprache. Trotz guter schulischer Ausbildung besteht eine erschreckend **hohe Arbeitslosenquote** unter den jungen Menschen. Viele suchen ihr Heil als Beachboy in den Touristenzonen, wo sie Souvenirs, Fotos mit ihrem Greifvogel oder gar ihren eigenen Körper verkaufen.

Architektur

Bordj

Auf Djerba befinden sich drei Forts, die zur Verteidigung der Insel gebaut wurden. Das **Bordj el Kebir** in Houmt Souk geht auf das 15. Jahrhundert zurück, noch älter ist das **Bordj Kastil** ganz im Süden der Insel aus dem 13. Jahrhundert. Neueren Datums ist das **Bordj Jilij** im Nordwesten der Insel, das erst 1745 errichtet wurde.

Brunnen

Djerba zählt **über 4000 Brunnen,** die meisten davon sind noch funktionsfähig. Auf einer Insel mit wenig Niederschlag und ohne Oberflächengewässer kann allein das Grundwasser den Bedarf decken. Viele Familien haben ihre eigenen Brunnen, überall sind aber auch noch öffentliche Brunnen zu finden.

Foundouk

Ein Foundouk, auch Karawanserei genannt, war zu Zeiten des Karawanenhandels eine ummauerte **Herberge an Karawanenstraßen.** Besonders in Houmt Souk, dem Endpunkt der Sahara-Karawanen mit Waren, die dort verschifft wurden, gab es zahlreiche Foundouks. Diese Bauten bestanden aus einem großen Innenhof, um den auf allen vier Seiten ein nach außen fensterloses zweigeschossiges Gebäude errichtet wurde. Es gab nur einen Zugang von der Straße, das schwere Tor wurde über Nacht geschlossen und gut bewacht. In den Räumen der unteren Etage wurden Waren (dazu gehörten auch Sklaven) eingelagert, in der oberen Etage schliefen die Händler und Reisenden. Die Kamele und Pferde waren im geschützten Innenhof untergebracht. Heute hat man in einigen

Foundouks schöne **Innenstadthotels** und die Jugendherberge von Houmt Souk eingerichtet.

Menzel

Auf Djerba gibt es nur wenige Ortschaften mit dicht bebautem Ortskern. Die meisten Djerbi ziehen eine **lockere Siedlungsform** vor - aus der Luft beim Landeanflug zum Flughafen Mellita wirken die Häuser wie mit dem Salzstreuer über die Landschaft verteilt. Typisch für diese verstreute Wohnform sind Menzel, quadratisch **mit hohen Mauern eingefriedete Bauten,** die nach außen keine Fenster haben und sehr abgeschottet wirken. Die Wohnräume sind rund um einen **geräumigen Innenhof** angelegt, außerhalb der Mauern haben die Familien zur Wasserversorgung Brunnen und Zisternen. Daneben bauen sie im Schatten von Dattelpalmen Obst und Gemüse für den Eigenbedarf an. Ihr Grundstück grenzen sie nach außen mit Erdwällen ab, auf denen sie Feigenkakteen pflanzen - eine wirkungsvolle Abschreckung für potenzielle Eindringlinge!

Houch

Wächst eine Familie so stark an, dass sie im Menzel keinen Platz mehr findet, wird an eine der Mauern ein zweites Menzel angebaut. Meist ist dies dann das Haus eines Sohnes und seiner Familie. Solche **Zusammenbauten mehrerer Menzel** nennt man Houch, manche Houchs bestehen aus sechs Menzeln.

Medersa

Manchen großen Moscheen angeschlossen ist eine Medersa, was im Deutschen meist mit „Koranschule" übersetzt wird. Es handelt sich um eine **religiöse Bildungseinrichtung,** in der islamisches Recht und Theologie, manchmal auch Medizin und Naturwissenschaften gelehrt werden. Im ländlichen Bereich übernimmt sie mitunter auch die Erwachsenen-Alphabetisierung.

Marabout in Ajim

dje_070 Foto: ir

Marabout Als Marabout bezeichnet man im nordafrikanischen Volksislam einen **weisen Mann und dessen Grabstelle.** Selten werden Marabouts auch *Koubba* genannt. Viele dieser würfelförmigen Bauten mit den weißen Kuppeln gelten als heilige Stätten, mit manch einem Marabout werden auch Wunder und Wunderheilungen assoziiert. Besonders Frauen suchen sie zum Gebet auf, weil sie ja nicht am gemeinschaftlichen Gebet der Männer in der Moschee teilnehmen.

Moschee Moschee heißt **„Ort des Niederwerfens“,** die gläubigen Muslime treffen sich hier zum **gemeinsamen Gebet.** Moscheen sind die wichtigsten Sakralbauten des Islam. Sie bestehen aus einem **Haram** (Betsaal), einem Hof mit Säulenhalle oder Säulengang, einem Brunnen oder Waschraum für die rituelle Waschung vor dem Gebet und einem oder mehreren **Minaretten.** Dies sind die Türme, von denen die Gläubigen zum Gebet gerufen werden. Nur noch selten mach das der **Muezzin** (Gebetsausrufer) persönlich, in den meisten tune-

dje_071 Foto: dw

sischen Minaretten hat er sich durch Tonband und Lautsprecher ersetzen lassen. Der Betsaal ist sehr schlicht gehalten, meist sind Teppiche die einzige Einrichtung. In der Wand, die zur Kaaba in Mekka zeigt, befindet sich die **Mihrab** (Gebetsnische), von hier leitet der **Imam** (Vorbeter) das Gebet. In größeren Moscheen gibt es ferner eine **Minbar** (Kanzel), von der er die Freitagspredigt spricht. Der Grundriss vieler Moscheen geht auf *Mohammeds* Haus in Medina zurück. Die Höfe einiger Moscheen dürfen auch von Nicht-Muslimen betreten werden, der Zugang zum Betsaal ist ihnen aber verwehrt.

Eine Besonderheit der Moscheen **auf Djerba** sind ihre unter dem Hof liegenden **Zisternen,** in denen das wenige Regenwasser gesammelt wird. Wegen des Wassermangels auf der Insel konnte nur so sichergestellt werden, dass stets genug Wasser für die rituellen Waschungen vorhanden ist. Auf Djerba sollen 365 Moscheen stehen, „für jeden Tag des Jahres eine", wie viele Djerbi stolz berichten.

Zaouia

Besonders verehrte Persönlichkeiten des Islam erhielten in Tunesien nicht nur ein kleines Marabout. Ihnen zu Ehren wurde eine **religiöse Bruderschaft** gegründet, die ihren **Sitz** in einer Zaouia hat. In einer Zaouia befindet sich meist eine Bibliothek mit den Schriften des Weisen und seiner Nachfolger, dazu ein Betsaal und Unterkünfte für Besucher und Pilger. Wie die Marabouts ist auch eine Zaouia leicht durch ihre strahlend weiß gekalkte Kuppel zu erkennen. Ein gut erhaltener Zaouia-Bau ist in Houmt Souk zu finden; in ihm befindet sich heute das ATP-Museum.

Auch für „Andersgläubige" zugänglich – die Moschee Maazel auf dem Weg von Aghir zum Bordj Kastil

Literatur

Lotophagen

Schon vor 2800 Jahren müssen die Bewohner Djerbas sehr gastfreundlich gewesen sein. Im 8. vorchristlichen Jahrhundert schreibt **Homer** in „Die Irrfahrten des Odysseus" vom Land der Lotophagen, also der **Lotosesser.** Djerba soll dieses Land sein, das er bei seiner Fahrt findet und in dem er fast drei seiner Männer verliert. Sie waren losgeschickt worden, um nach Wasser und Nahrung zu suchen und von den Einheimischen freundlich aufgenommen worden. Die Lotophagen boten den Männern von der köstlichen Lotosfrucht an. *Homer* schreibt, dass die Männer von der Frucht kosteten und daraufhin ihre Vergangenheit, ihre Heimat und ihren Auftrag vergaßen. *Odysseus* musste sie mit Gewalt zurück auf das Schiff bringen. Der französische Name für *Odysseus* ist *Ulysses* und findet sich in ganz Tunesien als Name für Restaurants und Hotels wieder. Den Djerbi ist es übrigens egal, dass auch die Bewohner von Menorca und Gozo behaupten, im Land der Lotophagen zu leben.

Zeitgenössische Literatur

Kaum übersetzt

Tunesische Literatur ist in Deutschland wenig bekannt, kaum auch nur ins Französische übersetzt. Die meisten Bücher tunesischer Autoren, die in Deutsch zu kaufen sind, stammen von Tunesiern, die in Europa leben. Hier können sie ohne Angst vor Zensur und mit besserer finanzieller Absicherung schreiben.

Abou el Kacem Chabbi

Der **Nationalheld** unter den Poeten ist sicherlich *Abou el Kacem Chabbi,* nach dem in Ajim auch eine Avenue benannt ist. Sein Gedicht „Lebenswille" wird schon in der ersten Grundschulklasse auswendig gelernt.

Albert Memmi

Als wichtiger Schriftsteller zu nennen ist *Albert Memmi,* der in „Die Fremde“ einen tunesischen Juden, der in Paris Medizin studiert hatte, mit seiner französischen Ehefrau nach Tunis zurückkehren lässt. In dem autobiografischen Roman „Die Salzsäule“ schildert er sein Leben als Sohn einer Berberin und eines Juden in Tunis, seine Erziehung an einem französischen Gymnasium und die daraus resultierenden zwiespältigen Gefühle gegenüber den auf ihn einwirkenden Kulturen.

Mustapha Tlili

Die Werke von *Mustapha Tlili* wurden bislang nicht ins Deutsche übersetzt, bekannt sind „La Montagne du Lion“, „Le bruit dort“ und „Gloire des Sables“, wohl aber ist „La Montagne du Lion“ in Englisch als „Lion Mountain“ erschienen. In diesem dichten Roman wird die bewegende Geschichte einer Frau erzählt, die unter der französischen Kolonialmacht, später unter der Regierung *Bourguiba,* in einem abgelegenen Bergdorf lebt. Der freiheitsliebende *Tlili* hat sich auch an der in Englisch erschienenen Hommage „For Nelson Mandela“ beteiligt.

Mekki Zammit

In „Der ostfriesische Tunesier“ erzählt *Mekki Zammit* autobiografisch von seiner Liebe zu einem tunesischen Mädchen, das seinen besten Freund heiratet. *Zammit* suchte sein Glück in der Ferne, zunächst in Frankreich mit schlimmen Erfahrungen bei der Fremdenlegion, dann in Ostfriesland.

Kurzgeschichten

Kurzgeschichten **in französischer Sprache** sind von *Habib Selmi, Ali Duaji* und *Hassouna Mosbahi* erschienen.

Bildende Kunst

Kalligrafie

Der Islam verbietet die Abbildung *Mohammeds* und Allahs. Künstlerisch begabte Gläubige haben daher in all den Jahrhunderten eine unvergleichliche Kunstfertigkeit in der kalligrafischen Wiedergabe des Korans und anderer heiliger Schriften entwickelt. Auf Djerba kann man diese Werke sehr schön im **Guellala-Museum** betrachten.

Malerei

Seit der legendären Tunesien-Reise von *August Macke* und *Paul Klee* ins nordtunesische Sidi Bou Said können weder europäische Besucher noch Tunesier der Versuchung widerstehen, die hinreißende Landschaft zu zeichnen und zu malen. Es fehlt also nirgendwo an guten Skizzen, Zeichnungen, Aquarellen und Ölgemälden von allen Sehenswürdigkeiten und traumhaften Landschaftsmotiven.

Mosaike

Die **römische Kunst** der Mosaiken hat sich bis heute auf Djerba halten können, in Houmt Souk und Midoun bieten immer noch junge Männer ihre Mosaiken mit klassisch römischen und modernen Motiven zum Kauf an.

dje_072 Foto: ir

Musik und Film

Festivals

Das kulturelle Leben beschränkt sich hauptsächlich auf diverse Festivals mit Musik- und Schauspieldarbietungen, bei denen auch zahlreiche ausländische Künstler auftreten. Daneben gibt es nur ein vergleichsweise bescheidenes Kulturangebot.

Maalouf-Musik

Maalouf ist die **traditionelle arabische Musik Südtunesiens;** typisch ist eine dreiköpfige Musikgruppe in der Besetzung Flöte, Oud (eine Art Laute) und Trommel.

Filme

Die **Landschaft Tunesiens** wird von vielen amerikanischen und europäischen Filmemachern **als Kulisse** verwendet.

Tunesische Produktionen schaffen den Sprung ins internationale Kino nicht, sie werden vielfach als kitschig und belastet mit Klischees kritisiert. Der Filmemacherin **Moufida Tlatli** gelang 1994 eine Überraschung: Für ihren Film „Palast des Schweigens" erhielt sie 1994 beim Film Festival in Cannes die lobende Erwähnung der Jury „Caméra d'Or". 2000 drehte sie mit „Zeit der Männer, Zeit der Frauen" einen sehr stimmungsvollen Film über das Leben der Frauen in den Menzels auf Djerba. In „Rivalinnen" (2006) zeigt sie die Schwierigkeiten einer Frau in den Wechseljahren, die es nicht erträgt, dass ihre Tochter noch alle Reize der Jugend besitzt.

Kalligrafien im Museum Lalla Hadria (Ras Taguermes)

dje_002 Foto: ir

Houmt Souk

Einleitung

Hauptstadt Djerbas

Houmt Souk (arab.: **Houmet Essouk**) bedeutet „Marktviertel" oder „Marktplatz". Dieser Name war und ist die ideale Beschreibung der Inselhauptstadt **(17.000 Einwohner),** denn trotz einiger interessanter Sehenswürdigkeiten ist es das **Markttreiben,** das die meisten Menschen in die Hauptstadt zieht. An den Markttagen ist zwischen Hafen und Busbahnhof an ein Durchkommen für Autos kaum zu denken, auch an den anderen Tagen tummeln sich Inselbewohner und Touristen in den Gassen der Souks.

Bild auf den Seiten zuvor: Libyscher Markt

Geschichte

Hara Kebira

Die Geschichte der Inselhauptstadt ist eng verknüpft mit der Geschichte Djerbas. Seit der Flucht der Juden aus Jerusalem gibt es im Norden der Insel die **jüdische Siedlung** Hara Kebira, die inzwischen zum Stadtgebiet von Houmt Souk gehört.

dje_001 Foto: ir

Die Römer siedelten hier wie auch alle späteren Eroberer.

Handelsplatz

Houmt Souk war das Ziel der **Karawanen aus der Sahara** und der **Mittelmeerschiffe,** damit Umschlagplatz für Gold, Elfenbein und Sklaven. In den **Foundouks,** quadratischen Lagerhäusern mit Innenhof, wurden einst die Waren gelagert, bevor sie auf die Schiffe oder Kamele verladen wurden. Foundouks sind auch als Karawansereien bekannt. Es waren keine reinen Lager, sondern gleichzeitig auch Beherbergungsbetriebe, damit Kameltreiber, Händler, Pilger und Reisende nicht zu weit von den Tieren und Waren entfernt waren, aus denen sich die Karawanen zusammensetzten. Im Innenhof eines Foundouks wurden die Kamele versorgt, im Erdgeschoss die Waren gelagert, Schlafplätze für die Reisenden waren im Obergeschoss eingerichtet. So wundert es nicht, dass heute einige Foundouks weiterhin als Hotels oder Jugendherberge genutzt werden.

Piraten

Den Spaniern war Houmt Souk lange ein Dorn im Auge, denn die Djerbi gewährten Korsaren Unterschlupf in ihrem Hafen. **Dragut der Schreckliche** war im 16. Jahrhundert der Seeräuber, der es zu größter Bekanntheit brachte. Er kaperte Schiffe vor der Küste Tunesiens und kämpfte aufseiten der Türken gegen die Spanier, Genuesen und Malteser. Später wurde er von den Türken geadelt und zum Bey ernannt.

Langsame Entwicklung zur Stadt

Viele Menschen haben damals nicht im heutigen Stadtgebiet gewohnt, es war ein **Ziel für den kurzzeitigen Aufenthalt,** für die Wartezeit auf das nächste Schiff oder die nächste Karawane. Zu jener Zeit war das benachbarte Hara Kebira die

Fischer bei der Arbeit

einzige geschlossene Siedlung, wo vorwiegend Juden ihren Wohnsitz genommen hatten. Erst im 18. Jahrhundert wandelte sich Houmt Souk vom Marktflecken und Warenumschlagplatz zu einer Siedlung, in der sich mehr und mehr Menschen niederließen. Es fehlt der Stadt daher die typische Medina früher gegründeter arabischer Städte.

Malteser

Die Malteser nutzten den Hafen von Houmt Souk als Basis für ihren **Waffenschmuggel** zwischen Europa und Nordafrika. Auch sie bedienten sich der Foundouks zu Wohn- und Lagerzwecken: Im Obergeschoss wohnten sie und beherbergten Gäste, im Erdgeschoss wurden Handels- und Schmuggelwaren gelagert. Die kleine, einflussreiche und streng katholische Minderheit ließ zusammen mit Kolonialfranzosen 1848 eine **Kirche** errichten, die heute nach jahrelangen Sanierungsarbeiten in neuem Glanz erstrahlt.

Orientierung

Avenue Habib Bourguiba

Alle Straßen führen nach Houmt Souk – zumindest auf Djerba. **Sternförmig münden alle wichtigen Inselstraßen in den Busparkplatz** an der Avenue Habib Bourguiba: vom Flughafen über Mellita im Westen, vom Fährhafen in Ajim im Südwesten (Route Nationale 116), von Guellala über Erriadh im Süden, von El Kantara über El May im Südosten (Route Nationale 117), von Aghir über Midoun im Osten und vom Ras Taguermes entlang der Nordküste.

In der Stadt

In der Stadt ist eine Orientierung an der **Avenue Habib Bourguiba** möglich, die als **Nord-Süd-Achse** den Hafen mit dem Busbahnhof verbindet. Öst-

Piraten-Ausflugsschiff im Hafen von Houmt Souk

lich davon bilden die Plätze Farhat Hached, Mongi Bali, Moktar Attia, Hedi Chaker und Sidi Brahim eine idyllische Einheit mit Restaurants und Straßencafés. Die Souks mit ihren Märkten und Ladengassen schließen sich im Norden an.

Zwei Rundgänge

Im Stadtplan von Houmt Souk sind ein etwa **zweistündiger großer Rundgang** und eine **einstündige Runde durch die Souks** eingezeichnet. Die Tour führt vom zentralen Busbahnhof zum Hafen, dort an der Küste entlang zum Fort Ghazi Mustapha und vorbei an den beiden bekanntesten Moscheen der Stadt zurück ins Stadtzentrum mit seiner frisch renovierten katholischen Kirche und den malerischen Souks. Für Houmt Souk sollte man sich Zeit nehmen und mehr als einen Tag einplanen.

dje_003 Foto: ir

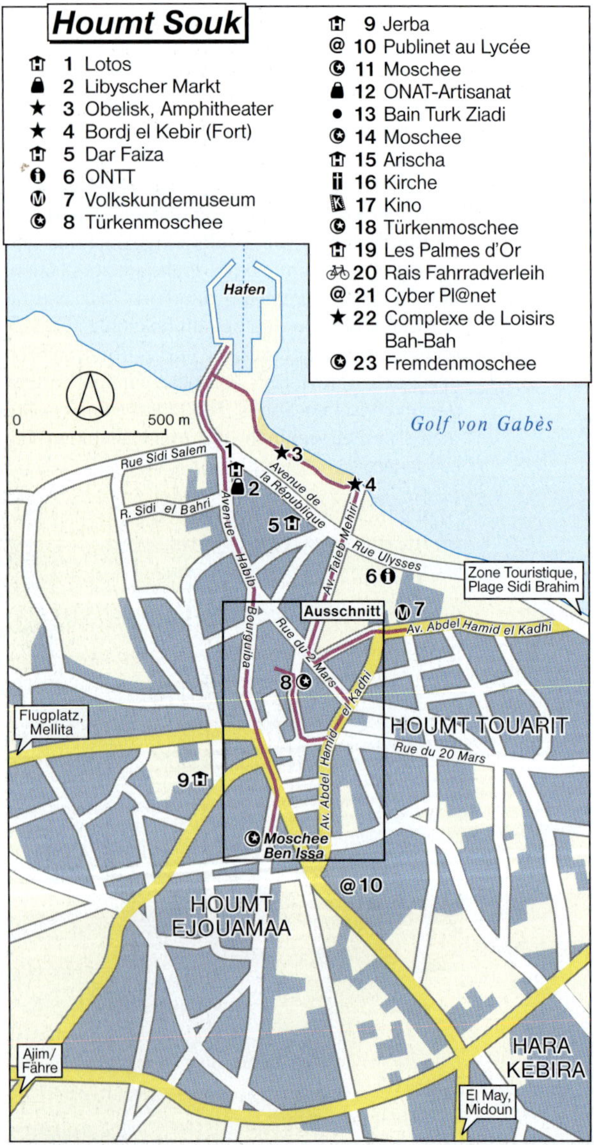
Houmt Souk
1 Lotos
2 Libyscher Markt
3 Obelisk, Amphitheater
4 Bordj el Kebir (Fort)
5 Dar Faiza
6 ONTT
7 Volkskundemuseum
8 Türkenmoschee
9 Jerba
10 Publinet au Lycée
11 Moschee
12 ONAT-Artisanat
13 Bain Turk Ziadi
14 Moschee
15 Arischa
16 Kirche
17 Kino
18 Türkenmoschee
19 Les Palmes d'Or
20 Rais Fahrradverleih
21 Cyber Pl@net
22 Complexe de Loisirs Bah-Bah
23 Fremdenmoschee
Hafen
0
500 m
Golf von Gabès
Rue Sidi Salem
R. Sidi el Bahri
Avenue de la République
Avenue Habib Bourguiba
Av. Taieb Mehiri
Rue Ulysses
Zone Touristique, Plage Sidi Brahim
Ausschnitt
Av. Abdel Hamid el Kadhi
Rue du 2 Mars
HOUMT TOUARIT
Rue du 20 Mars
Flugplatz, Mellita
Moschee Ben Issa
HOUMT EJOUAMAA
HARA KEBIRA
Ajim/ Fähre
El May, Midoun

- 24 Zaouia Sidi Brahim
- 25 Marhala
- 26 Jugendherberge
- 27 Hammam Sidi Brahim
- 28 Taxis
- 29 Maltesische Karawanserei
- 30 Sables d'Or
- 31 Erriadh
- 32 Sindbad
- 33 Zeitungen/Zeitschriften
- 34 Antennenturm
- 35 Post
- 36 Syndicat d'Initiative
- 37 Gemüsemarkt
- 38 Fischhalle
- 39 Gewürzmarkt
- 40 Polizeistation
- 41 Marché Central
- 42 Taxis
- 43 Hadji
- 44 Cyber Espace Djerba
- 45 Tunis Air
- 46 Essalem
- 47 Hammam Ben Marzouk
- 48 Louages
- 49 Busbahnhof
- 51 Grand Magasin
- 52 El Machrek
- 53 Ben Abbès

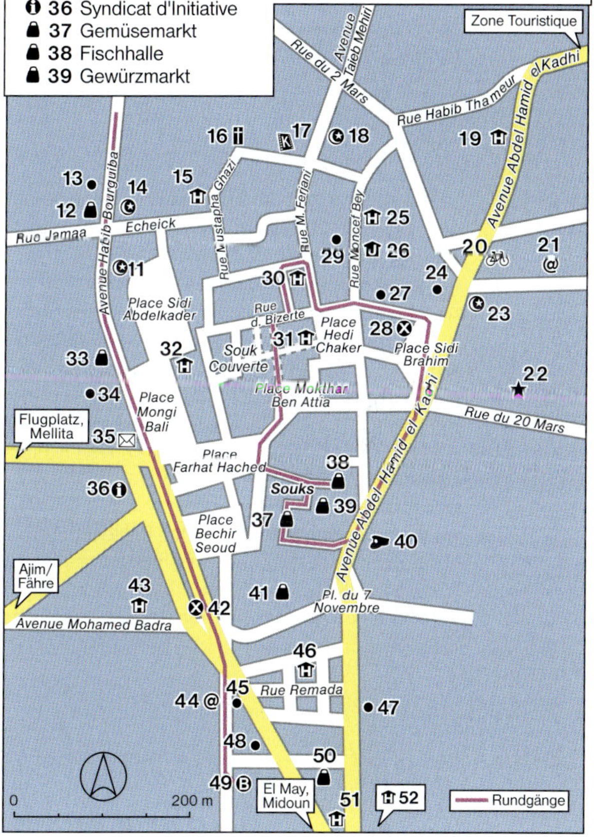

Sehenswertes

Start am Busbahnhof

Der **große Rundweg** beginnt am zentralen Busbahnhof und führt auf der Avenue Habib Bourguiba nach Norden. Rechter Hand liegen zunächst Louage-Station und Tunisair-Gebäude, später die Zugänge zu den schönsten Plätzen der Innenstadt. Links versteckt sich das Syndicat d'Initiative hinter ein paar Palmen, kurz darauf bieten sich in der SOCOPA-Verkaufsstelle erste gute Einkaufsmöglichkeiten für Andenken. Hier beginnt an Markttagen das große Gewusel von Einkäufern, Schulkindern, Touristen und einheimischen Passanten.

Markt

Libyscher Markt

Der Wochenmarkt **am Montag und Donnerstag** wird oft auch „Libyscher Markt" oder „Maghrebscher Markt" genannt, denn er war lange Anziehungspunkt für Händler und Kunden aus dem benachbarten Libyen. Fast alle Händler waren Libyer, hier wurden Waren angeboten, die es sonst nirgendwo in ganz Tunesien zu kaufen gab. Heute unterscheidet er sich von anderen Wochenmärkten nur durch seine Größe. Ein Marktbummel zwischen den unzähligen Marktständen lässt schnell orientalische Stimmung aufkommen. Auf der Avenue Habib Bourguiba, der Avenue Taieb M'hiri und der Rue des Martyrs werden Bekleidung, Textilien, Elektrokleingeräte, Haushaltszubehör und Kunsthandwerk angeboten, Obst und Gemüse kann man am nördlichen Ende des Marktbereichs vor der Festung kaufen.

Spaß muss sein – Szene auf dem Libyschen Markt

Hafen

Touristischer Komplex

Die **neue Marina** im Fischereihafen soll ein touristischer Anziehungspunkt werden. Der Komplex beginnt mit dem **Amphitheater** neben dem Fort, in dem im Sommer Musik- und Theateraufführungen stattfinden. Man denkt auch über eine Folkloredarbietung wie in Midoun nach (siehe dort), aber es mehren sich die Stimmen, hier in der Inselhauptstadt ein anspruchsvolleres Niveau anzustreben. Das Bild der Marina wird dominiert durch **Ausflugsboote in Piratenoptik,** mit denen jeweils bis zu 130 Passagiere zur Flamingo-Insel (s.u., „Ausflüge") gefahren werden.

Die Bebauung dieses neuen Freizeithafens erinnert an Port el Kantaoui, ist aber weitläufiger angelegt. Die wenigen schon geöffneten **Geschäfte und Cafés** wirken daher noch ein wenig verloren, was sich sicherlich ändern wird, sobald alle Ladenlokale vermietet sind. Der Investor legt keinen

dje_034 Foto: ir

Wert auf Läden mit Massenware, die Geschäfte mit edlen Lederwaren und Glasbläserkunst sind für anspruchsvolle Kundschaft eingerichtet und bestückt. Die schon vorhandenen Cafés sind gemütlich in maurischem Stil eingerichtet.

Schöner noch, weil ursprünglicher, empfinden viele einen **Bummel durch den Hafen.** Das Wrack eines 2004 gesunkenen Schiffes „ziert" die Hafeneinfahrt, sorgsam gestapelte Amphoren liegen bereit, um für den Fang von Tintenfischen eingesetzt zu werden. Wer ein paar Brocken Arabisch spricht, kommt schnell mit den Fischern ins Gespräch, die nach der morgendlichen Fangfahrt ihre Boote pflegen, Netze flicken oder ihre Wäsche waschen und zum Trocknen aufhängen. Wer seine Arbeit erledigt hat oder eine Pause braucht, sitzt im alten Café. Dort sind die Preise für Tee und Milchkaffee so niedrig, dass sich auch die wenigen Touristen, die dort einkehren, nicht daran stören, dass es nicht ganz so sauber ist.

Die **Polizeistation** an der Hafenausfahrt wurde ursprünglich als Kirche für die maltesischen Christen gebaut und nach dem Bau der großen Kirche in der Ortsmitte ihrem jetzigen Verwendungszweck zugeführt.

Schädel-Obelisk Bordj el Ras

Korsar Dragut

Der berühmt-berüchtigte Korsar *Dragut der Schreckliche* schlug 1560 am **Bordj el Kebir** mit Unterstützung der Djerbi die 30.000 Mann starke **spanisch-maltesische Flotte** in die Flucht und zündete deren Schiffe an. Mehr als 5000 Männer konnten nicht mehr rechtzeitig fliehen, wurden im Bordj eingeschlossen und belagert. Als ihre Vorräte erschöpft waren, sie die Festung vor Hunger und Durst verlassen mussten und sich ergaben, kannte *Dragut* keine Gnade: **Alle Spanier** wurden von seinen Leuten **geköpft,** die abgeschlagenen Köpfe ließ er aufschichten – diese makabre **Schädel-Pyramide** ging als „Bordj el Ras" in die Ge-

Das Bordj el Kebir von der Marina aus gesehen

schichte ein. Bis 1848 blieben die bleichen Knochen unberührt am Strand liegen, erst die französischen Kolonialherren konnten den Bey von Tunis dazu bringen, den Gebeinen der Spanier ein Begräbnis zu ermöglichen. Heute erinnert der kleine weiße Obelisk nahe der Festung an dieses blutige Ereignis.

Bordj el Kebir

Festung

Das Bordj el Kebir wird auch **„Fort Ghazi Mustapha"** oder „Fort Espagnol" genannt. Hier sollen schon die Römer ein Kastell gebaut haben. Im 9. Jahrhundert wurde es von den Aghlabiden durch ein Ribat ersetzt. 1284 gestaltete *Roger de Loria* das Ribat für die Aragoner zu einer kleinen Feste um, die im 15. Jahrhundert für den Sultan von Tunis, *Abou Farès el Hafsia,* zu einer mächtigen Festungsanlage ausgebaut wurde. Besonders vom Wasser aus gesehen dominiert sie die Küste vor Houmt Souk.

1560 suchten die **Spanier** im Bordj el Kebir Schutz vor den brutalen Angriffen des Korsars *Dragut*. Er schnitt ihnen alle Versorgungswege ab; schon bald waren die ausgehungerten und verdurstenden Männer leichte Beute für ihn – er ließ sie alle töten (s.o.). Danach bewohnte *Dragut* die Festung und sorgte für den weiteren Ausbau. Später folgten Nutzungen durch die Beys von Tunis und die französischen Kolonialherren, ohne dass jedoch für die Erhaltung Sorge getragen wurde. Erst das Interesse der Touristen führte in den 1980er Jahren dazu, dass kleinere Renovierungsarbeiten vorgenommen wurden und die alte Verteidigungsanlage nun besichtigt werden kann.

dje_006 Foto: dw

In der Zeit des **Ramadan** wird hier bei Sonnenuntergang immer noch der traditionelle Schuss aus einer der alten Kanonen abgegeben, um den Gläubigen zu signalisieren, dass sie nun wieder essen und trinken dürfen.

Zwischen den noch **gut erhaltenen Grundmauern,** Geschützgalerien und Kasematten sind auch Säulen und Kanonenkugeln aus dem römischen Meninx an Djerbas Südküste zu sehen. Diese wirken wie lieblos im Eingangsbereich zwischengelagert, nach Aussage der Guides aber wurden sie bewusst so drapiert. Im ersten Saal befinden sich **Informationstafeln** zur Geschichte Djerbas und der Festung in französischer Sprache; geplant sind weitere Erläuterungen in Englisch und Arabisch.

Das **Marabout im Innenhof** ist das Grab des *Ghazi Mustapha*. Er leitete unter *Dragut* die Ausbauarbeiten.

- **Geöffnet:** Theoretisch ist das Bordj el Kebir täglich außer freitags geöffnet, im Sommer (01.04. bis 15.09.) von 8–19 Uhr, im Winter (16.09. bis 31.03.) von 9.30–16.30 Uhr, oft aber findet man auch zu diesen Zeiten das Eingangstor versperrt.
- **Eintritt:** 3 TD, Kinder unter 6 Jahre frei, die Fotoerlaubnis kostet 1 TD.

Türkenmoschee

Djamâa Tourk

Die Djamâa Tourk grenzt im Norden an die Souks. Sie wurde im Osmanenreich von den Türken für die hanafitische Rechtsschule erbaut. Ungewöhnlich für Moscheen auf Djerba ist das schlanke runde Minarett. Den Betsaal überwölben sieben Kuppelpaare, genutzt wird die Moschee heute durch malekitische Moslems. **Zutritt,** auch zum Hof, **nur für Muslime.**

Die Türkenmoschee mit ihrem schlanken Minarett

Volkskundemuseum

Musée de l'Art et des Traditions populaires

Das schon etwas in die Jahre gekommene Museum in der Avenue Abdel Hamid el Kadhi wurde 1968 eingerichtet. Untergebracht in einem Bau aus dem auslaufenden 18. Jahrhundert, war das Gebäude zunächst die **Zaouia für Sidi Zidouni** und Sitz einer religiösen Bruderschaft, dann ab 1932 Koranschule, schließlich Museum.

Im Eingangssaal sind **Trachten** und typische Bekleidung der Bewohnerinnen der einzelnen Inselorte zu sehen. Schön sind die Koranschrift im kleinen Nebenraum neben dem Eingang und die originale Holzdecke vor der Tür zum zweiten Raum. Im zweiten Raum ist in Vitrinen **Schmuck** ausgestellt; „Fatimas Hand" und Judensterne dominieren die Motive.

Architektonisch sehenswert sind die Stuckwände und die Kuppeldecke aus glasierten und unglasierten Tonröhren. Von außen wirken sie wie Schuppen, innen sorgen sie für ein angenehm kühles Klima.

dje_007 Foto: ir

Eine Treppe führt hinunter in die frühere Zisterne, die nun eine Töpferstube darstellen soll. Im Hof und dem offenen Gebäude ist **Keramik** aus Djerba zu sehen. Bis in die 1950er Jahre wurde auf Djerba farbig glasiert, die typischen Farben waren Gelb und Grün. Das rote Gefäß mit dem Deckel heißt „Jrab" und wurde als Kleidertruhe verwendet.

Im letzten Ausstellungsraum sind fünf **Brauttruhen** ausgestellt, in denen die Eltern die Aussteuer für ihre Tochter sammelten. Die Spiegelregale sind Geschenke des Bräutigams an die Braut. Die ganz großen Konstruktionen sind Ehrengrabmale.

Eine **Besichtigung mit Führer** (nur französischsprachig) ist angesichts der dürftigen Erklärungstexte (arabisch, französisch) lohnenswert. Aber Vorsicht: Wenn man dem Museumsdirektor persönlich in die Hände fällt, kommt man in den „Genuss" einer wirklich ausführlichen und lehrreichen und anstrengenden Privatführung ...

- **Geöffnet:** 16.09. bis 31.03. tägl. außer freitags von 9.30–16.30 Uhr, 01.04. bis 15.09. von 8–12 und 15–19 Uhr.
- **Eintritt:** 2,1 TD, Fotoerlaubnis 1 TD.

Zaouia Sidi Brahim

Grab des Sidi Brahim

Schräg gegenüber der Fremdenmoschee (siehe unten) steht ein Gebäude, das **an eine Festung erinnert.** Die Zaouia Sidi Brahim wurde um das Grab des *Sidi Ibrahim,* eines Gelehrten und Weisen aus dem frühen 17. Jahrhundert, errichtet. Seine Schüler begannen 1674 mit dem Bau der Zaouia, fertig gestellt wurde sie erst 30 Jahre später durch den Bey *Mourad Ben Ali.* Genutzt wurde und wird das Gebäude für das Studium der heiligen Schriften, für Gebet, Islamunterricht und Unterbringung von Pilgern.

Brauttruhe im Volkskundemuseum

Fremdenmoschee

Djamâa el Ghorba

Der arabische Name der Fremdenmoschee ist Djamâa el Ghorba. Auffällig ist das **viereckige Minarett,** das mit Kalligrafien geschmückt ist. Die Fremdenmoschee grenzt im Osten an die Souks. Sie wurde im 17. Jahrhundert im Osmanenreich von den Türken erbaut. **Zutritt nur für Muslime.**

Katholische Kirche

Wechselvolle Geschichte

In einer ruhigen Sackgasse der Innenstadt befindet sich die zweitürmige katholische Kirche. Sie **ersetzte die kleine Kirche am Hafen,** die Mitte des 19. Jahrhunderts zu klein wurde, als Griechen, Italiener, Malteser und Franzosen Djerba zum Schwammfischen und Handeln ansteuerten. Während der französischen Kolonialzeit wurde das Gotteshaus rege von den Franzosen besucht. Nach der Unabhängigkeit Tunesiens verfiel die Kirche und stand etliche Jahre leer, zuletzt wurde sie als Fitnessstudio genutzt.

50 Jahre kämpfte der Vatikan vergeblich um diese Kirche, keine staatliche Stelle ließ sich erweichen. Erst eine **Petition von deutschen Touristen** an den tunesischen Staatspräsidenten mit 20.000 Unterschriften brachte den Erfolg. Deshalb hält der Pfarrer die Messe sonntags um 9 Uhr aus Dankbarkeit stets in deutscher Sprache, auch wenn nur wenige Deutsche den Weg in die Kirche finden.

Die katholische Kirche ist **frisch renoviert,** die Kosten dafür trug die italienische Bischofskonferenz. Das Hauptschiff zeichnet sich durch schlichte Schönheit und einen bezaubernden Altar aus. In den Seitenschiffen befinden sich eine Kreuzweg-Darstellung aus Mosaiken lokaler Künstler und zwei Nebenaltare. Der **Marienaltar** symbolisiert mit der Darstellung des Olivenbaums Fruchtbarkeit und die Nähe zur wichtigsten Kulturpflanze Djerbas. Der **Nebenaltar** auf der rechten Seite ist den Märtyrinnen *Perpetua* und *Felicitas* gewidmet, die um 203 im nordtunesischen Karthago von den Römern verhaftet und hingerichtet wurden, weil sie sich auf die christliche Taufe vorbereiteten, sich während der Haft taufen ließen und auch unter größtem Druck ihrem Glauben nicht abschwören wollten.

Nebenan liegt der Betsaal der Franziskanerinnen, in dem bis 2006 die **Messen** gelesen wurden. Jetzt finden sie im Hauptschiff am Samstag um 18.30 Uhr in französischer Sprache und sonntags um 9 Uhr in deutscher Sprache statt. Sonntags um 10 Uhr wird die Messe in der Sprache der Mehrheit der Anwesenden gehalten, meist in Italienisch. Der Pfarrer ist gebürtiger Pole, kann also daher bei der 11-Uhr-Messe zwischen Polnisch, Französisch, Englisch, Deutsch und Italienisch variieren. Die Kirche ist **nur während der Messen** und nur für Gläubige **zugänglich.** Sie soll kein touristisches Sightseeing-Ziel werden, zu dem Busladungen von leicht bekleideten Urlaubern gekarrt werden, sondern dient der inneren Einkehr, dem Gebet und der gemeinsamen Feier der Messen.

Foundouk Bouchaddakh

Maltesische Karawanserei

Die maltesische Karawanserei gegenüber der Jugendherberge beherbergte früher Händler und Schwammfischer, heute sind ein Silberschmied und ein Weber im Obergeschoss des Hauptgebäudes tätig. Auf der Rückseite, erreichbar durch den Torbogen der Rue Mohames Ferjani links davon, betreibt der alte *Mohamed Khacha* seine Werkstatt für Strohflechtarbeiten namens **Atelier de Nattes.** Er ist der stolze Ausstatter der Synagoge La Ghriba; alle dort verwendeten Strohmatten stammen aus seinem Webstuhl. Gerne zeigt er auch die mühsame Arbeit am Webstuhl und beim Flechten. Besonders angenehm dabei ist, dass er von seinem Beruf begeistert ist und ihn gerne erklärt. Viel lieber als die seltenen Einkäufe durch verirrte Reisende wäre ihm ein Lehrjunge, dem er sein Handwerk vermitteln könnte.

Zurück am **Place Sidi Brahim** haben Sie die Wahl: Auf der Avenue Abdel Hamid el Kadhi zurück zum Busbahnhof, dem Startpunkt des großen Rundgangs, oder Beginn des kleinen Rundgangs durch die Souks.

Die Souks

Schmale Gassen

In den schmalen Gassen der Souks lässt es sich **herrlich bummeln.** Houmt Souk hat keine typische arabische Medina, die Innenstadt ist daher nicht mit den verwirrenden Verwinkelungen der Altstädte von Sousse oder Tunis zu vergleichen, aber groß genug für einen mehrstündigen Ausflug. Die Gassen sind **nach Warengruppen sortiert,** alle Gold- und Silberschmiede haben ihre Läden nebeneinander, Gleiches gilt für die Handwerker und Händler, die Parfüm, Teppiche, Lederwaren, Holzwaren und Kleidung verkaufen. Die **teuersten Waren** sind **am Place Mongi Bali** zu finden: ägyptische Kleidung und feinster Silberschmuck. Weiter zum Rand der Souks hin liegen der Gemüsemarkt und der Gewürzmarkt, von dem die herrlichsten Düfte ausgehen. An heißen Sommertagen lässt es sich im überdachten Teil der Souks gut aushalten. Rund um die Einkaufsgassen schließen sich schattige **Cafés** an, in denen das Ergebnis des Beutezugs begutachtet und besprochen werden kann.

Im Zentralmarkt gibt es einige Schlitzohren unter den **Händlern,** aber auch junge, unerfahrene Leute wie den netten Gewürzhändler *Mouhamed,* der gerade erst sein Geschäft aufbaut. Am besten kommt man klar, wenn man zunächst überall unverbindlich die Ware anschaut und Preise vergleicht, bevor man mit dem Feilschen beginnt.

Vorsicht: Sie können fast sicher sein, dass genau am Tag ihres Besuchs angeblich Wollmarkt

dje_08 Foto: ir

oder „Wollfest" in Houmt Souk ist. Sobald man auch nur das kleinste Interesse zeigt, wird man zu einem großen Teppichgeschäft geschleppt, in dem eine oder mehrere Frauen sitzen, die mit Wolle, Karde, Handspindel und Webstuhl beschäftigt sind. Das hat aber leider nichts mit Wollfest zu tun, es läuft leider wieder einmal auf einen Teppichkauf hinaus.

Rundgang durch die Souks

Die Runde durch die Innenstadt **beginnt am Place Sidi Brahim,** über den Place Mohamed Ali geht es gegenüber der Polizeistelle zum Place 7 Novembre 1967. Hier betritt man unter einem Schild mit der Aufschrift „Marché Central" den **Gewürzmarkt.** Auf der linken Seite und geradeaus haben die Gewürzhändler ihre Ware kunstfer-

Händler in den Souks

tig aufgeschichtet, rechter Hand preisen einige Fleischer ihre Ware an. An dem Gebäude mit der Beschriftung „Maison des Poissons" ist der Durchgang zum **Gemüsemarkt.** Hier steht rechts die kleine Verkaufsbude von *Anane Turki,* der erstklassige Duftöle und Duftwässer destilliert und mischt.

Dort geht es rechts in die **Markthalle** hinein, schöner ist aber ein Umweg, der am Duftladen links vorbei durch Stände mit Flechtwaren und Keramik, Schmuckläden und Andenkenbuden zum hinteren Durchgang zur Markthalle führt. Hier befindet sich auch ein öffentliches WC. In der Markthalle preisen die Händler frisches Obst und Gemüse aus der Region an. Besonders in der sommerlichen Melonenzeit ist der Duft in dieser Halle betörend. Durch die Markthalle hindurch erreicht man das Restaurant du Marché und geht rechts hinauf zur Fischhalle.

Morgendliche Besucher dürfen sich die Fischversteigerung nicht entgehen lassen, die in der **Fischhalle** täglich stattfindet. Fangfrische Fische, zu Dutzenden an Schnüren aufgehängt, werden von den drei Marktschreiern an den Höchstbietenden verkauft. Um Verpackung muss sich der Ersteigerer selbst kümmern. Entweder hat er vorgesorgt, oder er geht zu einem der Versehrten und Alten, die am Eingang kauern und Plastiktüten oder Papierfetzen für ein paar Millimes verkaufen. Menschen mit empfindlichem Magen dürften sich da so ihre Gedanken machen, denn das Papier kann auch schon einmal von einem alten Zementsack stammen. Doch auch das trägt zu der unvergesslichen Atmosphäre in der Halle bei, wo alles durcheinander geht und die Geschäfte rasend schnell abgewickelt werden.

Neben der Fischhalle führt eine ruhige Gasse vorbei am Restaurant Arrachid zum Place Farhat

Schnappschuss in der Fischhalle

Hached. Hier wirft man kurz einen Blick auf den **Place Mokhtar Ben Attia** mit seiner idyllischen Kombination aus Gastronomie und Kunsthandwerksläden. Weiter geht es aber geradeaus neben der Nummer 29, hinein in den **Souk Couverte.** Dieser überdachte Teil der Souks lässt orientalische Gefühle aufkommen. Rechts und links der engen Gasse drängen sich die Verkaufsstände dicht an dicht. Überall wird gefeilscht und diskutiert, in allen Sprachen schallen dem Besucher Begrüßungen wie „Salut! Ça va?“ und „Hallo! Wie geht's?“ entgegen.

Im Souk Couverte über die Gangkreuzung hinweg erreicht man geradeaus die **Rue de Bizerte** (rechts abbiegen); diese kann man für einen kurzen Umweg sofort an der nächsten Einmündung links wieder durch die **Rue Antique** verlassen. An deren Ende rechts gelangt man zum Eingangstor des **Foundouk Bouchaddakh** mit der Galerie Fatma und dem Atelier de Nattes (s.o.). Davor führt die Straße rechts vorbei am Hotel Sables d'Or wieder zurück zur Rue de Bizerte. Hier links und

dje_009 Foto: ir

sofort wieder rechts liegt die **Rue Mohamed Ferjani,** an deren Ende auf dem **Place Hedi Chaker** sich erneut ein lebendiges Altstadtbild bietet. Hier endet auch der zweite Gang des Souk Couverte.

Nun sind es nur noch wenige Schritte zurück zum Place Sidi Brahim. Ein Besuch des 350 Jahre alten **Hammams Sidi Brahim** sorgt für die nötige Entspannung nach einem solchen Rundgang. Aber auf die Öffnungszeiten achten: morgens nur für Männer, nachmittags nur für Frauen (s.u.)!

Praktische Tipps

Infos

- **Commissariat Regional du Tourisme,** Rue Ulysses (das ist die Uferstraße Richtung Hotelzone, daher oft auch als „Route Touristique" bezeichnet), Tel. 650 544, Fax 650 581, geöffnet Mo. bis Sa. 8.30–13 Uhr, Mo. bis Do. 15–17.45 Uhr. Die Leiterin stellt auf konkrete Nachfrage Broschüren und detaillierte Listen aller Hotels, Restaurants und Thalasso-Zentren zur Verfügung. Auf dem Gelände befindet sich auch die Hotelfachschule; leider dürfen Außenstehende nicht in dem perfekt von den Schülern geführten Lehrrestaurant speisen.
- **Syndicat d'Initiative,** Place des Martyrs, Tel. 605 915, theoretisch (!) Mo. bis Do. 9–13 und 15–18 Uhr, Fr. und Sa. 9–13 Uhr, praktisch nur noch selten und unregelmäßig geöffnet.

Hotels

- **Arischa**€€, Rue Mustapha Ghazi, Tel. 650 384, Fax 653 945, hotel.arischa@gnet.tn, gegenüber der katholischen Kirche. Frühere Karawanserei mit 22 Zimmern, 2006 umgebautes Innenstadthotel mit Pool und liebevoll eingerichteten Zimmern. Das Wasserbecken im Innenhof wird aus einer Thermalquelle gespeist.
- **Ben Abbès**€, 158, Avenue Habib Bourguiba, Tel. 650 423. Kleines Aparthotel etwas südlich des Busbahnhofs. Einfach, aber sauber. Die Zimmer haben Bad oder Dusche sowie eine kleine Kochecke.
- **Dar Faiza**€€, 6, Rue de la Republique, Tel. 650 083, Fax 651 763, www.darfaizadarsalem.com, hotel.darfaiza@gnet.tn. Gegenüber vom Bordj el Kebir in einer Seitenstraße, man fühlt sich wie zu Gast bei Privatleuten, hübscher Garten mit Pool, Tennisplatz und Tischtennisplatte, Zimmer mit Bad oder Dusche, Heizung und Telefon.
- **Des Sables d'Or**€, 30, Rue Mohamed Ferjani, Tel. 650 423. Sehr sauberes Foundouk-Hotel im Souk, leider ohne

Frühstück. Zimmer mit Ventilator, Dusche und Waschbecken.

●**El Machrek**€, Avenue Habib Bourguiba, Tel. 653 155, 653 156, Fax 653 157, hotel.elmachrek@planet.tn. Modernes, schlichtes Hotel neben dem Busbahnhof.

●**Erriadh**€€, 10, Rue Mohamed El Ferjani, Tel. 650 756, Fax 650 487. Eines der Highlights unter den Innenstadthotels! Der Innenhof duftet herrlich nach den Jasminsträuchern und Blumen, die zur Dämmerung auch einige kleine Vögel anlocken. Die 29 Zimmer in diesem ehemaligen Foundouk sind klein, schlicht und traditionell eingerichtet. Die Betten haben einen Kachelsockel, anstelle von Schränken stehen Regale mit bunten Vorhängen zur Verfügung. Alle Zimmer mit eigenem Bad, Telefon und Ventilator, einige zusätzlich mit Klimaanlage.

●**Essalem**€, Rue Remada, Tel./Fax 651 029. Sauberes Einfachhotel in ruhiger Innenstadtlage mit Terrasse, Fernsehraum und herzlichem Empfang. Die Zimmer sind nicht auf dem neuesten Stand, dafür ist die Atmosphäre einzigartig. Das Frühstück kostet extra (1,5 TD).

●**Hadji**€€, 44, Avenue Mohamed Badra, Tel. 650 630, 650 421, Fax 621 409, hotel.hadjires@gnet.tn. Unter den Zweisternehotels im Zentrum die beste Wahl. Die 55 Zimmer sind klimatisiert und haben Duschbad, Telefon und TV. Die ruhrigen Inhaber bieten Flughafentransfer, Shuttleservice zum Strand und maßgeschneiderte Ausflüge an.

●**Jerba**€€, Boulevard 7 Novembre (N 116), Tel. 655 196, 655 177, Fax 655 178. Verkehrsgünstig gelegenes Stadthotel am südlichen Ortseingang, die Zimmer haben Bad und Klimaanlage.

●**Les Palmes d'Or**€€, 84, Avenue Abdel Hamid el Kadhi, Tel. 653 369, 653 370, Fax 653 368, hotelerie.tun@planet.tn. Sauberes, fast schon ein wenig steril wirkendes Hotel zwischen Museum und Moscheen, klimatisierte Zimmer mit Badewanne oder Dusche und Satellitenfernsehen.

●**Lotos**€€, 18, Rue de la Republique, am Hafen, Tel. 650 026, Fax 651 127, Mobil 98/447 841, hoteldulotos@topnet.tn, www.lotoshotel.com. Schon 1847 gebaut, dient dieses Hotel seither vielen Reisenden als Quartier in Stadtnähe mit Meerblick. Im Zimmer des Hotelchefs lassen sich Fotos aus der Kolonialzeit bewundern. Das familiär geführte Haus hat einen Garten mit Pool und eine große Dachterrasse für laue Sommerabende. Die Zimmer sind mit WC und Bad oder Dusche ausgestattet.

●**Marhala**€, direkt neben der Jugendherberge, Tel. 650 146, Fax 653 317, 50% Rabatt für Kinder unter 12 Jahren. Sauberes, preiswertes Stadthotel in ehemaligem Foundouk mit 50 Zimmern rund um einen idyllischen Innenhof.

●**Sindbad**€, Place Mongi Bali, Tel. 650 047, Fax 652 602. Preiswertes Foundouk-Hotel mit einfachen und engen, aber sauberen Zimmern.

dje_010 Foto: ir

Atelier des Nattes – eine gute Adresse für Flechtarbeiten

Jugendherberge

●**Auberge de Jeunesse,** 11, Rue Moncef Bey, Tel./Fax 650 619. In diesem alten Foundouk warten 100 Betten in 2-, 4- und 5-Bett-Zimmern auf Schlafgäste. Diese Jugendherberge kann es gut mit einigen Hotels der unteren Preisklasse aufnehmen! Etagendusche, die Gruppenleiterzimmer haben jeweils eigene Duschen. Selbstverpflegerküche für Einzelwanderer, gemütliches Lesezimmer. Sehr sauber und gepflegt, im Juli und August hat man nur mit Reservierung eine Chance. Gruppen können auch Halb- und Vollpension buchen. Preise: Übernachtung/Frühstück 6 TD, Halbpension 9,5 TD, Vollpension 13 TD.

Restaurants

●**Amine**€€€, 2 Gabeln, Rue Habib Thameur, Tel. 653 717. Tunesische Küche mit Schwerpunkt auf Fisch.
●**Arrachid**€€, Souks, Tel. 650 378. Sehr sauberes Restaurant mitten in der Medina und dennoch ruhig gelegen, mit schöner Dachterrasse und guter Küche.

●**Caprice**€€, Place Farhat Hached, Tel. 654 647. Moderne Pizzeria und Patisserie mit großer Auswahl an Pizzas und Burgern. Auch die Lasagne ist köstlich. Und nachmittags sind die Backwaren aus der Kühltheke unwiderstehlich, besonders die kleinen Nussecken und die etwas größeren Schoko-Bananentörtchen.

●**Chez Hanini Restaurant Tunisien**€, Zentralmarkt. Faire Preise, guter Fisch, perfekte Briks.

●**Cose Cosi**€€, Rue Moncef Bey, schräg gegenüber der Jugendherberge, Mobil 98/212 269. Italienische Spezialitäten, zubereitet von einer sympathischen tunesischen Köchin: Spaghetti, Lasagne, Pizza, Meeresfrüchte und Milchshakes.

●**Dar Ejjerbi**€€, Place Moktar Attia, Mobil 22/201 402. Sehr gute djerbische Küche zeichnet das „Djerbische Haus" aus (*Dar* heißt Haus, *Ejjerbi* bedeutet djerbisch). Ein besonderer Genuss sind die Fischgerichte mit dem typischen djerbischen Reis.

●**De l'Ile**€€, 2 Gabeln, Tel./Fax 650 651. Tunesische Hausmannskost und fangfrischer Fisch. Das dreigängige Touristenmenü für 9 TD ist kein Lockvogelangebot, sondern bietet schmackhafte tunesische Küche für wenig Geld. Mit Alkoholausschank.

●**Du Marché**€€, Zentralmarkt, Mobil 98/423 324, restaurant.dumarche@topnet.tn. Die Meeresbewohner können bei der morgendlichen Fischversteigerung schon den Grill sehen, auf dem sie mittags brutzeln werden. Das Restaurant liegt keine 50 Meter von der Fischhalle entfernt und zieht mit seiner guten Küche viele Freunde von Fisch und Meeresfrüchten an. Schöne Außengastronomie. Die Plätze innen sind nicht so beliebt: Hier ist das Markttreiben zu weit weg, und der Rauch vom Grill nimmt die Luft zum Atmen. Wer das Restaurant sucht, fragt nach „Chez Mounir".

●**El Foundouk**€€, 135, Rue Grand Maghreb Arab, Tel./Fax 650 753, in Busbahnhofsnähe, etwas zurückversetzt hinter der Avenue Habib Bourguiba. Preiswerte libanesische Küche im schattigen Hof einer ehemaligen Karawanserei.

●**El Hana**€€€, am Eingang zum Zentralmarkt, 2 Gabeln, Tel. 655 555. Die typisch tunesischen Gerichte Couscous und Ojja schmecken hier besonders gut. Aber auch eine kurze Verschnaufpause für ein Glas Tee ist hier mit Blick auf den Gewürzmarkt eine echte Erholung. Mit Alkoholausschank.

●**Haroun**€€€, Hafenzufahrt, 2 Gabeln, Tel. 650 488, Fax 652 695, www.jerbatours.com, djerba.tours@planet.tn. Das älteste Restaurant in Houmt Souk hat schon bessere Zeiten und fairere Preise gesehen, gilt unter Deutschen aber immer noch als das beste Restaurant der Insel, besonders wegen der Fischspezialitäten. Im Juli und August ist das eigentliche Restaurant geschlossen, dann wird auf den beiden „Piratenschiffen" getafelt, die unmittelbar vor dem

Restaurant festgemacht zu haben scheinen, sich bei genauerer Betrachtung aber schnell als Betonkonstruktion entpuppen.

- **La Fontaine**€€, Avenue 2 Mars, an der Türkenmoschee, Mobil 98/254 205. Unkonventionell angelegtes Restaurant mit marokkanischen Spezialitäten und Pizza. Hier sieht man stets die jungen einheimischen Pärchen in vertrauter Zweisamkeit in einer der vielen Nischen sitzen. Touristen lieben das Eis und die frischen Fruchtsäfte.
- **Le Bèrbere**€, Avenue Habib Bourguiba. Imbiss an der Louage-Station, an dem Einheimische wie Touristen für ihre Tabounas Schlange stehen. Tipp: Tabouna mit Fleisch, das ähnlich wie Döner auf einem rotierenden Spieß gegrillt wird.
- **Les Palmiers**€€, 41, Rue Mohames Ferjani, Tel. 651 531, Mobil 21/067 106. Sauber, elegant eingerichtet, Ventilator. Tunesische Spezialitäten: Brik, Suppen, Grillgerichte und sieben Sorten Couscous; besonders gut ist Couscous Royal, eine Mischung aller Couscous-Spezialitäten.
- **Oscar**€€€, 148, Avenue Habib Bourguiba, 3 Gabeln, Tel. 623 333, Fax 653 157. Das Edelrestaurant der Stadt, entsprechend sind Qualität und Preise.
- **Sportif**€, 147, Avenue Habib Bourguiba. Einfachrestaurant am Louagenplatz, in dem kaum Touristen zu finden sind. Couscous & Co. sind schmackhaft, reichlich und zu kleinen Preisen zu haben.

Cafés

- **Ben Damach „Le Roi du jus“,** Place Mokhar Ben Attia. Schmackhafter *Thé à la Menthe* mit Pinienkernen, frisch gepresster Orangensaft. Der Chef *Mounir* behauptet, das Café sei das älteste im Ort. Es ist rund um die Uhr geöffnet, hier gibt es nachts die ersten frischen Croissants der Stadt.
- **Ben Yedder,** Place Farhat Hached. Nicht nur für viele Einheimische der beste Kaffee der Stadt. Manch ein Gast geht von diesem Café schnurstracks zum Laden der Ben-Yedder-Rösterei in der Avenue Habib Bourguiba (s.u.).
- **Café de l'Envionnement,** Route de Lamarsa, Ecke Avenue Habib Bourguiba, kurz vor Bordj und Hafen. Idylle pur trotz der Straßenkreuzung, man sitzt im Grünen, weil hier hohe Palmen wachsen und nebenan eine Gärtnerei ist.
- **Café du Golfe,** Fischereihafen. Schon ab 5 Uhr treffen sich hier die Fischer und Fischgroßhändler auf ein Glas Tee oder Kaffee und einen Schwatz, ab Mittag kommen Touristen hinzu.
- **Café Maure,** Marina. Gemütlich eingerichtetes Café auf zwei Etagen im maurischen Stil. Hier treffen sich junge tu-

Im Hammam Sidi Brahim, dem ältesten der Stadt

nesische Pärchen in den schön romantischen dunklen Sitzecken. Kein Alkoholausschank, aber alkoholfreies Bier.

- **Hadji,** Place Farhat Hached. Dieses Café ist schon von weitem ein Blickfang: Eine riesige aufgeklappte Orange deutet an, dass es hier frisch gepressten Orangensaft gibt. Kommt man näher, wundert man sich zunächst über den Orangenbaum, bis man erkennt, dass die Früchte einzeln mit Bändchen in den Baum gehängt wurden. Der nette Inhaber *Hich* tauscht sie etwa alle zwei Wochen gegen frische Früchte aus. Dieser Werbegag soll nicht davon abhalten, unter den Schatten spendenden Bäumen Platz zu nehmen und einen der köstlichen Säfte zu schlürfen. Spezialität ist ein erfrischender Cocktail aus frisch gepresstem Erdbeer-, Orangen- und Zitronensaft.
- **Mazim el Marsa,** Marina. Hübsch eingerichtetes Café mit freundlicher Bedienung und Blick auf das Fort; hinsichtlich der Musikauswahl hat man sich eindeutig auf Publikum unter 20 Jahren festgelegt.
- **Saara,** Place Hedi Chaker. Schattiges Plätzchen im Souk, der Service ist so freundlich und schnell, wie die frisch gepressten Säfte aus Orangen und Zitronen köstlich sind.

Sport und Aktivitäten

- **Radfahren: Rais,** 155, Avenue Abdel Hamid El Kadhi, Tel. 650 303. Die hier angebotenen Mietfahrräder, Mopeds und Quads werden in der Hochsaison schnell knapp und haben nicht den technischen Standard der Anbieter in den Hotelzonen.
- **Kitesurfing: Globalkite S.U.A.R.L.,** Promenade am Sidi Smail Beach, Tel. 655 812, Mobil (franz.) 22/792515, Mobil (engl. und deutsch) 97/270931, www.globalkite.com, info

dje_011 Foto: ir

@globalkite.com. Im Flachwasserbereich zwischen Houmt Souk, der Hotelzone und der Flamingo-Insel tummeln sich zu allen Jahreszeiten die Kitesurfer. Das Moka Beach Kite Surf Center ist der KSA international (Kitesurfing & Snowkite Association) angeschlossen und hält Soft-Kites von Fly Surfer vor. Buchungen sind problemlos über die Homepage zu erledigen. Ein dreistündiger Schnupperkurs kostet 100 Euro, Gruppenkurse für Anfänger und Fortgeschrittene 260 Euro (mit Gerät) bzw. 190 Euro (ohne Gerät), Einzelunterricht 45 Euro/35 Euro pro Stunde. Kurse sind in Arabisch, Französisch, Englisch und Deutsch möglich. Drachen (51 Euro) und Board (26 Euro) können auch als Paket (70 Euro) gemietet werden.

Einkaufen

Die Läden im Zentralmarkt *(Marché Central)* sind durchnummeriert. Meist steht die Box-Nummer gut erkennbar an der Wand.

- **Antiquitäten: Art et Tradition chez Michèle,** Rue des Antiquaires, und **Ben Ghorbal Sandok,** 14, Rue Bizerte.
- **Aquarelle: Béchir Kouniali,** Place Farhat Hached, und **Galerie d'Art,** Rue Ghazi Mustapha.
- **Bekleidung: Aries,** Rue 9 Avril; **Paris,** Rue Sakiet Sidi Youssef, hinter dem Place de l'Horloge.
- **Bücher: Librairie Sabeur,** Avenue Habib Bourguiba, neben der Post.

dje_012 Foto: ir

- **Duftwässer: Anane Turki,** Mobil 95/438 661, Zentralmarkt, kleiner weiß-blauer Kiosk am Durchgang vom Gewürz- zum Gemüsemarkt. Nur vormittags bis etwa 13 Uhr geöffnet. Herr *Turki* kreiert bezaubernde Duftwässer aus Destillaten von Vanille, Mimose, Opium, Zitrone, Orange, Rose, Eukalyptus, Amber, Nelke, Jasmin, Minze, Lavendel und Wildrose, besonders das Rosenwasser und Orangenwasser sind sehr beliebt. Rosenwasser wird beim Backen verwendet, ein Spritzer Orangenwasser verfeinert den arabischen Mokka. Außerdem stehen reine ätherische Öle von Rose, Orange und Wildrose zum Kauf.
- **Flechtarbeiten: Atelier des Nattes,** im Foundouk Bouchaddakh, Rue Mohammed Ferjani. Hüte, Matten, Taschen und Körbe aus Palmblättern. Auf Wunsch zeigt der Inhaber, wie man Matten webt.
- **Galerie: T'arguy création, Radhouan Rais,** Place Moktar Ben Attia. Werke des französischen Künstlers *Guy Michel Gebleux.*
- **Gewürze: Mouhamed Ben Romdhane,** Zentralmarkt, Box 41. Dieser Junge berät so freundlich wie unaufdringlich bei all seinen Kräutern und Gewürzen. Die Mama mischt zu Hause die gemahlenen Pfefferschoten nach einem alten Familienrezept mit Öl, Knoblauch, Kräutern und viel Liebe zu einem delikaten Harissa und füllt dies in die Schraubverschlussdosen, die *Mouhamed* dann im Souk verkauft.
- **Handwerkskunst: SOCOPA, Office de l'Artisanat,** Avenue Habib Bourguiba, Tel. 650 040. Staatlich geprüfte und ausgepreiste Waren sind in der SOCOPA-Verkaufsstelle zu finden. Bei Preis und Qualität kann der Kunde ganz entspannt sein und sich ungestört bei Keramik, Lederwaren, Holzgefäßen, Teppichen, Kelims und anderem Kunsthandwerk umschauen.
- **Kaffee:** Den besten Kaffee der Insel bietet **Cafés Ben Yedder,** 161, Avenue Habib Bourguiba, an. Besonders Überwinterer, Camper und andere Individualisten decken sich hier reichlich mit Bohnen und frisch gemahlenem Filterkaffee ein, wenn der übliche Instantkaffee nicht mehr schmeckt. Geöffnet täglich außer So. 8–12.30 und 14.30–18 Uhr.
- **Kramladen: Arouay M'hamed,** 34, Rue Mohamed Ferjani, Tel. 650 596, Mobil 98/203 869. Alles, was der Angler, Taucher und Segler braucht: Köder, Haken, Blinker, Angeln, Tampen, Flossen, Rettungsringe, Rettungswesten, Schnorchel, Karabiner, UW-Lampen, GPS-Empfänger, Kompasse, Anker.

Weberin in der Teppichknüpferei (Maison de l'Artisanat)

- **Kunstdrucke: Atmart,** 177, Avenue Abdel Hamid El Kadhi.
- **Kunstgewerbe: Artisanat Aroua,** 99, Avenue Habib Bourguiba.
- **Pflanzen: Paradis des Fleurs,** Rue 20 Mars, neben dem Vergnügungspark Bah-Bah (s.u.).
- **Schönheitsprodukte: Ben Othman,** Avenue Abdel Hamid el Kadhi, gegenüber der Polizeistation. Der „Tee der Tochter des Sultans" ist beliebt bei jungen Tunesierinnen, Geheimtipp unter Touristinnen und wird sogar von Ärzten empfohlen: Er soll bei leichtem Übergewicht schnellen und nachhaltigen Erfolg bringen.
- **Souvenirs: Boutique Jerba Nova,** neben dem Taxistand am Place Sidi Brahim.
- **Schmuck: Bijouterie La Ghriba,** Zentralmarkt, Box 20, betrieben von zwei Freunden, einem jüdischen Goldschmied und einem muslimischen Juwelier; sie bieten neben dem üblichen Gold- und Silberschmuck auch Schmuckstücke der Berber und Touareg an. **Bijouterie d'Orient Hadji,** Place Moktar Ben Attia, Goldschmiedewerkstatt, in der Zuschauer bei der Arbeit willkommen sind.
- **Supermarkt: Bonprix,** Avenue Boumessour; **Grand Magasin,** Rue Tahar Battikh/Avenue Abdel Hamid El Kadhi; **Super,** Avenue Habib Bourguiba/Avenue Mohamed Badra; **Promogros,** Ortsausgang an der Straße nach Midoun.
- **Teppiche: La Maison de l'Artisanat,** Teppichknüpferei, 30, Rue Mustapha Ghazi, gegenüber der katholischen Kirche, Tel./Fax 623 889, große Auswahl an Teppichen, Kelims und Decken. Die Ware wird in Heimarbeit geknüpft und gewoben, täglich sitzt aber eine Mitarbeiterin am Webstuhl in der Verkaufsausstellung und zeigt die einzelnen Fertigungsschritte.
- **Wasserpfeifen: Walid,** Mobil 97/382 319, walidchicha@yahoo.fr, und **Denguir,** Tel. 620 448, beide Rue d'Eglise, gegenüber Seiteneingang zur Kirche.
- **Webarbeiten: Au Fil d'Or,** 8, Rue Ghazi Mustapha; **Fethi Melitti,** 12, Place Aouled Hafoz.
- **Markttage:** Montag und Donnerstag.

Transport

- **Busbahnhof: Gare Routière,** Avenue Habib Bourguiba nahe der Rue Sidi Bou Okazine. Die **Buslinien** 10 und 11 fahren stündlich im Ringverkehr die Strecke Houmt Souk – Midoun – El Kantara – Guellala – El May – La Ghriba – Houmt Souk. Die Linie 13 fährt nach Midoun, Linie 14 über El May und Erriadh nach Guellala, Linie 15 bedient den Flughafen. Hier starten auch die **Fernbusse** nach Gabès (6,1 TD, 3 Std.), Kairouan (13,7 TD, 6 Std.), Matmata (6,5 TD, 3 Std.), Medenine (3,2 TD, 1½ Std. über Ajim, 2½ Std. über Zarzis), Sfax (11 TD, 5 Std.), Sousse (16,3 TD, 7 Std.), Tataouine (5,1 TD, 2½ Std.) und Tunis (23 TD, 8 Std.). Zarzis-Urlauber aufgepasst: Der letzte Bus nach Zarzis fährt schon um 17 Uhr!

●Busgesellschaft: Societé Regionale de Transport Medenine, Avenue Habib Bourguiba, Tel./Fax 650 508.
●Fluggesellschaften: Tunis Air, Avenue Habib Bourguiba, Tel. 650 159; **TunInter,** am Flughafen, Tel. 650 233.
●Flughafen: Mellita Airport, Tel. 650 233 (zu Details siehe im Kapitel „An-, Ein- und Rückreise").
●Hafenmeister: Fischereihafen, Tel. 650 135.
●Louages (Sammeltaxis): Vor dem Busbahnhof und auf der Avenue Habib Bourguiba auf Höhe des Büros von Tunis Air. Preisbeispiele: Gabès 5,4 TD, Medenine 4,4 TD, Tataouine 6,5 TD.
●Taxis: Place Sidi Brahim und Avenue Habib Bourguiba auf Höhe der Post. Preisbeispiel: Houmt Souk – Leuchtturm 7–8 TD. Soll die Fahrt länger werden und Zwischenstopps haben, ist es meist günstiger, einen Stundenpreis zu vereinbaren. Das ist je nach Saison ab etwa 10 TD möglich. Einige Fahrer haben außerdem eine fünfstündige Inselrundfahrt in petto, die sie für 40 TD anbieten. Ein besonders sympathischer Ansprechpartner und Reisebegleiter ist *Ritha* im Taxi 78, Mobil 97/105 386. Er traut sich im Sommer auch auf die Piste an der Westküste und vermittelt an Kollegen, die englisch, italienisch oder deutsch sprechen.
●Tuc-Tuc: Ein **Touristenbähnchen** pendelt auf der Inselringstraße mehrmals täglich zwischen dem Busbahnhof und der Hotelzone Sidi Mahrès.

Rund ums Auto

●Mietwagen: Avis, 51, Avenue Mohamed Badra, Tel. 650 151; **Ben Jemaa,** 38, Avenue Mohamed Badra, Tel. 650 340; **Budget,** 197, Avenue Abdel Hamid el Kadhi, Tel. 653 444; **Europcar,** 161, Avenue Abdel Hamid el Kadhi, Tel. 657 191; **Hertz,** Avenue Habib Thameur, Tel. 650 196; **Sixt,** 167, Avenue Abdel Hamid el Kadhi, Tel. 650 244.
●Parken: An der Hafeneinfahrt und am Bordj el Kastil kostenfrei. Am Place Mohammed Ali und in der Rue 20 Mars zahlt man für den halben Tag 400 Millimes, für den ganzen Tag 600 Millimes.
●Tanken: Etwa ein Dutzend Tankstellen befinden sich im Stadtgebiet und an den Ausfallstraßen.

Ausflüge

●Glasbodenboot: Auf einer Fahrt zur Flamingo-Insel kann man viele Fische beobachten, an manchen Tagen begleiten neugierige Delfine das Boot. Je nach Saison ab 25 TD, Buchung nur persönlich im Hafen.
●Piratenschiff: Was die Reiseveranstalter und Hotels für 45 TD anbieten, kann man beim alten *Sassi* telefonisch unter 22/823 203, online unter www.lasirene.biz oder unmittelbar im Hafen schon für 25 TD buchen: Abholung mit dem Taxi im Hotel um 8.30 Uhr, Start mit dem Piratenschiff um 9 Uhr. Auf dem Schiff werden Kinder nach Piratenart geschminkt, es besteht die Gelegenheit, Delfine (im Winter auch Flamingos) zu beobachten, ein Fischernetz zu repa-

rieren, ein Bad im Meer zu nehmen, der Mannschaft bei der Arbeit zu helfen und ihren Späßen zuzuschauen. In der Kombüse werden Brik, Salat und Couscous vorbereitet, auf der Flamingo-Insel brutzelt im Schatten einer Hütte Fisch auf den Grills. Nach dem Essen werden die Gäste mit Folklore und Bauchtanz unterhalten, bevor es wieder zurück zum Hafen geht.

Wellness

- **Hammam Sidi Brahim,** Place Sidi Brahim, 5–12 Uhr für Männer, 13–18 Uhr für Frauen, 1,5 TD Hammam, 1,5 TD Gommage, 6 TD Massage. Das Hammam Sidi Brahim ist mit knapp 350 Jahren das älteste und außerdem das beliebteste Hammam der Stadt, es liegt verkehrsgünstig unmittelbar am großen Taxistand.
- **Hammam Ben Marzouk,** 117, Avenue Abdel Hamid el Kadhi, täglich außer Di. 6–12 Uhr für Männer, 13–19 Uhr für Frauen. Der sehr nette Inhaber hat für die Frauen sogar extra einen Warteraum eingerichtet, damit sie nicht auf der Straße stehen müssen, bis ihre Bademeisterin eintrifft. Hammam 2 TD, Hammam und kleine Massage für Männer 3,5 TD, bei den Frauen sind Massage, Epilation und Gommage möglich.
- **Bain Turk Ziadi,** 93, Avenue Habib Bourguiba, täglich außer Fr. 6–12 Uhr für Männer, 13–18 Uhr für Frauen, Hammam 1,5 TD, Ruheraum 1,5–2 TD, Gommage 1,5 TD, Massage 10 TD. Der Preis der Epilation von 40 TD bezieht sich auf die Enthaarung des gesamten Körpers, wie z.B. für Bräute am Tag vor der Hochzeit üblich. Das Epilieren einzelner Körperteile ist entsprechend preiswerter.

Feste und Events

- **Festival d'Ulysses:** Im Juli und August wird die Ankunft von *Odysseus* und seinen Mannen auf der Insel der Lotophagen mit Musik, Tanz und Folklore gefeiert. Das Fest findet auf der Freilichtbühne neben dem Schädel-Obelisk und auf der Strandpromenade statt, wo namhafte Künstler aus Tunesien und den anderen Maghreb-Staaten auftreten.
- **Filmfestival:** Im August mit nationalen und internationalen Produktionen.
- **Surf Djerba:** Windsurfing-Regatta von Houmt Souk nach Ajim Anfang September.

Internet

- **Cyber Espace Djerba,** 135, Rue Grand Maghreb Arab, Tel./Fax 650 753, Mobil 98/424 830, djerba.ce@planet.tn, info@djerbanet.net. Liegt sehr versteckt: Auf der Avenue Habib Bourguiba, gegenüber der Tunis Air, neben der Banque de Tunisie geht es im Innenhof des Restaurants Foundouk links die Treppe hoch. Breites Angebot rund um den Rechner: Internetzugang, CD-Brennen, Anfängerkurse in Word, Excel, Photoshop & Co. Täglich 9–22.30 Uhr, erste 20 Min. 600 Millimes, jede weitere Minute 25 Millimes, 1 Std. 1,5 TD.

- **Cyber Pl@net,** Rue Sidi Abbès (das Sträßchen an der Shell-Tankstelle). Geöffnet 8–22 Uhr, eine halbe Stunde kostet 750 Millimes.
- **Publinet au Lycée,** Avenue Habib Bourguiba, südlich des Busbahnhofs und gegenüber des Lycée Techniquel, Tel./Fax 655 012. Täglich 8–24 Uhr, 1 Std. 1,5 TD.

Sonstiges

- **Arzt:** Die Ärzte in Houmt Souk sprechen alle arabisch und französisch. Der **Allgemeinmediziner Dr. Ben Sabah,** 164, Avenue Habib Bourguiba, Tel. 650 238, wird von Hotels und Überwinterern empfohlen und spricht einige Sätze in Englisch und Deutsch. Für die Nacht (20–8 Uhr) und den Sonntag gibt es einen **ärztlichen Notdienst:** 188, Avenue Habib Bourguiba, Tel. 620 550.
- **Banken:** In der Avenue Habib Bourguiba und an den angrenzende Plätze, alle mit Geldautomat.
- **Dialyse-Zentrum: Djerba Dialysis Center,** 99, Avenue du 7 Novembre, Tel. 650 269, Fax 652 686; ganzjährig geöffnet, Dialysezeiten täglich außer sonntags um 6, 10 und 14 Uhr.
- **Gottesdienste:** Nur katholische Messen, Sa. 18.30 Uhr (französisch), So. 9 Uhr (deutsch), So. 11 Uhr (Sprache der Mehrheit der Anwesenden).
- **Krankenhaus:** Avenue Habib Bourguiba, Tel. 650 018.
- **Nachtapotheke:** 166, Avenue Habib Bourguiba.
- **Privatkliniken: Echifa,** Avenue Abdel Hamid el Kadhi, in Museumsnähe, Tel. 650 441; **Polyclinique el Yasmine,** Avenue Mohammed Badra, Tel. 652 054.
- **Polizeistation:** Avenue Abdel Hamid el Kadhi, am Place 7 Novembre, Tel. 650 015.
- **Post:** Avenue Habib Bourguiba, am Place Mongi Bali, im Juli und August mit speziellem Schalter für Touristen und verlängerten Öffnungszeiten.
- **Zeitungen/Zeitschriften:** 127, Avenue Habib Bourguiba, beim Postamt. Zeitungen, Zeitschriften, Rätselhefte, Illustrierte, Groschenromane und Paperbacks in französischer, englischer, italienischer und deutscher Sprache. Angebot und Nachfrage decken sich, d.h. die informationsorientierte Presse kommt etwas zu kurz zwischen Unterhaltung und Klatsch, von den deutschen Tageszeitungen sind nur „FAZ" und „Die Zeit" erhältlich.
- **Complexe de Loisirs Bah-Bah, Vergnügungspark** hinter der Fremdenmoschee mit Café, Pizzeria, Karussell, Autoscooter, Minieisenbahn, Spielhalle. Geöffnet vom 16.09. bis 14.06. von 17–21 Uhr, an Feiertagen und in den Ferien 10–21 Uhr.
- **Kino,** Place d'Algerie gegenüber der Türkenmoschee. Filme in französischer Sprache, 1,5 TD pro Platz.

dje_013 Foto: dw

Der Osten

Plage Sidi Mahrès

Beliebteste Hotelzone

Feinsandige goldgelbe Strände kennzeichnen die beliebteste Hotelzone. Hier stehen **über 100 Hotels** in Dreierreihen, dazwischen die Villen der reichen Djerbi und Europäer. Das Meeresufer fällt ganz sanft ab, ideal für Kinder und Nichtschwimmer. Der bis zu 50 Meter breite Sandstrand liegt hinter einem kleinen Dünengürtel; Felsen und Schatten spendende Bäume sind eine Seltenheit.

Beginn des Tourismus

Sidi Mahrès ist die **älteste Hotelzone** der Insel, hier begann in den 1970er Jahren der Bauboom zur Entwicklung einer touristischen Infrastruktur. Nach der Eröffnung des Kasinos 1998 ist man bestrebt, weitere Einrichtungen in Laufweite zu den Hotels aufzubauen, sodass ein künstlicher Ort geschaffen wird.

Flamingo-Insel

Ras Remel

Zwischen Houmt Souk und dem westlichen Beginn der Hotelzone liegt die flache sandige **Halbinsel** Ras Remel, auch **Île de Flamingos** genannt. Hier halten sich in den Wintermonaten viele Flamingos auf, selbst im Sommer stehen einige Tiere außerhalb der Reichweite von Teleobjektiven und Booten im Flachwasser zwischen Hauptinsel und Ras Remel. Die Insel kann kitschig-romantisch mit dem Piratenschiff oder sportlich per pedes und mit dem Fahrrad erreicht werden. Da sie **Naturschutzgebiet** ist, sollte man davon absehen, den Spuren durch Sand und Watt im Auto oder mit anderen motorisierten Fahrzeugen zu folgen.

Bild auf den Seiten zuvor: Idyllische Szene in Lalla el Hedhria

Falkner am Strand von Sidi Mahrès

Praktische Tipps

Unterkunft

Die meisten der über 100 Hotels von Sidi Mahrès werden als Teil eines **Pauschalarrangements** gebucht, auf Individualreisende ist man kaum eingestellt. Die Preise für eine einzelne Übernachtung sind daher verhältnismäßig hoch: Fünfsternehotels mit allem Komfort liegen bei 150–200 TD für ein Zimmer mit Frühstück, passable Zweisternehotels verlangen immerhin noch 80–100 TD. An dieser Stelle hat nur eine kleine Auswahl der vielen Beherbergungsbetriebe Platz, auch der Großteil der nicht erwähnten Hotels ermöglicht einen erholsamen Urlaub an Djerbas Sonnenstrand. Eine wertvolle Hilfe für Pauschalreisende kann dabei das Portal **www.hotelbewertungen.de** sein, in dem Urlauber nach ihrer Rückkehr Hotel, Lage, Einrichtung, Service, Essen und Animation beschreiben und bewerten.

- **Dar Ali**€, Tel. 758 671, Fax 758 045, darali@hotmail.com. Kleine familiäre Pension, sauber und zweckmäßig.
- **Dar Jerba**€€-€€€, Tel. 745 191, Fax 745 746. Mit 2800 Betten das größte Hotel Afrikas; diese enorme Zahl fällt aber kaum auf, die Zimmer verteilen sich auf drei Bereiche mit zwei, drei und vier Sternen in einer weitläufigen Bungalowanlage. Die dörfliche Atmosphäre wird noch verstärkt durch alle Einrichtungen eines Dorfes. Friseur, Läden, sieben Restaurants, Cafés, Post und sogar eine Polizeistation sind vorhanden.
- **Dar Salem**€€, Tel. 757 667, Fax 757 677, www.darfaizadarsalem.com, hotel.darsalem@gnet.tn. Kleines familiäres Mittelklassehotel mit 22 Zimmern, Pool, Bar und Restaurant. Die Zimmer haben Bad, Telefon, Klimaanlage und Anschlüsse für Sat-TV.

dje_C14 Foto: dw

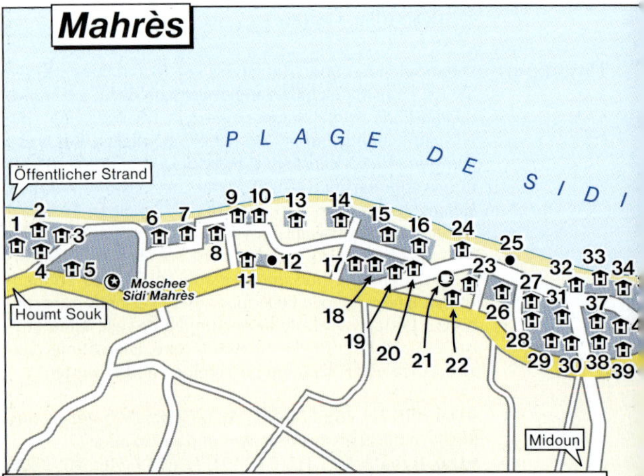

- 1 Club Robinson Athéné Palace
- 2 Ulysses Palace
- 3 Beau Séjour
- 4 Le Beau Rivage
- 5 Dar Ali
- 6 El Jazira Beach
- 7 Dar Salem
- 8 Jerba Holiday Beach
- 9 Strand
- 10 Club Télémaque
- 11 Sun Club
- 12 Kasino Pasino
- 13 Medina
- 14 Les Sirènes
- 15 Abou Nawas Jerba
- 16 Palm Beach
- 17 Best
- 18 Petit Palais
- 19 Salaheddine, Les Aisée
- 20 Jerba Haroun
- 21 Aisha Eiscafé
- 22 El Andalous
- 23 Toumena
- 24 Palm Beach
- 25 Sports Nautiques
- 26 Jerba Jasmina
- 27 Penelope Beach
- 28 La Perle
- 29 Abir
- 30 Marie Queen
- 31 4 Saisons
- 32 Dar Midoun
- 33 Jerba Beach
- 34 Hasdrubal
- 35 Club Robinson Jerba
- 36 Meninx
- 37 Ksar Jerba
- 38 Jebel Tarek
- 39 Selma Rosa
- 40 Niride
- 41 Cedriene
- 42 Palais des Îles
- 43 Park Hotel
- 44 Jerba Palace
- 45 Jerba Plaza
- 46 Maritim Hotel Yadis
- 47 Royal Garden Palace
- 48 Mehari Beach
- 49 Abou Nawas Golf
- 50 Dar Jerba
- 51 Dar el Manara
- 52 Said
- 53 Sidi Mansour
- 54 Club Méditerranée Jerba La Nomade
- 55 Club Bougainvilliers
- 56 Yaty Beach
- 57 Aldiana Jerba
- 58 Iliade Jerba
- 59 Helios

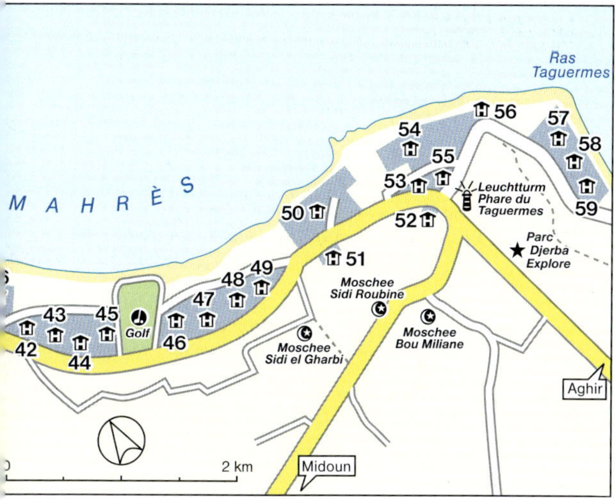

• **El Andalous**€€, Tel. 732 068, Fax 732 087, Bezauberndes Hotel mit 22 Zimmern und dem exquisiten Restaurant La Côte de Boeuf. Diese Unterkunft scheint unter Skandinaviern der Geheimtipp zu sein, am Pool wird Finnisch, Dänisch und Schwedisch gesprochen. Zimmer mit Klimaanlage, Minibar, Bad, Terrasse/Balkon und Sat-TV.

• **Le Beau Rivage**€€, Tel. 758 230, Fax 758 123. Kleine Pension am westlichen Strandende beim Hotel Ulysse Palace, knapp 100 m vom Strand entfernt.

• **Maritim Hotel Yadis Djerba**€€€, Tel. 747 235, Fax 747 223, www.yadis.com, thalassogolf@yadis.com. Kürzlich renoviertes Haus mit deutschsprachigem Hoteldirektor, Palmengarten, Thalasso-Anwendungen, Pool, maurischem Café, Pianobar, Bibliothek und Internet-Café.

• **Villa Azur**€€, Tel. 757 257, Fax 758 129, villa_azur@yahoo.fr. Kleines Familienhotel mit 16 Zimmern und persönlichem Service. Die Panoramabar l'Iris und das à-la-carte-Restaurant l'Ecrin gehören zum Hotel, die Zimmer sind mit Bad, Klimaanlage, Heizung, Terrasse/Balkon, Minibar und Sat-TV ausgestattet.

Essen und Trinken

• **Aisha,** Eiscafé mit guter Auswahl an erstklassigem italienischen Speiseeis – Erdbeer und Schoko sind die Verkaufsschlager.

• **Alyssa,** gegenüber vom Thermes des 4 Saisons. Sehr gutes italienisches Eis gibt es in der italienischen Gelateria. Ferner Restaurant, Pizzeria und Café.

- **Bierbrunnen,** im Hotel Jerba Haroun. Falls der Bierdurst übermächtig wird, schaffen vielleicht tunesisches Celtia und heimisches Löwenbräu Abhilfe – im Biergarten oder im Restaurant mit tunesischer Küche.
- **Dali Mezraya,** gegenüber dem Hotel El Jazira Beach. Das ideale Ziel für Heimwehkranke: Die Inhaberin *Rosi* bietet Kaffee & Kuchen aus ihrer deutschen Heimat an, aber auch gute tunesische Küche.
- **El Ferida,** 4 Gabeln, im Kasino. Vorzügliche Gourmetgerichte in stilvollem Ambiente.
- **La Côte de Boeuf,** neben Hotel El Andalous, Tel. 732 068. Ein Paradies für die fleischfressenden Pflanzen unter den Lesern: Spezialitäten vom Rind bis hin zum T-Bone-Steak zieren die Speisekarte. Eine Spezialität ist die *Gargoulette d'agneau,* bei der Kalbfleisch zusammen mit Kartoffeln und Gemüse in der *Gargoulette* (= Amphore) gegart wird.
- **La Famille Chez Labidi,** bei Club Robinson Jerba und Möwenpick-Resort. Sauberes und günstiges Restaurant mit köstlichem Couscous. An der Straße steht groß „Deutscher Filterkaffee" – und er schmeckt hervorragend: Frau *Labidi* ist Deutsche!

Sport und Aktivitäten

- **Bowling: Djerba Bowling,** Gabelung von der Inselringstraße und Hotelstraße, Tel. 746 806, Fax 746 807; **Restaurant Dar el Bey,** am Hotel Dar Jerba, Tel. 746 86, Fax 746 807; **El Taverna,** gegenüber vom Hotel Hasdrubal, Tel. 731 557, Fax 731 553.

cje_088 Foto: dw

- **Golf: Djerba Golf Club,** Zone Touristique, Tel. 745 055 Fax 745 051, www.djerbagolfclub. com, contact@djerbagolf.com. Gepflegte Golfanlage mit Meerblick und Palmenbewuchs. Das Gelände wurde vom britischen Architekten *Martin Hawtree* entwickelt und gestaltet. Sein Hauptplatz beginnt mit neun Loch im Bereich Les Palmiers mit Par 37, es folgen neun Loch im Bereich La Mer auf der gegenüberliegenden Straßenseite bis zum Meer mit Par 36. Beide zusammen ergeben den Meisterschaftskurs auf 6169 Metern mit Par 73 (4 x Par 3, 9 x Par 4, 2 x Par 5). Weitere neun Loch mit Par 36 im Bereich Les Acacais, ferner 6 Putting Greens, 40 Abschlag-Übungsplätze (Doppel Tee), Golfschule, Bar, Restaurant, Shop, Umkleiden und Abstellräume für die Caddies. Geöffnet: im Winter 7–17 Uhr, im Sommer 7–18 Uhr. Green Fees 18 Loch 70 TD (Abonnements für 4–7 Mal günstiger), 9 Loch 40 TD, Kinderermäßigung bis 15 Jahre 50%. Die Golfer können Buggys, Trolleys, Golf Bags, Einzelschläger, Taschen, Schränke und Bälle mieten. Eine Voranmeldung von Startzeiten ist insbesondere in der Hauptsaison unbedingt erforderlich.
- **Öffentlicher Strand:** Etwas einsamer als die Strände der Hotelzone ist der **„Strand der 5000 Jahre"** westlich zwischen Ras Remel und Hotelzone. Der städtische Strand verfügt über Duschen und Sonnenschirme, hier campen im Sommer die Tunesier und Libyer gerne, und es ist kein vernünftiger Grund zu finden, sich nicht hinzuzugesellen.
- **Segeln und Surfen: Deutsch-Tunesische Surf-, Segel-, Kitesurf- und Buggykiteschule,** Mobil (franz.) 98/302 417, 98/966 112 (deutsch), Fax 705 844, www.wassersport-tunesien.de, dauphin@wassersport-tunesien.de oder info@schwerfeld.de. Schule am Strand des Hotels Meninx und zwischen dem Hotel Mehari Beach und dem Hotel Royal Garden Palace mit jeweils 30 Surfbrettern für verschiedene Könnerstufen, mit Segelbooten, 6 bzw. 4 Katamaranen, Kayaks und Tretbooten, außerdem Vespa-Touren und Mountainbike-Verleih. Geöffnet 9–21 Uhr bzw. bis zum Einbruch der Dunkelheit. Probierkurs (3 Std.) 75 TD, Anfängerkurs (10 Std.) 375 TD, Fortgeschrittenenkurs (6 Std.) 240 TD, Katamaran 1 Std. 25 TD, 10 Std. 188 TD.
- **Strandsport: Sports Nautiques,** Strand zwischen Hotels Isis und Jerba Jasmina, Mobil 98/233 771. *Ali* bietet neben den üblichen Strandsporttouren auch eine Fahrt mit dem Flyfish an. Das ist ein Mittelding zwischen Schlauchboot und Luftmatratze, auf dem vier Personen hinter einem Motorboot hergezogen werden. Einige berichten von Rafting-Feeling.

Der Osten

Abheben mit dem Parachute – nur eine der vielen Sportmöglichkeiten am Plage Sidi Mahrès

dje_016 Foto: dw

•**Tauchzentren: Club La Sirène De Plongée Loisir,** Strand zwischen Hotels Isis und Jasmina, Tel./Fax 652 118, Mobil 98/423 718, www.sirene-plongee.com. Ausbildung nach CMAS, Anfängerkurs (CMAS*) 380 TD, Fortgeschrittenenkurs (CMAS**) 600 TD. Die Tauchlehrer sprechen arabisch, französisch, englisch und deutsch sowie ein paar Brocken Italienisch. Es sind auch Kurse für Körperbehinderte möglich. Geführte Tauchgänge werden ab 40 TD angeboten, z.B. in 5–10 Meter tiefe Grotten. Beim Wracktauchen für 60 TD werden Wracks in Tiefen von 20–38 Metern angesteuert, Nachttauchgänge kosten 80 TD.

•**Wassersport:** Einige Hotels vermieten Tretboote, Surfbretter (ab je 5 TD pro Stunde), Segelboote und Katamarane (ab 20 TD).

Nachtleben

•**Kasino:** Das Kasino von Djerba heißt nach seinem Inhaber **Isidor Partouche Pasino,** Tel. 757 531, 757 537, Fax 757 544, www.casinodjerba.com, casinodjerba@yahoo.fr, täglich 10–4 Uhr geöffnet, Spielsäle ab 20 Uhr. Im großen Spielsaal werden Black Jack, Roulette und Poker angeboten, Zutritt hier und in der Automatenhalle ab 18 Jahre. Für

Kinder und Jugendliche gibt es eine kleinere Spielhalle. Ladengalerie, Wintergarten, Restaurant und maurisches Café öffnen abends ab etwa 19 Uhr. Im größten Ballsaal auf Djerba finden bis zu 1500 Personen Platz. Der Besuch lohnt sich auch ohne Spielabsicht: Die Decke wurde kunstfertig mit Holz und Blattgoldauflage von marokkanischen Handwerkern und Künstlern gestaltet.

- **Diskotheken: Niagara Disco,** neben Hotel 4 Saisons; **Disco La Bomba,** am Kasino; **Cleopatra,** gegenüber Hotel Magic Life, geöffnet ab 20 Uhr. Hier tanzen die Animateure bis in die frühen Morgenstunden, besonders an den Wochenenden.

Einkaufen

Gegenüber den Hotels hat sich eine **überschaubare Infrastruktur** mit Cafés, Restaurants, Pizzerien, Bankautomaten, Kiosken, kleinen Läden, Autovermietung, Quad-Stationen und Andenkenläden gebildet.

Mensch und Tier beim Strandspaziergang

Busse

- **Linienbusse** fahren zwischen 6.30 und 20.30 Uhr **nach Houmt Souk und Midoun.**
- Die Busse der **Inselringlinien 10 und 11** halten alle paar Meter in der Hotelzone; es gibt keine klassischen Bushaltestellen, die meisten Fahrer halten auf Winken hin.

Ausflüge

Die Hotels am Strand von Sidi Mahrès und die dort vertretenen Reisegesellschaften bieten alle Ausflüge **aufs Festland** an.

Wellness

Thalasso-Hotels: Einige der teureren Hotels haben eine Thalasso-Therapie im Angebot, entweder im hauseigenen Wellnessbereich oder in einem eigenen Gebäude auf dem Hotelgelände: **Athéné** (www.utic.com.tn, athenee.thalasso@utic.com.tn), **Jerba Jasmina** (cal.nilgun@marmara.com), **Hasdrubal** (hasdrubal.thalassa@gnet.tn), **Karthago** (thalasso.djerba@karthago.com.tn), **4 Saisons** (dar.sofiane@ gnet.tn), **Ulysses** (www.utic.com.tn, ulyssethalasso@utic.com.tn), **Yadis** (www.yadis.com.tn, yadis.thalasso@planet. tn).

Privatklinik

- **Policlinique Jerba la Douce,** Ansprechpartner ist *Dr. Chourou Lofti,* Mobil 98/423 962.

Ras Taguermes

Kap mit Leuchtturm

Am östlichen Ende des Strandes von Sidi Mahrès liegt das Kap namens Ras Taguermes mit seinem auffälligen Leuchtturm. Er ist wahrscheinlich das meistfotografierte Gebäude auf der Insel. Nach Süden schließen sich das **Sebkhet Sidi Garous** und der **Strand von Seguia** an. In den vergangenen Jahren wurde auf dem Kap der **Freizeitpark Djerba Explore** angelegt, der Touristen der beiden Hotelzonen und aus Zarzis sehr anspricht.

Phare du Taguermes

Der rot-weiß geringelte Phare du Taguermes ist 54 Meter hoch und damit der **höchste Leuchtturm Tunesiens.** Er steht idyllisch zwischen Dattelpalmen auf einem kleinen Hügel am nordöstlichen Ende der Insel und ist schon von weitem zu sehen. Leider darf er nicht betreten werden.

Phare du Taguermes am gleichnamigen Kap

Anreise/Orientierung

Sehr einfach

Die Anreise zum Ras Taguermes gestaltet sich sehr einfach, der **Leuchtturm ist weithin zu sehen.** Er liegt unmittelbar an der Inselringstraße. Die Stichstraße zwischen ihm und dem Hotel Sidi Mansour führt zur Lagune Sebkha de Sidi Garous. Für den Themenpark Djerba Explore und die Krokodilfarm folgt man zunächst der Straße nach Midoun, danach den Wegweisern.

Parc Djerba Explore

Themenpark

Der Parc Djerba Explore ist ein künstlich geschaffener Ort, in dem sogar an Straßennamen gedacht wurde. Auf dem Gelände sind Hotel, Café, Restaurants, Bank, Geldautomat, Fotoladen, Souvenirshop und einige schöne Läden mit erlesenem Angebot vorhanden. Der Park umfasst das **Kunstmuseum** Lalla Hadria, das **Freilichtmuseum** Djerba Heritage und die **Krokodilfarm** Crocod'iles.

dje_017 Foto:

- Für das Kunstmuseum Lalla Hadria, das Freilichtmuseum Djerba Heritage und die Krokodilfarm Crocod'iles (siehe jeweils unten) werden im Museumsgebäude ausschließlich **Sammeltickets** verkauft. Im Gebäude ist auch ein rollstuhlgerechtes WC verfügbar. Die **Eintrittspreise** liegen bei 12 TD für Erwachsene, 6 TD für 2- bis 12-jährige Kinder und 30 TD für Familien (2 + 2); Fotoerlaubnis 2 TD. Besonders lohnenswert für einen Besuch sind Mittwoch, Freitag und Sonntag; an diesen Tagen beginnt um 14 Uhr eine **Führung** durch die beiden Museen, die im Eintrittspreis enthalten ist, und um 16 Uhr findet die Krokodilfütterung statt. Die Führungen werden üblicherweise in französischer Sprache durchgeführt, bei einer großen Zahl arabisch-, englisch-, deutsch- und italienischsprachiger Besucher werden aus dem Stand auch Erklärungen in diesen Sprachen gegeben (Tschechisch auf Anfrage).
- **Geöffnet:** Der Park ist täglich das ganze Jahr über von 9–20 Uhr geöffnet; Museum, Djerba Heritage und Krokodilfarm Juni bis September 9–20 Uhr, Oktober bis Mai 9–18 Uhr.
- **Infos:** Tel. 761 114, Fax 761 115, www.djerbaexplore.com mit Download-Möglichkeit für den Parkplan.

dje_019 Foto: ir

Museum Lalla Hadria

Das Kunstmuseum beherbergt auf 4000 Quadratmetern Fläche in 13 Räumen eine Ausstellung zur **Kunst der orientalischen Länder** mit Schwerpunkt auf Tunesien, Marokko, Türkei, Sahara, Irak und Persien.

Im ersten Ausstellungsraum werden orientalische Formen gezeigt, die sich auf Keramikarbeiten, Bronzegefäßen, Türklopfern, Kandelabern und Lederstempeln aus dem 11. bis 13. Jahrhundert wiederholen. Beeindruckend sind die kunstfertigen arabischen Schriftzeichen auf Papier, Holz und Keramik im nächsten Raum, der der **Kalligrafie** gewidmet ist.

Bei einer Führung wird viel Zeit auf die Erklärung der Ausstellungsstücke im **Raum „Le Sacre"** gelegt. So erfährt man, dass die Zahl „5" im Islam heilig ist und sich in den fünf Säulen des Islam (siehe Kapitel „Religionen") und den fünf Fingern von „Fatimas Hand" wiederfindet. Im Raum sind Fotos von Pilgerfahrten nach Mekka aus dem späten 19. Jahrhundert zu sehen, ferner Kopfbedeckungen und zeremoniale Gegenstände. Auch im Islam gibt es den Teufel, er ist hier auf einem ottomanischen Türvorhang aus dem 18. Jahrhundert dargestellt. Keinesfalls verpassen sollte man einen Blick auf den „heiligen Stoff": Durch eine besondere Webtechnik wirkt er je nach Lichteinfall und Blickwinkel vollkommen unterschiedlich.

In den weiteren Räumen sind Gegenstände der **Alltagskunst** ausgestellt, darunter üppig verzierte Brauttruhen, Kleidungsstücke, bemalte Türen und Sättel, aber auch ein für Tuareg typischer „Saharatisch". Der ursprünglichen **Djerba-Keramik** sind zwei Räume gewidmet. Vorwiegend in Guellala, vereinzelt auch in Sedouikech, werden seit Jahrhunderten Töpferwaren hergestellt. Sie bleiben

Parc Djerba Explore – Brennofen im Freilichtmuseum Djerba Heritage

meist unglasiert, einzig eine gelb-grüne Zierglasur war in früheren Jahren üblich.

Weitere Themen des Museums sind Feste, Tradition, Kleidung, Kunsthandwerk, Mythen und Legenden, ursprüngliche Architektur und traditionelle Musik. Hinzu kommt eine **Kunstgalerie** mit Malerei, arabischer Kalligrafie und Mosaiken.

Djerba Heritage

Die Führung durch das **Freilichtmuseum** beginnt stilecht im Eingangsgebäude eines typischen südtunesischen Landhauses. Hier wartet man auf den Führer und andere Gäste, so wie in früheren Zeiten unangemeldete Besucher warten mussten, bis der Herr sie vorließ. Durch liebevoll angelegte Gärten mit Hennapflanzen und Granatäpfeln geht man zum Haus einer reicheren Familie mit getrenntem Kochhaus. Ein solches **Houch** wirkt wie eine kleine Festung, alle Seiten sind nach außen hin gut abgeschottet. Es war und ist auf Djerba üblich, dass in einem Haus die Eltern mit ihren Kindern wohnen, die Schlafzimmer liegen oben, der Wohnbereich ist ebenerdig. Vielfach sind mehrere Häuser ineinander verschachtelt gebaut: Wenn die Töchter heiraten, ziehen sie zu ihrem Ehegatten, heiratet hingegen der Sohn, baut er an sein Elternhaus an.

In der **Weberei,** am **Ziehbrunnen** und in der **Keramikwerkstatt** zeigen Handwerker den Besuchern die alten Handwerkstechniken. Auch die **Ölmühle mit Olivenpresse** wird recht anschaulich erklärt, selbst ohne die entsprechenden Sprachkenntnisse ist hinterher klar, dass beim Pressen das frische Olivenöl an der Seite abfließt und die ausgepressten Reste der Oliven ein nahrhaftes Futter für die Dromedare abgeben.

Krokodilfarm Crocod'iles

Wer 2003 kurz nach der Eröffnung die ersten winzig kleinen Babykrokodile gesehen hat, wird sie kaum wiedererkennen. Sie sind inzwischen 2–3 Meter groß, die Pfleger konnten 2005 stolz über die **erste eigene Nachzucht** berichten. Bei diesen

dje_018 Foto: ir

Krokodilen ist die Fortpflanzung nicht vom Alter abhängig, die Tiere werden bei etwa 2–2½ Metern Körperlänge geschlechtsreif. In freier Wildbahn wären sie dann etwa 6–8 Jahre alt, in Gefangenschaft geht es durch die regelmäßigen Fütterungen deutlich schneller. Die Krokodilfarm hat inzwischen so manchen Stammbesucher, der in jedem Urlaub wiederkommt, um zu schauen, ob einer seiner Lieblinge der maximal erreichbaren Körpergröße von sechs Metern schon näher gekommen ist.

Gehalten werden **knapp 400 Nilkrokodile,** die aus Madagaskar hergebracht wurden. Sie können ein Alter von etwa 70 Jahren erreichen, werden bis zu 750 kg schwer und stehen auf der roten Liste gefährdeter Arten. Erklärungstafeln in französi-

Tierfütterung in der Krokodilfarm

scher, englischer, deutscher, italienischer und arabischer Sprache sind überall im Park zu finden, natürlich auch bei den Eiern und Babykrokodilen.

Im Freigehege dösen die Reptilien friedlich in der Sonne. Doch wenn die Zeit der Fütterung naht, kommt Bewegung in die Szenerie: Die Tiere begeben sich in die große Halle und freuen sich auf die Mahlzeiten aus Pute und Hähnchen mit Vitaminen und Calcium versetzt, von denen pro Mahlzeit etwa 400 Gramm pro Tier vorgesehen sind. Obwohl genug für alle da ist, geht das eine oder andere Krokodil mit einer blutigen Schnauze aus der Fütterung, weil es einem Futterneider in die Quere kam.

Sebkha de Sidi Garous

Lagune

Am Fuß des Leuchtturms führt eine Stichstraße auf eine Landzunge bis zu einem außer Betrieb genommenen Clubhotel. Links ist offenes Meer, rechts liegt die Sebkha de Sidi Garous, immer wieder von Einheimischen und Touristen einfach „Die Lagune" genannt. Bei Niedrigwasser fällt sie trocken, die Fischerboote liegen daher am südlichen Ende der Halbinsel. Bis vor kurzem war die Lagune mit ihren menschenleeren Stränden ein Geheimtipp für Ruhesuchende abseits der Touristenströme. Damit wird es bald vorbei sein, denn hier sind Hotels in der Planung, sodass in absehbarer Zeit die Lücke zwischen den beiden Hotelzonen geschlossen sein wird. Bis dahin genießen tunesische und libysche Familien zusammen mit einigen Europäern den Strand für ihr **Picknick** oder eine **Übernachtung unter freiem Himmel.** Kleine Zelte von Wildcampern und Wohnmobile sind fast das ganze Jahr über zu sehen. Einige Mutige durchqueren das seichte Wasser im Sommer sogar mit Kutschen und Autos. Im Winter sind in der Lagune **Flamingos** und viele andere Vögel zu beobachten, besonders die Wasservögel finden hier ausreichend Nahrung.

Lalla el Hedhria

Marabout

Auf der Landzunge östlich des Sebkha de Sidi Garous zeichnet sich eine kleine Halbinsel ab, auf der früher das Marabout Lalla el Hedhria stand. Davon ist zwar nicht mehr viel zu sehen, dennoch finden sich hier Strandspaziergänger, Reiter und Liebespaare ein, um den **Blick aufs Meer** zu genießen; Frühaufsteher machen hier schöne Fotos vom Sonnenaufgang.

Praktische Tipps

Unterkunft

- **Apart-Hotel Said,** Zone Touristique, Ennadhour, Tel. 746 688, Fax 745 310, www.saif.com/hotelsaid, hotel.said@gnet.tn, gegenüber Hotel Sidi Mansour und Leuchtturm. 32 Appartements für 1–4 Personen mit 2 Schlafzimmern, Wohnraum, Klimaanlage, Heizung, TV, Telefon, Bad und Kochnische. Bei Belegung mit 1–2 Personen je nach Saison 40–70 TD, bei 3 Personen 55–100 TD, bei 4 Personen 75–125 TD.
- **Explore**€€, im Parc Djerba Explore, Tel. 745 277, Fax 745 255, www.djerbaexplore.com, hotel@djerbaexplore.com. In diesem brandneuen Hotel stehen Appartements für 2, 4 und 6 Personen zur Verfügung, alle haben getrennte Schlaf- und Wohnbereiche und sind mit Telefon, Klimaanlage, Sat-TV, Kochnische und Bad ausgestattet.
- **Sidi Mansour**€€, Tel. 745 555, Fax 746 666, www.sidimansourdjerba.com, sidimansour@planet.tn. Ressorthotel am Leuchtturm, großer Pool, separates Kinderbecken, maurisches Café, großer Wellness- und Thalasso-Bereich. Zum Hotelstrand fährt eine kostenlose Kutsche.

Essen und Trinken

- **El Faro,** gegenüber dem Museum, Mobil 21/886 824. Pizzeria und Café mit köstlichen Omelettes, Tabounas und Crêpes.
- **Grand Café,** im Museumskomplex. Ansprechend servierter Tee und frisch gepresster Orangensaft.
- **Le Roi de Couscous,** gegenüber dem Museum. Edelrestaurant mit gehobenem Ambiente, fangfrischem Fisch und *Couscous à la Djerba,* einer Spezialität mit Fisch und Meeresfrüchten.
- **Le Phare,** zwischen Leuchtturm und Museumskomplex, 2 Gabeln, Tel. 745 382, Fax 745 383. Qualität und Preis liegen im oberen Bereich, Liebhaber von Fisch und Meeresfrüchten haben hier eine reiche Auswahl. Mit Voranmeldung kann man auch Lamm aus der Gargoulette genießen,

das Fleisch wird dabei zusammen mit Kartoffeln und Gemüse in einem Tonkrug gegart.

Sport und Aktivitäten

- **Geocaching:** In Laufweite von Leuchtturm und Lagune kann eine Cachebox aufgespürt werden.
- **Go-Kart:** Die in vielen Karten, Führern und Prospekten immer noch angepriesene Go-Kart-Bahn wurde schon vor Jahren stillgelegt.
- **Segeln und Surfen: Deutsch-Tunesische Surf-, Segel-, Kitesurf- und Buggykiteschule,** Mobil (franz.) 98/302 417, 98/966 112 (deutsch), Fax 705 844, www.wassersport-tunesien.de, dauphin@wassersport-tunesien.de oder info@schwerfeld.de. Schule am Strand des Aktivhotels Calimera Yati Beach mit 30 Surfbrettern für verschiedene Könnerstufen, 8 Katamaranen, Kayaks und Tretbooten, außerdem Vespa-Touren und Mountainbike-Verleih. Probierkurs (3 Std.) 75 TD, Anfängerkurs (10 Std.) 375 TD, Fortgeschrittenenkurs (6 Std.) 240 TD, Katamaran 1 Std. 25 TD, 10 Std. 188 TD.

Einkaufen

- **Duftendes: Boutique Senteur,** im Museumskomplex. Duftkerzen, Räucherstäbchen, Seifen und Badezusätze mit erlesenen orientalischen Düften.
- **Ölgemälde: Galerie** mit moderner Ölmalerei im Museumskomplex, tägl. außer Mo. 10–12 und 16–22 Uhr, Mobil 22/821 911.

dje_021 Foto: dw

Wellness

• **Meridiana Thalasso,** an der Stichstraße zum Strand des Hotels Sidi Mansour, Tel. 745 028. Neues, geschmackvoll eingerichtetes Zentrum für Thalasso-Therapie, das Personal wurde in Europa ausgebildet. Geöffnet 8.30–12.30 und 15–19 Uhr. Preisbeispiele: Hammam & Gommage 25 TD, Sauna 25 TD, Ganzkörpermassage (60 Min.) 110 TD, Jetdusche 35 TD, Shiatsu 70 TD, Epilation (ganzes Bein) 35 TD, Vitalkur 6 Tage 535 TD oder 12 Tage 895 TD.

Sonstiges

• **Bus: Inselringverkehr** mit den **Linien 10 und 11.**
• **Geldautomat** und **kleine Läden** direkt an der Straße und im Parkgelände von Djerba Explore.

Aghir

Aghir war **ursprünglich ein kleiner Fischerort,** verschwindet inzwischen aber fast vollständig zwischen all den riesigen Hotels. Fischfang wird kaum noch betrieben, der Hafen und die Mole werden vor allem abends fast ausschließlich von flanierenden Urlaubern bevölkert. Hier liegen nur wenige Boote, einige Dorfjungen üben waghalsige Sprünge ins Wasser. Nicht weit entfernt gibt es am Strand ein kleines Beachvolleyballfeld und eine Strandbar.

Geschichte

Auch Aghir hatte vor 200 Jahren ein **Bordj** in Hafennähe. In manchen Karten ist es noch eingetragen, zu sehen ist davon aber nichts mehr; es befand sich auf dem Gelände des heutigen Jugendzentrums.

Orientierung

Ein echtes Ortszentrum gibt es nicht. Parallel zur Inselringstraße führt eine Straße entlang der Küste zu allen Hotels.

Plage de la Séguia

Der **Küstenabschnitt zwischen Aghir und dem Kap Lalla Hadria** wurde lange als die vornehmere der beiden Hotelzonen angesehen. Hier standen vor dem Bau des Golfplatzes und der daneben angelegten Golfhotels am Plage Sidi Mahrès die edleren Hotels. Der Strand ist etwas felsiger als der von Sidi Mahrès, aber dafür mit mehr Palmen bewachsen und ruhiger. An stürmischen Tagen werden hier unzählige Quallen angespült, die sich sonst im Golfe de Bou Grara tummeln.

Praktische Tipps

Unterkunft

- **Auberge Centre Aghir/Centre des Stages et des Vacances,** Tel. 657 366 oder 750 266. Einfaches Jugendhotel mit Campingplatz, Übernachtung mit Frühstück 2 TD, Zelt 2,5 TD, in den Sommermonaten schnell ausgebucht, daher frühzeitige Voranmeldung nötig.
- **El Dorado Aladin**€€€, Tel. 658 180, Fax 658 184, aladin.dir@gnet.tn. Wem Tunesien nicht exotisch genug ist, der wohnt in dieser „Caribbean World" mit großem Pool, Hallenbad, Restaurants, Bars, Café Turk und Diskothek.
- **Résidence Barnat**€, Mobil 98/248 000, 97/679 280. Kleines Aparthotel mit Wohnungen für 2–6 Personen an der Route Touristique.
- **Résidence Jinene**€, Villa für 6 Personen (Vierbett- und Zweibettzimmer), Badezimmer, Küche, Garten. Studio für 3 Personen (Zweibettzimmer und Wohnschlafzimmer), Badezimmer. Bis zum Strand sind es 400 Meter. Buchung über GHT Djerba Midoun Voyages, 7, Avenue Farhat Hached, Midoun, Tel. 730 074 oder 730 075, Fax 733 389, gth.voyage@gnet.tn.
- **Sidi Slim**€€, Tel. 750 450, Fax 750 449, htl.sidislim@planet.tn. Hotel und Campingplatz. Das Hotel entspricht den Erwartungen an ein typisches Touristenhotel mit drei Sternen: Pool, üppiges Frühstücksbuffet und Bar, Zimmer mit

dje_020 Foto: dw

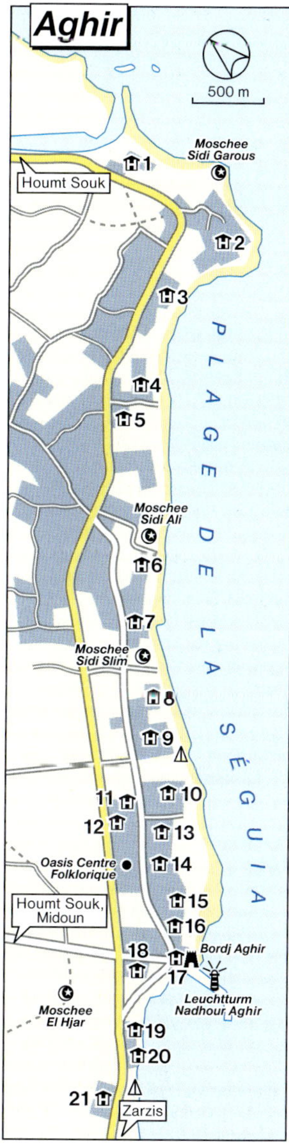

- 1 Club Méditerranée Jerba La Fidèle
- 2 Melia Jerba Menzel
- 3 Club Méditerranée Jerba La Douce
- 4 Club Méditerranée Calypso
- 5 Carthago
- 6 Golf Beach
- 7 Calimera Jerba
- 8 Sidi Ali
- 9 Sidi Slim
- 10 El Dorado Aladin
- 11 Résidence Barnat
- 12 Résidence Jinene
- 13 Palm Azur
- 14 Club Diva
- 15 Palais Jerba
- 16 Sina
- 17 Auberge Centre Aghir
- 18 Cap Jerba
- 19 Vincci Al Kantara
- 20 El Rais
- 21 Jerba Paradise

Klimaanlage, TV und Telefon. Der Campingplatz hingegen wird wegen der dringend renovierungsbedürftigen sanitären Anlagen seit Jahren von den Wiederholungscampern liebevoll „Sidi Schlimm" genannt ... Dem Hotel Sidi Slim ist das Hotel Sidi Ali angeschlossen.

Essen und Trinken

• **La Capitaine**€€, nördliches Ende der Route Touristique, Tel. 600 894. Einfache tunesische Küche.
• **La Marmite**€€, Route Touristique, Mobil 22/306 528. Neben Couscous sind hier besonders die Eierspeisen, d.h. Omelette, Crêpe und Brik, zu empfehlen.
• **Strandbar Prima Beach**€, am Hafen, mit Strandliegen. Nur Kaltgetränke.

Sport und Aktivitäten

• **Buggy-Touren: Quad Evasion,** Route Touristique, Mobil 20/510 021. Quads und Buggys werden für 90 Minuten vermietet. Quads 45 TD, mitgenommenes Kind 5 TD extra, Buggy 65 TD für 1 Person, 80 TD für 2 Personen, Motorroller 45 TD pro Tag (8 Std.).
• **Oasis Centre Folklorique:** Folklorezentrum an der Route Touristique, etwa 500 Meter nördlich des Hafens. Freitags um 20 Uhr beginnt ein 2½-stündiges ansprechendes Folkloreprogramm mit Musik, Tanz und kulinarischen Köstlichkeiten. Schon beim Betreten des Zentrums werden die Besucher von den Musikern und Tänzerinnen empfangen, sie tragen traditionelle djerbische Kleidung und führen Schleier-, Krug- und Bauchtanz vor. Danach machen sie einem Reiter Platz, der seine halsbrecherischen Kunststücke zeigt. Auch ein Schlangenbeschwörer mit Echsen und Kobras sowie zwei Feuerspucker dürfen nicht fehlen. Dazu werden Wasser, Wein und ein sechsgängiges Menü aus Vorspeisenteller, Chorba-Suppe, *Brik à l'Oeuf, Couscous Royal,* Obst und *Thé à la Menthe* serviert. Preise: Erwachsene zahlen 30 TD, Kinder unter 12 Jahre 15 TD.
• **Quad-Touren: Centre Ali Baba,** gegenüber Hotel Palm Azur, Tel. 750 285, Mobil 97/484 116. Geführte Quad-Touren zur Lagune und durch die Olivenhaine dauern etwa 90 Minuten und kosten 35 TD.
• **Piratenboot:** Nun müssen Urlauber nicht mehr von Aghir bis Houmt Souk fahren, um einen Tag auf dem Piratenboot zu verbringen. Täglich um 9 Uhr legt der Käpt'n mit Ziel Bordj Kastil ab, das viele Urlauber als das reizvollere Ziel empfinden, weil es dort das alte Fort zu besichtigen gibt und keine Zugvögel gestört werden. Die Fahrt kostet 25 TD pro Person, im Preis enthalten ist ein Mittagessen und Unterhaltungsprogramm, die Rückkehr erfolgt etwa um 16 Uhr. Anmeldung morgens ab etwa 8.30 Uhr oder am Vortag.
• **Tauchen: Centre de Plongée Merry-Land,** *Magdi Elmestikawi,* im Golf Beach Hotel, Mobil 98/424 076. Ausbildung nach CMAS-Richtlinien, das ganze Jahr über geöff-

net, deutschsprachiger Tauchlehrer. Schnuppertauchen 25 TD, Kinderkurs (7–12 Jahre) 95 TD, Anfängerkurs (CMAS* Bronze) 5 Tage 270 TD, geführte Tauchgänge 45 TD, Wracktauchen ist ebenfalls möglich.

Einkaufen

Gegenüber den Hotels hat sich eine typische touristische Infrastruktur mit Restaurants, Cafés, **Andenkenshops und Kramläden** entwickelt.

Wellness

- **Hammam: Bain Maure,** Mobil 23/280 765, Fax 730 667. Das maurische Bad in der kleinen Stichstraße am Hotel Palm Azur scheint speziell für Touristen eingerichtet worden zu sein. Dafür sprechen die zeitgleich nutzbaren Hammambereiche für beide Geschlechter und die Tarife. Das Hammam kann nur inklusive Gommage gebucht werden (10 TD), Massage 20–35 TD, geöffnet 8–19 Uhr.
- **Thalasso-Hotels: Club Méditerranée Jerba La Nomade** (vital.center@planet.tn; siehe Karte „Mahrès"), **Vincci Al Kantara** (alkantara.thalassa@planet.tn).

Transport

- **Bus: Inselringlinien 10 und 11.**
- **Taxi:** Preisbeispiele: nach Houmt Souk 8 TD, nach Midoun 5 TD.

Bordj Kastil

Am äußersten Ende der Halbinsel Bine el Oudiane steht weithin sichtbar das Bordj Kastil. Das **alte Fort** allein ist schon beeindruckend, kombiniert mit der Fahrt dorthin kann dieser Ausflug zu einem der schönsten während der gesamten Djerba-Reise werden.

Geschichte

Halbinsel Bine el Ouidane

Die Halbinsel Bine el Oudiane ragt weit in die **Bucht von Bou Grara** hinein, das tunesische Festland scheint nur einen Steinwurf entfernt zu sein. Schon die Römer versuchten in der Nähe der Halbinsel die Verbindung zwischen Festland und Djerba zu schaffen und fanden schließlich nicht weit entfernt den Flachwasserbereich, über den sie ihren Damm führten, der noch heute als **Römerdamm** die Straßenverbindung zum Festland trägt. Im 13. Jahrhundert baute *Roger de Loria* dort die Festung und stationierte seine Garnison.

Anreise/Orientierung

Nicht mit Taxi, Bus oder Mietwagen

Eine Straße gibt es keine zum Bordj Kastil, das hinter Sandstrand und Marschland liegt. Die meisten Reisebuchautoren und Fremdenführer erklären einfach, die Festung sei auf dem Landweg nicht zugänglich. Doch mit Fahrrad, Quad, Motorrad und Auto ist die Landzunge durchaus fast ganzjährig befahrbar, wenn man das Fahrzeug beherrscht, den Pisten folgt und ein Auge für die **heikle Bodenbeschaffenheit** hat. Selbst mit meinem schwer beladenen Landy bin ich auf dieser Strecke noch nie ins Rutschen gekommen oder tief eingesunken. Taxifahrer allerdings lassen sich nicht zu einem solchen Ausflug überreden. Mietwagenfahrer sollten bedenken, dass die meisten Verträge solche Fahrten ausschließen und der Versicherungsschutz üblicherweise auf Straßenfahrten beschränkt ist. Wer auf „Nummer Sicher" gehen will, nimmt ab Aghir das Piratenboot oder lässt sich von El Kantara mit einem Bötchen zur Festung schippern.

An der Kitesurfingschule (s.u.) führen die Spuren zunächst parallel zur Straße und drehen dann Richtung Süden ein. Sobald der unbewachsene sandige Küstenstreifen passiert ist, schlängeln sich ein gutes Dutzend parallel verlaufender **Pisten** durch den Strauchbewuchs. Meist sind die mittleren Spuren die stabilsten, weiter außen wird der Untergrund trügerischer, besonders im Winterhalbjahr.

Sehenswertes

Bordj Kastil

Das kastenförmige Bordj Kastil wurde **1285** von **Roger de Loria,** Admiral von Aragon und Sizilien, erbaut, vermutlich am Standort eines römischen Forts. Im 15. Jahrhundert ließ *Alfonso V. von Ara-*

dje_022 Foto: dw

gon die Festungsanlage erweitern. Wegen der beiden aragonischen Bauherren wird sie manchmal auch „Fort Espagnol" (Spanisches Fort) genannt.

Das Bordj Kastil ist etwa gleich weit (7–8 Kilometer) von der Kitesurf-Schule, von El Kantara, vom Römerdamm und vom Festland entfernt. Durch die Luftspiegelungen über der meist spiegelglatten See kommt dem Betrachter die Festung je nach Standort unendlich weit oder „zum Greifen nah" vor.

Wenn die Quad-Karawanen zurück in die Hotelzonen geknattert sind, ist das Fort ein **einsames Rückzugsgebiet für Sonnenuntergangsromantiker und Liebespaare.** Besonders einheimische Pärchen versprechen sich von diesem Ort tiefe, ewig währende Liebe und treffen sich hier wegen der schaurig-schönen Legende um einen reichen Mann, der mit der Partnerwahl seiner Tochter nicht einverstanden war und sie in die Festung verschleppte und einsperrte. Um den Geliebten fernzuhalten, ließ der Vater Abertausende von giftigen Skorpionen in der Sahara sammeln und rund

Romantische Stimmung –
das Bordj Kastil im Abendrot

um das Bordj Kastil aussetzen. Davon unbeeindruckt suchte sich der junge Mann den Weg zu seiner Geliebten, am Ende starben beide glücklich vereint in enger Umarmung durch den Stich zweier Skorpione.

Moschee Maazel

Auf dem Weg von Aghir zum Bordj Kastil führt rechts eine Straße nach **Beni Maaguel,** eine Siedlung ohne Ortskern mit zahlreichen über das Land verteilten Häusern. Vor der ersten scharfen Kurve verläuft links eine unbefestigte Piste zu einer alten Moschee. Sie wurde bereits 1645 gebaut und ist **auch für Andersgläubige zugänglich.** Im schlichten Inneren sind die Kalligrafien in der Richtung Mekka liegenden Gebetsnische die einzige Zierde. Rechts neben der Eingangstür führt eine Treppe auf das Dach der Moschee. Von hier lassen sich der Brunnen, die sieben Zisternen und das Umland betrachten. Der Eintritt ist frei. An manchen Tagen stellt sich ein junger Mann als Wächter vor, er will Beschädigungen verhindern und bekommt für diese lobenswerte Geste von vielen Besuchern Münzen zugesteckt.

Praktische Tipps

Sport und Aktivitäten

- **Geocaching:** Im Bordj Kastil ist ein Cache versteckt.
- **Strandsport: Deutsch-Tunesische Surf-, Segel-, Kitesurf- und Buggykiteschule,** Mobil (franz.) 98/302 417, 98/966 112 (deutsch), Fax 705 844, www.wassersport-tunesien.de, dauphin@wassersport-tunesien.de oder info@schwerfeld.de. Im geschützten Flachwasser an der Südostküste Djerbas kann man surfen, mit Katamaranen segeln oder sich im Kitesurfen ausbilden lassen. Während der kühlen Jahreszeit wird Neoprenbekleidung gestellt, eine Dusche ist ebenfalls vorhanden. Schnupperkurse kosten beim Surfen 35 Euro, beim Segeln 55 Euro, Lehrgänge 110 bzw. 155 Euro plus Prüfungsgebühren, Kinder von 8–14 Jahren zahlen etwa die Hälfte. Beim Kitesurfen kosten Anfänger- und Fortgeschrittenenkurs à 6 Stunden je 160 Euro, à 10 Stunden 250 Euro inklusive Ausrüstung. Die Ausrüstung allein wird für 35 Euro pro Stunde, 210 Euro für 1 Woche und 320 Euro für 2 Wochen vermietet. Bei den Buggy-Kites kostet 1 Tag 45 Euro, 1 Woche 270 Euro, 2 Wochen 412,50 Euro.

• **Quads:** Die Türkenfestung ist ein beliebtes Ausflugsziel für Quadfahrer. Auf der vollkommen flachen Fläche zwischen Strand und Marschland lassen sich hohe Geschwindigkeiten erreichen und ohne Gefährdung durch Steine erste Kurvenfahrten üben.

• **Schnorcheln und Tauchen:** Die felsige Unterwasserwelt birgt viele gute Verstecke für Fische, Tintenfische und andere Meeresbewohner und lockt in den Sommermonaten Schnorchler und Taucher an. Aber Vorsicht: Zu den für fortgeschrittene Taucher noch einigermaßen kalkulierbaren Strömungen kommen gefährliche Fischernetze hinzu, denn diese Zone ist auch bei den örtlichen Fischern sehr beliebt.

Meninx

„Mangel an Wasser"

Mediziner denken beim Wort „Meninx" sofort an Hirnhaut. Dieser Begriff aus dem Altgriechischen steht in keiner nachgewiesenen Verbindung mit dem römischen Meninx auf Djerba; in diesem Fall soll die Übersetzung „Mangel an Wasser" bedeuten. Von der **einst bedeutenden Stadt** ist nicht mehr allzu viel erhalten.

Geschichte

Römischer Handelsposten

Meninx war gleichzeitig der Name der Insel und der Inselhauptstadt, als die Römer in Tunesien von den Karthagern die Macht übernahmen. Die genaue Geschichte der Stadt ist weitgehend ungeklärt. Fest steht nur, dass sie ein florierender Handelsposten war, in dem sich viele betuchte Bürger niederließen. Hierfür sprechen auch der edle Marmor und Granit aus Italien, die für die Gebäude eingesetzt wurden, und die große Basilika. Deren Reste sind im Bardo-Museum in Tunis ausgestellt.

Orientierung

Große Ausdehnung

Auf unterschiedlichen Karten ist Meninx an insgesamt drei verschiedenen Stellen eingezeichnet. Keine der Karten ist dadurch vollkommen falsch.

Meninx hatte eine große Flächenausdehnung, entsprechend sind **Funde beidseits der Straße von El Kantara nach Aghir und an der Straße nach Guellala** zu finden.

Von Aghir kommend, kann man sich an einer kleinen Hütte mit der Aufschrift „Meninx Gardien" orientieren. Eine blockierte Fahrspur ermöglicht den Zugang zur archäologischen Zone. **Aus Richtung El Kantara** kann man nach etwa 300 Metern eine der Pisten rechts zum Meer nehmen oder ebenfalls an der Hütte abbiegen. Etwa 100 Meter weiter entlang der Straße befinden sich auf der linken Seite hinter einem Hügel mit Fundamentresten Fragmente eines Bodenmosaiks.

Ein weiterer Fundort liegt **an der Straße nach Guellala,** knapp 1 Kilometer hinter dem Ende der Dammstraße. Genau vor dem Palmenhain geht es etwa 100 Meter nach rechts zur Fundstelle einer römischen **Basilika;** die Fundstücke sind allerdings größtenteils im Bardo-Museum in Tunis ausgestellt. Knapp einen halben Kilometer weiter die Straße hinab sind Reste einer römischen **Zisterne** und von **Katakomben** gefunden worden. Weitere 1,5 Kilometer weiter folgt **Jemaa Haratt Ersighen.**

Sehenswertes

Römerstadt

Bei der Hütte des „Meninx Gardien" sind **Fundamente eines Badehauses** zu sehen. Geht man Richtung Strand, liegen dort einige **einzelne Marmor- und Granitblöcke** auf einem Teppich aus Schalen von Muscheln und Schnecken. Es wird vermutet, dass hier aus den Schnecken der **Farbstoff Purpur** gewonnen wurde. Auf der gegenüberliegenden Straßenseite ist noch ein unscheinbares **Stück Bodenmosaik** erhalten.

Meninx – Eingang zu einer römischen Grabkammer

dje_023 Foto: dw

Gräber

Nur wenige Schritte von der heutigen Straße nach Guellala entfernt existierten mindestens **fünf unterirdische Grabkammern.** Am besten erhalten ist die von der Straße aus gesehen erste Kammer, in die man hineingehen kann. Die Gräber für die gewöhnlichen Leute waren an den Seiten angesiedelt, das erhöhte Grab in der Mitte war Adeligen vorbehalten. Die Decken der übrigen vier Gräber sind eingestürzt, drei davon sind inzwischen nicht mehr erkennbar, einzig die vierte Kammer lässt noch die ursprüngliche Konstruktion erkennen.

Jemaa Haratt Ersighen

Dieses Gebäude an einer Stichstraße nördlich der Grabkammern wurde um die Zeitenwende einem römischen Gott geweiht. Der **römische Tempel** wurde schon bald von jüdischen Bewohnern von Meninx als **Synagoge** genutzt. Im 4. Jahrhundert machten die Byzantiner ihn zur **Basilika,** heute ist er eine **Moschee.**

Praktische Tipps

- An den Fundstellen besteht **keinerlei Infrastruktur.**
- **Geocaching:** Selbstverständlich darf an einer solchen archäologischen Stelle ein Cache nicht fehlen.

dje_024 Foto: dw

El Kantara

Garde National

Der unscheinbare Ort besteht quasi nur aus der Kaserne der *Garde National,* die hier **alle Fahrzeuge kontrolliert, die auf die Insel kommen.** Diese Kontrollen erklären sich durch die Nähe Djerbas zur libyschen Grenze, dienen aber auch der Sicherheit der vielen Urlauber. Achtung: Der Garde-National-Posten darf nicht fotografiert werden!

Geschichte

Verbindung zum Festland

Die Verbindungsstraße von Djerba zum Festland geht auf die Römer zurück. Sie bauten einen **Damm,** den sie **Via Pons Zita** nannten und auf dem sie leichter von Meninx nach Gergis, das heutige Zarzis, kommen konnten. Als sich einige Jahrhunderte später der Meeresspiegel hob, verschwand der Damm unter der Wasseroberfläche, wurde aber weiterhin als Furt für die Karawanen genutzt. In dieser Zeit hieß er **Trik el Jemel** („Straße der Kamele"). 1551 durchbrach der Korsar *Dragut* mit seiner Flotte den Damm bei der Seeschlacht gegen *Karl V. von Aragon* in einer spektakulären Aktion. Er verbarrikadierte sich im Bordj Kastil, und im Schutz der Nacht gruben sich seine Leute durch den Damm und entkamen durch den Golf von Bou Grara. Die nächsten 400 Jahre war der Damm nur noch bei Niedrigwasser als Furt zu passieren, erst 1953 wurde die heutige Dammstraße fertig gestellt. Sie heißt nun **Chaussee Romain** („Römerstraße"). 2006 wurde eine neue Brücke in der Mitte des Damms gebaut, unter der kleinere Boote hindurchfahren können.

Palmen in El Kantara

Orientierung

Verteilerfunktion

Von Süden aus Zarzis kommend, geht es in El Kantara geradeaus nach Sedouikech, El May und Houmt Souk, links nach Guellala und Ajim, rechts nach Midoun und Aghir.

Sehenswertes

Ras Terbella

Hinter dem Kilometerstein „5 Guellala" steht rechts ein kleines Gebäude, genau gegenüber führt links eine **Piste durch das Sebkhet Rougou** zum Ras Terbella auf einer tief ins Meer hineinragenden **Landzunge.** Im Flachwasser stehen graue **Flamingos,** außer der Stromleitung zum Festland gibt es kaum menschliche Spuren. Neben der Piste genau in der Mitte der Landzunge führen zwei Pisten jeweils am Meerufer entlang. Sie sind zum Teil sehr holprig, bieten aber schöne Ausblicke nach Ajim, Guellala und auf den Römerdamm.

Marabout el Akreb

So abgelegen ist sonst kaum ein Marabout zu finden: Zwischen Ras Terbella und Römerdamm liegen **auf einer winzig kleinen Insel** die Überreste des Marabout el Akreb.

Praktische Tipps

Essen und Trinken

- **Relais el Kantara,** Mobil 95/906 911. Restaurant und Café direkt am Beginn des Damms, beliebter Halt für Ausflügler zum und vom Festland.
- Das **Café Esplanade** am Festland-Ende des Damms bietet an manchen Tagen kleine Gerichte an.

Sport und Aktivitäten

- **Bootsfahrt:** Manch ein Urlauber hat Glück und kann einen der Fischer überreden, ihn zum Bordj Kastil oder zur Insel Akreb zu fahren. Das kostet 10–20 TD.
- **Geocaching:** Auch am Ras Terbella gilt es, einen Cache aufzuspüren.

El Kantara – Café Esplanade am Römerdamm

Transport

- **Bus:** Es gibt zwar keine offizielle Bushaltestelle, aber der **Bus von Zarzis nach Houmt Souk** hält in El Kantara auf Anforderung zum Aussteigen. Zum Einsteigen kann man einen netten Beamten der Garde National um Hilfe beim Stoppen bitten. Es ist allerdings der Fahrpreis zur nächsten bzw. von der letzten Station zu entrichten.
- **Damm:** 7 km lange Dammstraße nach El Kantara Continent und weiter nach Zarzis oder Medenine.
- **Tanken:** Am Ende des Damms auf der Festlandseite.
- **Taxi:** Genau am Römerdamm ist Schluss für die Taxis aus Zarzis und von Djerba. Es gibt also keinen Grund für Taxifahrer, nach El Kantara zu fahren. Entsprechend schwierig ist es, dort ein freies Taxi zu finden. Die Herren der Garde Nationale bieten oft ihre Hilfe an und rufen ein Taxi.

Sedouikech

Schöner Markt

Auf einem Hochplateau 6 Kilometer östlich von Guellala liegt Sedouikech (arab.: Ceduikch). Hier geht es **ruhig und beschaulich** zu. Die Männer sitzen im Café und schauen einträchtig schweigend auf die Straße. Oder sie spielen im Schatten eines Hauses Domino oder Dame. Im Ortskern sind Cafés, Patisserie, Apotheke, Friseur und Lebensmittelladen vorhanden, werden aber nahezu ausschließlich von den Dorfbewohnern aufgesucht. Nur am **Dienstag, dem Markttag,** verirren sich einige Touristen in den Ort, die in ihrem Hotel

dje_025 Foto: ir

eine halbtägige Inseltour gebucht haben. Der Markt lohnt sich besonders am frühen Morgen, wenn die Anbieter noch gut gefüllte Stände haben und die meisten Einkäufer unterwegs sind. Wegen seiner zentralen Lage auf Djerba ist der Markt seit Generationen ein beliebter Bauernmarkt, der sich weitgehend seine Ursprünglichkeit bewahrt hat und mit wenig Touristenkitsch auskommt.

Töpfereien Sedouikech, das zweite Töpferdorf der Insel, steht so **im Schatten von Guellala,** dass die hier hergestellten Töpferwaren sogar in Guellala verkauft werden. Die Töpfereien locken nicht mit einer bunten Ausstellung in einen Verkaufsraum, selbst auf ausdrückliche Frage nach einer Töpferwerkstatt wird man stets nach Guellala geschickt. So kommt es, dass kaum ein Reisender auch nur ahnt, dass hier ebenso gute Töpferei betrieben wird. Und will er sich die islamischen Bauwerke ansehen, wird er sich nicht auf Wegweiser verlassen oder an Touristenbussen orientieren können. Sedouikech ist also genau das richtige Ziel, wenn einem der Touristentrubel auf der Insel zu viel wird.

Sehenswertes

Moschee Jemaa Louta Etwa 3 km außerhalb von Sedouikech verbirgt ein Olivenhain eine **unterirdische ibaditische Moschee.** Sie liegt an der Straße nach El Kantara und Zarzis auf der rechten Straßenseite zwischen den Kilometersteinen 33 und 32. Ihr Alter wird auf etwa 700 Jahre geschätzt; sie wird offiziell nicht mehr genutzt, darf also auch von Andersgläubigen betreten werden. Von außen sind nur zwei unscheinbare weiße Kuppeln zwischen den Olivenbäumen auszumachen. Daneben liegt der un-

Die Moschee Jemaa Louta von innen und außen

dje_026 Foto: ir

dje_027 Foto: ir

terirdische Wasserspeicher der alten Zisterne, von dem nur noch ein rechteckiges Feld auf dem Boden zu sehen ist.

Eine schmale Treppe führt in den **kühlen Gebetsraum drei Meter unter der Erdoberfläche.** Deutlicher kann die ohnehin auf Djerba weit verbreitete schlichte, fensterlose Bauweise nicht ausfallen. Der Raum ist bis auf die Koranverse und einige Graffiti an der Wand sowie einige zusammengerollte Gebetteppiche vollkommen leer. Hier ist es wohltuend still, und es ist nur zu gut zu verstehen, dass einige Gläubige immer noch ihre Gebete in der Moschee sprechen.

Mitte der 1990er Jahre wurde die Moschee durch das *Institut National du Patrimoine* renoviert. Seither versuchen die Gläubigen zeitweilig, die Moschee vor Vandalismus zu schützen, indem sie den Zugang versperren. In diesem Fall ermöglicht der Imam der Moschee in Sedouikech den **Zugang.** Er verleiht den Schlüssel oder sucht nach einem Begleiter, der einen Schlüssel hat.

Mausoleum Sidi Satouri

Sidi Satouri war ein weiser Mann, dem im 17. Jahrhundert ein Mausoleum gebaut wurde, das heute **als Moschee genutzt** wird. Es liegt östlich von Sedouikech und wird häufig von kinderlosen Frauen aufgesucht, die sich durch seine Fürsprache und Segnung die baldige Erfüllung ihres Kinderwunsches erhoffen.

Zu erreichen ist das Mausoleum aus Sedouikech über die Avenue de la Republique, dann ist es mit Hinweisschildern mit der Aufschrift **„Salem Satouri"** ausgeschildert. Sie sind zwar in arabischer Schrift gehalten, es sind aber die einzigen Wegweiser auf dieser Straße.

Dolmen

Der Legende nach soll *Sidi Satouri* von einer Hochzeitsgesellschaft in seinem Gebet gestört worden sein und in seiner Empörung alle Störer zu Stein verwandelt haben. Vermutlich sind die Dolmen deutlich älter, man schätzt ihre Entstehung auf das Jahr **1600 v.Chr.** Ihr genaues Alter steht nicht fest, es gilt aber als sicher, dass dies die ältesten menschlichen Spuren auf der Insel sind.

Die bis heute erhaltenen **Steinbrocken** waren seit Menschengedenken **Pilgerziel** für Kranke und Verletzte. Der Pilger schüttelt etwas Olivenöl auf einen der heiligen Steine und massiert sich da-

Die Dolmen von Sidi Satouri

nach damit die kranken Körperteile. Modernen Pilgern ist zwar oft bewusst, dass die Heilung eher durch die Massage eintritt, als durch den heiligen Ort, aber „sicher ist sicher!".

Zu finden sind die Dolmen über den **Trampelpfad,** der an der linken Mauerecke des Sidi-Satouri-Mausoleums an einem einzeln stehenden Olivenbaum vorbei in ein Feld führt; von dort sind es weniger als 200 Meter.

Praktische Tipps

Essen und Trinken

- **Café Ben Ouirane,** Place du 7 Novembre 1987. Beliebter Treff der Markthändler, hier sind die Männer gern unter sich.
- **Café Ben Yedder,** Rue Farhat Hached. Wird von Einheimischen für Frauen empfohlen. Relativ neu, mit den üblichen Caféstühlen und einer gemütlichen Sitzecke.
- **Grillade Chez Kazadi,** Place du 7 Novembre 1987. Imbiss mit guten Tabounas, Cassecroutes und Briks.
- **Pizzeria Chez Dawla,** Place du 7 Novembre 1987. Knusprige Pizzas und eiskalte Getränke.
- **Salon du Thé,** typisches Café mit kleiner Kuchenauswahl.

Einkaufen

- Auf dem **Markt,** der jeden Dienstag abgehalten wird, werden vergleichsweise viele schöne **Flechtarbeiten** angeboten.

Sonstiges

- **Bus:** Haltestelle der **Buslinie Zarzis – Houmt Souk.**
- **CDs brennen** kann man im Video Club Ennawras.

dje_028 Foto: dw

Mahboubine

Das beste Süßwasser der Insel

Der Ort verfügt über das beste und salzärmste Wasser der Insel, hier sind die meisten Brunnen noch in Betrieb und liefern aus 30 Metern Tiefe klares Wasser für die **vielen Gärten,** in denen Orangen, Zitronen und vieles mehr gedeiht.

Die **Moschee el Katib** ist neben den schönen Obstgärten das einzig touristisch lohnenswerte Ziel. Als die Moschee 1903 gebaut wurde, soll den Planern die Blaue Moschee in Istanbul Inspiration gewesen sein.

Die beiden Straßencafés **Café Rika** und **Café Le Canapée** helfen zumindest über den Durst hinweg. Will man essen, fährt man nach Midoun.

dje_029 Foto: dw

dje_030 Foto: dw

Midoun

Zweitgrößte Ort Djerbas

Der zweitgrößte Ort Djerbas liegt zusammen mit Mahboubine **im fruchtbarsten Teil der Insel.** Hier ist der Salzgehalt im Grundwasser deutlich geringer als anderswo, Gärten und Dattelpalmhaine gedeihen gut. Wegen der Nähe zu beiden Hotelzonen erfreut sich Midoun **großer Beliebtheit bei den Touristen.** Der Ort lässt sich von den Hotels leicht mit dem Fahrrad erreichen. Wer genau hinschaut, wird entdecken, dass die Frauen hier *Melhafa Damiyati* unter ihren Strohhüten tragen; das sind für den Ort typische Tücher mit Streifen aus orange schimmernder Seide.

Geschichte

Sklavenmarkt

Zu Zeiten der Karawanen wurden Sklaven oft nicht auf die letzte Etappe bis Houmt Souk mitgenommen, sondern in Midoun zurückgelassen. Hier entstand ein Sklavenmarkt. Frei gelassene Sklaven ließen sich in Midoun und dem Nachbardorf Arkou nieder, die Region wurde zum **Zentrum der Gougous,** einem Stamm, der ursprünglich aus Schwarzafrika kam. Viele der heutigen dunkelhäutigen Bewohner stammen von den Gougous ab.

Sehenswertes

Rundgang

Ein schöner Stadtrundgang führt vom Taxistand am Syndicat d'Initiative zur Ölmühle und durch die Soukgassen am Töpferplatz vorbei zurück. Den Spaziergang kann man dort im Café unter den Bäumen ausklingen lassen. An Markttagen lohnt es sich, am Taxistand links zwischen Café Le Palais Royal und dem Brunnen vor dem Rathaus

Bild oben: Mahboubine mit Blick auf die Moschee el Katib; unten: Gewürzstand auf dem Markt in Midoun

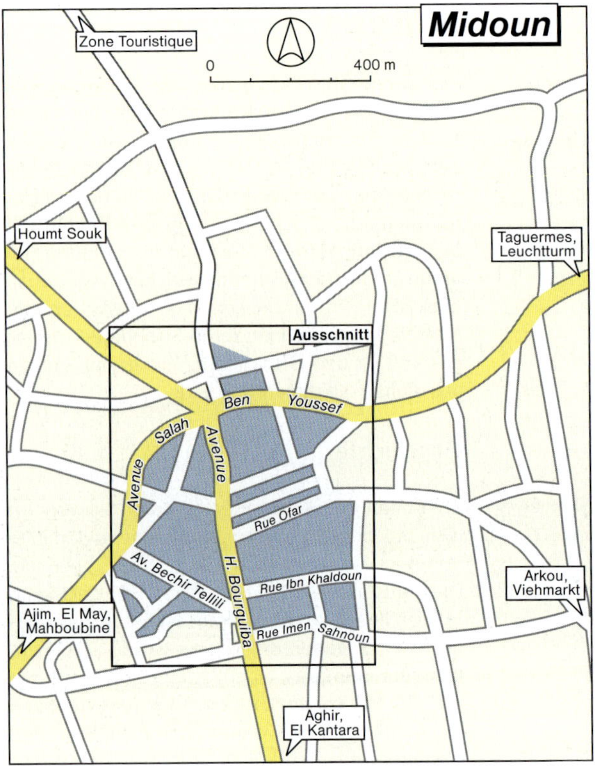

an der Moschee vorbei zum Vieh- und Gemüsemarkt zu gehen.

Polizeistation

Zur Polizeistation geht man von der Bushaltestelle am Taxistand los und vorbei an den gekachelten Wartehäuschen und dem Garten des Amphitheaters. Das **schöne Kuppeldach** der Station, das man von außen vom Amphitheater aus betrachten kann, ist innen mit Tontöpfen ausgestaltet, die das Gebäude im Sommer schön kühl halten. Die Beamten freuen sich über Besucher, die dieses ungewöhnliche Dach loben, dürfen aber leider keine

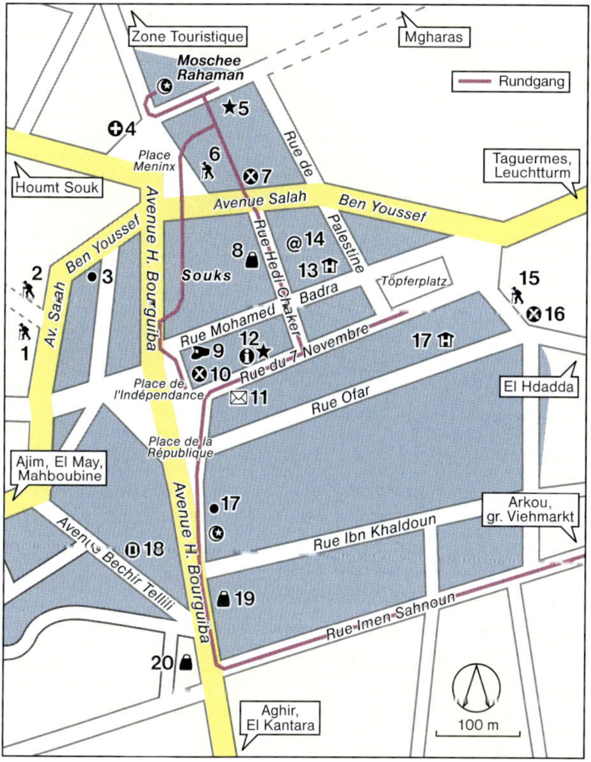

- 1 Startpunkt Tabiaweg
- 2 Startpunkt Gartenweg
- 3 Hammam
- 4 Krankenhaus
- 5 Ölmühle
- 6 Startpunkt Palmenweg
- 7 Taxistand
- 8 Markthalle
- 9 Polizeistation
- 10 Taxistand
- 11 Post
- 12 Syndicat d'Initiative (Touristeninformation), Amphitheater
- 13 Djerba Midoun
- 14 Publinet
- 15 Startpunkt Menzelweg
- 16 Taxistand
- 17 Jahwara
- 18 Busse
- 17 Rathaus
- 19 Viehmarkt
- 20 Markt

Zu den Wanderwegen siehe die Karte auf S. 231

dje_032 Foto: ir

Ausnahme vom allgemeinen Fotoverbot für Polizeigebäude machen. Wer eine solche Kuppel von innen fotografieren will, findet eine solche im ATP-Museum in Houmt Souk (siehe dort).

Hinter der Polizeistation und dem auffälligen Sandsteinbau des Café Gourmet gelangt man zum **Espace Toumana** mit *Nugatine* (eine besondere Art der Patisserie) und Café. Rechts liegt ein kleiner Durchgang zur **Gasse der Schuhmacher,** der Weg führt erst dahinter rechts und sofort wieder links.

Souks

In den Souks geht es ein wenig beschaulicher als in Houmt Souk zu, aber auch hier sind viele **winzige Läden** mit orientalischen Gewürzen und **kleine Garküchen** mit nur einem Gericht auf der Speisekarte zu finden. Wer bedauert, dass hier nur eine Gasse gelaufen wird, hat am Ende des Rundwegs noch gute Gelegenheit, die Souks vom anderen Ende her zu erforschen.

Historische Ölmühle

Korrekt heißt die Ölmühle **Huilerie Traditionelle FSILI;** sie ist täglich von 9–18 Uhr geöffnet, Eintritt 1 TD, Kinder bis 10 Jahre frei. Die **unterirdische Ölmühle** wurde kürzlich vollständig renoviert. Ein

dje_033 Foto: dw

dje_095 Foto: ir

Schild über dem Eingang erklärt anschaulich, wie aus der frisch geernteten Olive fertiges Olivenöl entsteht. Unten im Mühlgebäude können dann die gemauerten Behälter für die Oliven der verschiedenen Familien angesehen werden. Der Müller entnahm dort die Oliven und zerkleinerte sie zwischen den Mühlsteinen, die von einem Kamel gezogen wurden. Im Anschluss wurde der Oliven-

Bild links: Historische Ölmühle; rechts: Fantasià (Reiterspiele), Nussverkäufer

brei gepresst und das frische Olivenöl in große Tonbehälter abgefüllt. Auf dem Platz vor der Ölmühle sind an einigen Tagen Marktstände aufgebaut. Dies ist aber nicht der eigentliche Wochenmarkt, dieser wird freitags am anderen Ende des Ortes abgehalten.

Moschee Rahaman

Mit einem kleinen Abstecher gelangt man zur Moschee Rahaman, einer relativ neuen Moschee nahe der Place Meninx. Sie gibt ein gutes Fotomotiv ab, darf aber **nur von Muslimen** betreten werden.

Der Rundweg führt zurück zur Hauptstraße, links an Bonprix vorbei, dann rechts in die Rue de Hedi Chaker.

Markthalle

Nach kurzer Laufstrecke ist rechts durch einen Torbogen die Markthalle zu sehen. Am Morgen herrscht lebhaftes Markttreiben, abends spielen hier die kleinen und großen Jungs Fußball.

Geradeaus geht man nun auf das Restaurant Sidi Bou Said zu, kurz davor links zum Töpferplatz.

Töpferplatz

Der Platz ist **Teil der Einkaufsmeile,** die sich links (westlich) bis zum Amphitheater zieht. Auf dem Töpferplatz selbst werden Töpferwaren aus Guellala und Nabeul verkauft, unter den angrenzenden Geschäften gibt es viele Festpreisanbieter mit Supermarktatmosphäre.

Auf der Straße geht man zurück zum Restaurant Sidi Bou Said, dann schräg links zurück zum Start. Oder man bummelt rechts weiter durch die Gassen. Bei Hunger in der Mittagszeit ist in dieser Straße das **Restaurant Shahabe** (keine Speisekarte, Restaurantname nur in arabischer Schrift) sehr zu empfehlen.

Events im Amphitheater

Der findige Leiter des örtlichen Verkehrsamtes macht Midoun **jeden Dienstag** zum Anziehungspunkt für Touristen aus ganz Südtunesien. Jedem Zuschauer sollte klar sein, dass er es mit einer reinen Touristenveranstaltung zu tun hat, die mit den realen Feiern der Einheimischen wenig gemein hat. Das heißt nicht, dass man die Show nicht genießen kann – allein der uralte Popcornverkäufer hat etliche Fans unter den Wiederholungsgästen.

Das Spektakel beginnt mit einer **nachgestellten Berberhochzeit (Marriage Berbère)** im Amphitheater über dem Syndicat d'Initiative jeden Dienstag im Winter um 15 Uhr, im Frühling und Herbst um 16.30 Uhr, im Sommer um 17 Uhr. Die Uhrzeiten sind nicht ganz fix, das Beste ist eine vorherige Nachfrage oder eine frühe Ankunft um 14 Uhr; die eventuell anfallende Wartezeit lässt sich angenehm in einem Café oder mit einem Bummel durch die Gassen überbrücken. Der Eintritt beträgt 2 TD für Erwachsene und 1 TD für Kinder bis 14 Jahre.

Im Programm wird erklärt, dass eine Berberhochzeit vier Tage dauert. Die Sprache ist immer Französisch, der Mann am Mikro fragt aber nach den anwesenden Nationalitäten und gibt im Folgenden kurz gefasste Erklärungen auch in anderen europäischen Sprachen ab. Es folgen **Maalouf-Musik** mit Flöte und Trommel, **Tänze** und der **Auftritt eines Fakirs,** der sich bei genauerem Hinsehen als der Leiter des Verkehrsamtes entpuppt. Er ist ein Highlight des Programms, gemeinsam mit einem **Krugtänzer,** der an guten Tagen zehn schwere Amphoren mit einem Gesamtgewicht von etwa 70 Kilo auf dem Kopf balanciert. Viele Besucher sind von dem trillernden Schrei der Frau-

Der Name der Rose

Wer kann sich nicht an den armen wirren Mönch in *Umberto Ecos* Roman „Der Name der Rose" erinnern, der alle Sprachen durcheinander spricht. So kamen wir Zuschauer uns in einer der Vorführungen im Amphitheater von Midoun vor, als uns der Entertainer zum Mitmachen aufforderte mit den Worten **„Everybody klatsch your mains!"** ...

en, dem *Joujou,* beeindruckt, der als Ausdruck der Freude ausgestoßen wird.

Nach dem gut einstündigen Bühnenprogramm folgen alle Zuschauer den **Trommlern und Reitern** durch den Ort zu einem unbefestigten Weg, auf dem die Jockeys ihre Künste vorführen. Wer zufällig zu dieser Zeit in Midoun ist, hält diesen Trubel, der sich **Fantasià** nennt, für eine politische Demonstration. Durch die unzähligen Menschen, Pferde und das feierlich geschmückte Lastenkamel, die sich allesamt nur langsam durch die Straßen schieben, wird der Verkehr in der Innenstadt für einige Zeit vollkommen lahmgelegt. Dieser Teil des Programms ist auch ohne Eintrittskarte frei zugänglich.

Viehmarkt

Freitags ist Viehmarkt im **Souk el Jamaa,** manchmal auch auf dem Marktplatz in der Rue Amilcar, neben der Moschee. Die meisten Tiere wechseln schon am Vorabend oder am frühen Morgen den Eigentümer, um 11 Uhr ist alles vorbei, also ist dieser Markt nur etwas für Frühaufsteher. Am Tag des Viehmarkts werden schräg gegenüber auf den Plätzen und in den Gassen **Obst, Gemüse und sonstige Marktwaren** noch bis weit in den Nachmittag hinein verkauft. Hier lassen sich Einheimische und Touristen gleichermaßen durch die Gänge treiben und von der Atmosphäre bezaubern.

dje_031 Foto: ir

Praktische Tipps

Infos

- **Syndicat d'Initiative Touristique,** Rue 7 Novembre, Tel. 730 074, geöffnet Mo. bis Do. 9–13 und 15–17 Uhr, Fr. und Sa. 9–13 Uhr, So. geschlossen, im Juli und August 9–13 und 16–18.30 Uhr, im Ramadan Mo. bis Sa. 10–16 Uhr. Der **Tourismuschef Beji Mhenni** tritt abends in Hotels als Fakir auf und kann eine Übernachtung in einem Menzel, dem traditionellen Gehöft der Djerbi, vermitteln, wo der Gast bei der Versorgung der Ziegenherde, beim Weben oder der Olivenernte helfen darf.

Hotels

- **Djerba Midoun**€€, Rue 13 Aôut, Tel. 600 006 oder 600 140, Fax 600 093. Liebevoll im maurischen Stil eingerichtetes und sehr gepflegtes Stadthotel garni, Zimmer mit Telefon, Klimaanlage, Bad, WC und Balkon. Das Haus und sein Personal sind sehr sympathisch, die Gäste kommen im Innenhof mit Springbrunnen oder in den gemütlichen Sitzecken schnell ins Gespräch. Tiefgarage vorhanden.
- **Jawhara**€, Rue Echabi, Tel. 600 467. Sauberes Einfachhotel mit eigenem Bad im Zimmer; nicht alle Zimmer haben Fenster nach außen.

Restaurants

- **Bilel**€, Rue Salah Ben Youssef. Schlichte Einrichtung, aber gute tunesische Küche, besonders der Tintenfisch und Melouchia munden.
- **El Guestile**€, 21, Rue Marsa Ettafa, am Marktplatz, Tel. 657 724. Auf Touristen eingestellt, Seafood.
- **Khalif**€€, 2 Gabeln, Route du Phare, Complexe Commercial Hadji, Ortsausgang Richtung Leuchtturm, Tel. 657 860. Das einzige Restaurant mit Alkohollizenz im Ort, Langusten, Fischgerichte, Couscous.
- **La Couscousserie**€€, Rue 13 Auôt, gegenüber Hotel Djerba Midoun, Tel. 732 870 oder 732 870. Beliebtes Restaurant bei Djerba-Kennern. Couscous-Spezialitäten mit Fleisch und Fisch, außerdem Meeresfrüchte, Grillfisch und schmackhafte Vorspeisen.
- **Les Délices de Djerba**€€, am Kreisverkehr bei der Rue Amilcar und Avenue Ali Belhouan. Beliebte Pizzeria, in der auch die Crèpes ein Genuss sind; mit angeschlossener Patisserie.
- **Orient**€, Place de la Republique, Tel. 653 131. Nur mittags geöffnet, Einfachrestaurant.
- **Populaire**€, im Souk, Tel. 657 468. Einfachrestaurant mit typischen tunesischen Gerichten.

Ohne diese Abbildung kaum zu finden – das einfache und gute Restaurant Shahabe

• **Sidi Bou Said**€€, Place du 7 Novembre, Mobil 97/470 582. Durch den Torbogen führt eine Freitreppe auf eine idyllische Dachterrasse mit Blick auf das lebhafte Treiben in der Fußgängerzone. In dem gepflegten Ambiente ist das Teetrinken ein entspannender Genuss, das Essen schmeckt gut, ist aber vergleichsweise teuer. Selbst das Händewaschen nach dem Gang zur Toilette bleibt wegen des edlen Waschtisches mit seinen kunstvoll geschnitzten Ornamenten noch lange in Erinnerung. Geöffnet täglich außer sonntags über Mittag, im Sommer auch abends.

• **Shahabe,** Einfachrestaurant. Der Gast hat in dieser urigen Garküche täglich die Wahl zwischen zwei Gerichten, meist Couscous, Nudeln und Gulasch. Bestellt man für mehrere Personen, ist mit Einzeltellern nicht zu rechnen, der Wirt stellt eine große Schüssel in die Mitte. Einfache, gute Küche für 2,7 TD pro Person.

Cafés

• **Café de la Jeunesse,** unter den beiden riesigen Bäumen mit dem weiß-blauen Stamm gegenüber vom Syndicat d'Initiative. Junge einheimische Pärchen, alte Männer und Touristen teilen sich unkompliziert die Stühle im Schatten der großen Bäume und beobachten die Passanten.

• **Café de l'Espoir,** Avenue Salah Ben Youssef. Mit Patisserie und Gelateria.

• **Chichakhane,** an der Straße nach Houmt Souk, bei der Mercedes-Niederlassung und Buswaschanlage. Hier trinken die reichen Djerbi ihren Tee. Neues Café, geschmackvoll eingerichtet, beim Tee hat man die Wahl zwischen Mandeln und Pinienkernen, die Eistruhe ist prall gefüllt.

• **Gougou,** neues Café im Espace Toumala am Durchgang zur Gasse der Schuhmacher. Mit Terrasse, klimatisiertem Teesalon und Chicha Café.

• **Le Gourmet,** Avenue Habib Bourguiba, das hellbraune auffällige Gebäude aus Sandstein links von der Polizeistation. Kleine Auswahl an Kaffee und Kuchen, nur vier Tische, aber gemütlich und lecker. Im Sommer mit Straßencafé auf der gegenüberliegenden Straßenseite.

• **Le Palais Royal,** *Messieurs Said ben Thayer,* Rue Habib Bourguiba, Tel. 731 839, Mobil 98/470 532, 21/166 304. Edles Café mit angeschlossener Patisserie, besonders gut sind *Thé à la Menthe* und Cappuccino.

• **Les Arcades,** Rue Mohamed Badra. Gemütlich Kaffee trinken in einem sandfarbenen Bau oder unter Sonnensegeln.

Wandern

In Midoun befinden sich **Start- und Zielpunkte für vier Wanderungen** (vgl. Karte), die längeren eignen sich auch gut für eine Radtour:

• Der **Tabiaweg, 2,9 km** lang, verbindet die beiden Anfangsstücke des Menzelwegs und des Gartenwegs, eignet

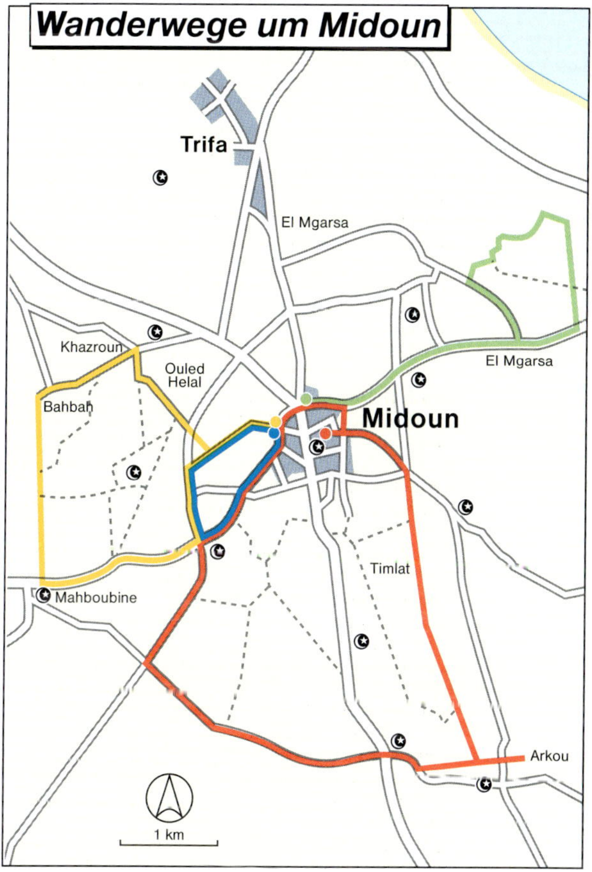

- Startpunkt Palmenweg
- Startpunkt Menzelweg
- Startpunkt Tabiaweg
- Startpunkt Gartenweg
- Moschee

sich daher gut, um sich von diesen ein erstes Bild zu verschaffen.

- An der Ölmühle beginnt der **Palmenweg.** Er ist **6,5 km** lang und führt entlang der Straße nach Taguermes zum Örtchen Mgharsa; dort läuft man auf Sandpisten zwischen Palmen, Agaven und Obstgärten.
- Der **Gartenweg** ist **8,4 km** lang. Auf ihm gelangt man zu bezaubernden Gärten und hübschen Menzels in den Orten Midoun, Mahboubine und Khasroun.
- Der **Menzelweg** beginnt am Taxistand und führt über eine Länge von **9,8 km** zu einigen sehenswerten Menzels, Zisternen und Brunnen. Auf knapp halber Strecke gibt es in Arkou die Möglichkeit zum Rasten und für einen Abstecher zu einer ehemaligen Ölmühle.

Einkaufen

- **Gewürze: Gewürzshop,** Rue de Palestine, Mobil 22/307 591, 96/958 228. Gut sortierter Laden mit wohl duftenden Gewürzen, Kräutern, Tee, Nüssen und Duftseifen.
- **Kaffee: Cafés Ben Yedder,** Rue 13 Août, Tel. 730 011. Hier gibt es den besten Kaffee der Insel zu kaufen. Zur Auswahl stehen drei Sorten, sie werden täglich frisch abgefüllt und als Bohnen, gemahlen oder löslich verkauft. Besonders die Langzeiturlauber und Überwinterer loben die gute Qualität, die nicht mit dem zu vergleichen ist, was im Rahmen der Frühstücksbuffets angeboten wird. Geöffnet Mo. bis Sa. 8–12.30 und 15–18.30 Uhr.
- **Kunsthandwerk: SOCOPA,** die staatliche Kooperative liegt in der Avenue Habib Bourguiba.
- **Lederwaren: Lederland,** Fabrik für Lederwaren, hier kann man sich Jacken, Westen, Mäntel, Hosen und was das Herz begehrt nach Maß anfertigen lassen; das dauert üblicherweise gerade einmal 24 Stunden. Herstellung in der Nähe der Ölmühle, Verkauf Ecke Avenue Mohamed Badra/Rue de Palestine, 4116 Midoun, Tel. 733 626.
- **Malerei: Chariout Mehdi** ist ein Meister seines Fachs, er weicht mit den Motiven seiner Aquarelle und Ölgemälde angenehm von dem üblichen Einheitsbrei der Souvenirläden ab. In der Galerie des Arts unter dem Theater, geöffnet tägl. 8–18 Uhr, Mobil 22/717 117.
- **Mosaiken: Lokman Ben Jeddi** hat sein Atelier unter dem Freilufttheater, der Eingang befindet sich rechts vom Syndicat d'Initiative. Er stellt Mosaiken nach klassisch römischem Vorbild her. Mobil 20/584 838 oder 98/914 339, geöffnet tägl. 8–18 Uhr.
- **Pflanzen: Pépiniere Djerba Fleurs,** Mobil 97/290 975, Fax 733 803. Blumenladen mit exotischen Topfpflanzen an der Straße nach Houmt Souk zwischen Café Chichakh und Fadloun-Moschee.
- **Schmiedearbeiten: La Forge,** Route du Phare, am Ortsausgang Richtung Leuchtturm. Die handgeschmiedeten Tische und Stühle aus schwarzem Eisen sind ansprechend

und preiswert und werden auf Wunsch auch nach Europa verschickt.

- **Souvenirs: Artisanat de l'Espoir,** Rue Hedi Chaker (links vom Bonprix-Supermarkt), Tel. 733 482, Mobil 97/382 037, bellagha_ali@msn.com. Große Auswahl an Souvenirs, Textilien, Parfüm und Schmuck. Besonders schön sind die vielen Lederarmbänder. Der Inhaber und seine Mitarbeiterin bedienen sympathisch und unaufdringlich, um einen leckeren *Thé à la Menthe* kommt man nicht herum.
- **Souvenirs:** Im **Verkaufsstand „Chez Nabil"** direkt am Eingang der Fußgängerzone arbeitet der hilfsbereite Marokkaner *Rachid,* leicht zu erkennen an den langen Rastazöpfen. Er berät offen und freut sich an jedem netten Gesprächspartner, selbst wenn kein Geschäft zustande kommt. Wer hier eine Kleinigkeit einkauft, hat gleichzeitig einen zuverlässigen Aufpasser für sein Fahrrad oder Motorrad (Abstellmöglichkeit gleich links vom Verkaufsstand).
- **Süßigkeiten: Midoun Nougatine,** Espace Toumana, und **Les Délices de Djerba,** Rue Ali Belhouane. Die gefüllten Datteln und das Mandelgebäck sind ein beliebtes Mitbringsel.
- **Supermarkt: Bonprix,** Avenue Salah Ben Youssef.
- **Teppiche: Samiex,** neben Café Le Palais Royal, Tel. 658 368, Fax 680 711. Große Auswahl an Teppichen und Kelims, Festpreise, American Express, VISA, Mastercard. Hier kann der Teppichknüpferin *Siham* über die Schulter geschaut werden. Wenn ein Arbeitsvorgang unklar ist, erklärt sie es gerne, sie spricht gut deutsch.
- **Markt:** Der Wochenmarkt findet am **Freitag** statt.

Transport

- **Bus: Inselringlinien 10 und 11** Midoun – El Kantara – Guellala – El May – La Ghriba – Houmt Souk – Midoun, **Linie 13 nach Houmt Souk.**
- **Kaleschen:** Avenue Habib Bourguiba, ortsauswärts Richtung El Kantara.
- **Louagen:** Avenue Habib Bourguiba, ortsauswärts Richtung El Kantara.
- **Tanken:** Am Ortsausgang Richtung Mahboubine.
- **Taxi:** Taxistände an der Rahaman-Moschee und am Place de la Republique; Preisbeispiele: Houmt Souk 7–8 TD, Ras Taguermes 2–3 TD, Hotelzonen 3–6 TD.
- **Tuc-Tuc:** Der Minizug zockelt dienstags und freitags aus den beiden Hotelzonen nach Midoun.

Wellness

- **Hammam Bakusch,** Avenue Salah Ben Youssef. Geöffnet von 4–11 Uhr für Männer, von 11–17 Uhr für Frauen; Hammam 2 TD, mit Gommage 4 TD.
- **Bain Maure El Ons,** an der Straße nach Houmt-Souk, Ben Amara. Geöffnet von 5–11.30 und 19–23 Uhr für Männer, für Frauen von 12–18.30 Uhr. Bei den Frauen geht es hier deutlich freundlicher zu als in dem Innenstadtham-

mam Bakusch. Hammam 2 TD, mit Gommage 4 TD, mit Massage 6 TD.

Sonstiges

- **Apotheken** (auch mit Nachtdienst): In der Avenue Salah Ben Youssef.
- **Arzt: Dr. el Messabi,** 20, Avenue Habib Bourguiba, Tel. 657 305.
- **Banken: Amen Bank,** Avenue Ali Belhouane; **BIAT,** zwischen Ölmühle und Moschee; **Banque du Sud,** Place de la Republique, alle mit Geldautomat; **Banque de Tunisie,** Avenue Habib Bourguiba.
- **Fest: Festival de Djerba** im August.
- **Geocaching:** Von der Fadloun-Moschee in der Nähe von Midoun ist es nicht weit zum Mosque Mezria Cache.
- **Krankenhaus:** Tel. 657 280.
- **Öffentliches WC:** gegenüber der Ölmühle.
- **Publinet Infonet Center,** www.infonet.com.tn, infonet@infonet.com.tn, Tel./Fax 600 356, geöffnet tägl. von 8–1.30 Uhr. 15 Min. kosten 500 Millimes, 30 Min. 750 Millimes, 1 Std. 1,5 TD.
- **Telefonieren: Tunisiana-Filiale** im Souk.

Grabmal von Bourgou

Karthagisches Grab

Das Grabmal befindet sich gut 2 Kilometer außerhalb von Midoun auf der Straße nach Houmt Souk, 1 Kilometer vor Fadloun, gegenüber der Daimler-Niederlassung; in Landkarten ist es als „Henchir Bourgou" eingezeichnet. Bei dem Grab handelt es sich um ein karthagisches Grabmal aus **pyramidenförmig** aufgeschichteten, inzwischen verwitterten Sandsteinen. Der erste Fund war ein Sarkophag in einer **unterirdischen Kammer,** die noch zugänglich, aber nicht sehr ansehnlich ist.

Moschee Fadloun

Ibaditenmoschee

Etwa 4 Kilometer nordwestlich von Midoun kommt der **nichtmuslimische Reisende** in den seltenen Genuss, eine **Moschee betreten** zu dürfen. Die ursprünglich von Ibaditen gebaute Moschee, die später malekitisch wurde, stand jahrelang ungenutzt leer und ist nun zum **Museum** aus-

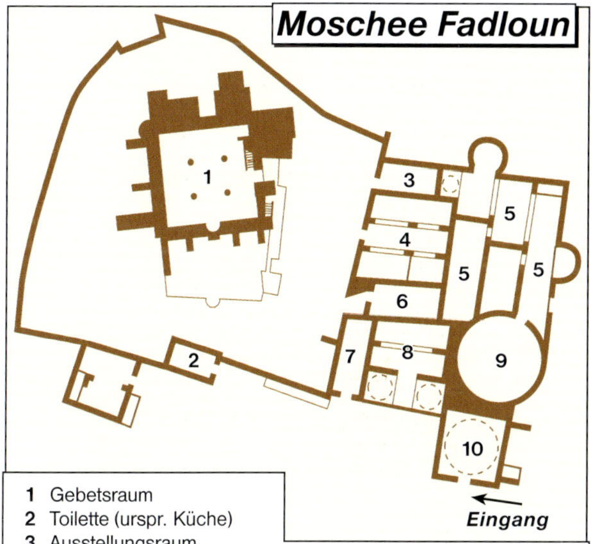

1 Gebetsraum
2 Toilette (urspr. Küche)
3 Ausstellungsraum (urspr. Wohnraum)
4 Ausstellungsfläche (urspr. Ort der alten Koranschule)
5 Ausstellungsraum (urspr. Bäckerei)
6 Ausstellungsfläche (urspr. Vorratslager)
7 Ausstellungsraum (urspr. Bahrenraum)
8 Raum für rituelle Waschungen
9 Ausstellungsraum der Mühle (urspr. Mühle)
10 Eintrittskarten (urspr. Raum der Koranschule)

gebaut worden. So haben auch Andersgläubige die Möglichkeit, sich einen Eindruck von der Architektur und Raumaufteilung einer ibaditischen Moschee zu verschaffen. Sie wirkt durch ihre dicken, unverzierten Mauern eher wie eine Trutzburg, und in der Tat sollten die Gläubigen bei Angriffen Schutz hinter den Mauern finden.

Ein **Rundgang** beginnt im früheren Raum der Koranschule mit dem Kauf einer Eintrittskarte. Im Nebenraum befindet sich die eingefasste Quelle für rituelle Waschungen. Der Raum nebenan hinter der verschlossenen Tür war ursprünglich der

Ibaditen auf Djerba

Auf Djerba, besonders in den Orten zwischen Guellala und Midoun, leben ibaditische Moslems. Die Ibaditen sind die **dritte und kleinste Gruppe des Islam** nach Sunniten und Schiiten und geht unmittelbar auf den charidshitischen Islam zurück, der sich vom 8. bis 11. Jahrhundert besonders unter den Berbern des Maghreb weit verbreitete. Diese Glaubensrichtung ist inzwischen nur in entlegenen Regionen zu finden, neben Djerba auch in Algerien, Libyen, Tansania und Oman.

Nach ibaditischer Auffassung ist für die Leitung einer islamischen Gemeinde weder die Blutsverwandtschaft mit *Mohammeds* Nachfahren noch die Zugehörigkeit zu einem bestimmten Stamm entscheidend, allein Gottesfürchtigkeit, vorbildliches Verhalten und tugendhaftes Wesen zählen dabei. Die **Ibaditen lehnen Musik, Tanz und Genussmittel in aller Schärfe ab** und werden – trotz aller Vorbehalte, Glaubensgemeinschaften miteinander vergleichen zu wollen – wegen ihrer strengen Grundsätze innerhalb des Islam mit den Mennoniten innerhalb des Christentums verglichen.

Es gibt immer wieder Stimmen, die den Ibaditen die terroristische Vergangenheit der Charidshiten im 7. Jahrhundert vorhalten und sie auch heute noch eher abfällig „Kharijis" nennen, die zu jedem Terrorakt fähig seien. Zunächst wurde ihnen auch der Terroranschlag auf die Synagoge La Ghriba im April 2002 angelastet, zu der sich im Juni 2002 dann aber Al-Qaida bekannte.

Vor Ort wird der Besucher die eher scheuen Ibaditen wahrscheinlich gar nicht wahrnehmen. Sie sprechen ihre eigene Sprache und leben recht zurückgezogen.

Bahrenraum, er soll in Kürze ebenfalls zugänglich gemacht werden. Geradeaus geht es zum Friedhof und zu den Besuchertoiletten, rechts betritt man durch ein Tor in den dicken Mauern den Innenhof mit seinen zwei Zisternen. Sie nahmen früher den Wasservorrat für die Moschee und die benachbarten Höfe auf. Rechts gelangt man zu Vorrats- und Wohnräumen. In die Wand einer der Vorratsräume wurde ein Durchgang zur Bäckerei gestemmt. Hier sind der große Ofen und die Mühle mit Mühlrad und Antriebsholz zu sehen.

Ohne Fenster, schmucklos, blendend weiß – die Moschee Fadloun (unten: Mühlrad mit Antriebsholz im Innern)

dje_034 Foto: ir

dje_035 Foto: r

Der **Gebetsraum** der Moschee ist mit 72 x 75 Metern fast quadratisch, sein Dach zieren neun Kuppeln. Er kann nur angesehen, nicht aber betreten werden. Im Sommer wurde oft im Freien gebetet. Aus diesem Grund wurden in die Außenmauer zum Friedhof hin Nischen gegraben und zu Mihrabs gemacht.

- **Geöffnet:** 01.04. bis 15.09. 8–20 Uhr, 16.09. bis 31.03. 8–17 Uhr (tägl. außer Montag).
- **Eintritt:** 2 TD, Kinder unter 6 Jahren frei, Fotoerlaubnis 1 TD. Die Erklärungen der Schautafeln sind in Arabisch, Französisch und Englisch niedergeschrieben, zum Teil auch in Deutsch.

Batiment Ben Ayed

Palastähnlicher Bau

Etwa 1 Kilometer westlich der Moschee Fadloun führt eine Straße Richtung Jemaa el Gueid. Folgt man dem entsprechenden Wegweiser bis zu einer Moschee, biegt dort links ab und folgt der Straße, kommt man an einer Schule vorbei. Die Straße wird zur Piste und führt zur Ruine eines beeindruckenden Großbaus aus dem 18. Jahrhundert. Erhalten sind **nur noch die Außenmauern.** Der Inselgouverneur hatte diesen palastähnlichen Bau in Auftrag gegeben, um dort zu leben. Gegner seiner Politik und Kriminelle ließ er damals auf dem großen Hinrichtungsplatz töten. Wenn man das Gebäude betritt und die Treppe hochgeht, kommt man durch die Tür links zu einem großen Brunnen. Nicht erschrecken: Eine nette Familie hat sich dort oben einquartiert, der Vater zeigt auch gerne das Gebäude.

Arkou

Nachfahren von Sklaven

Etwa auf halber Strecke zwischen Midoun und Aghir führt eine kleine Straße ostwärts Richtung Arkou. In diesem Dorf leben besonders **viele Einwohner mit dunkler Hautfarbe.** Sie sind Nachfahren der Sklaven aus dem Sudan, die einst nach Djerba verschleppt wurden oder sich nach dem Verbot des Sklavenhandels 1946 auf der Insel niederließen. Schon früh im 19. Jahrhundert war ihnen das Recht auf einen eigenen Markt eingeräumt worden. Entsprechend gibt es viele Händler, Gärtner und Bauern unter ihnen. Ihre besondere Vorliebe für die Musik macht sie zu **begehrten Musikanten** bei Hochzeiten, Festen und Folkloredarbietungen.

dje_036 Foto: ir

dje_047 Foto: ir

DJERBA
Die Mitte

El May

Genau in der Mitte der Insel

Ziemlich genau in der Mitte Djerbas liegt El May. In diesem Ort plätschert das Leben **beschaulich** vor sich hin, einzig am Markttag wird es etwas lebendiger.

Zentrale Kreuzung

Die zentrale Straßenkreuzung in El May wird gebildet durch die von Nord nach Süd verlaufende **Avenue du 7 Novembre** von Zarzis nach Houmt Souk und die West-Ost-Achse **Avenue de la Republique** von Ajim nach Midoun. In der südöstlichen Ecke dieser Kreuzung liegt der Markt. Südlich der Avenue de la Republique liegt die Avenue Farhat Hached.

Moschee Oum el Turkia

Die geografische Trennlinie zwischen Ibaditen und Malekiten führte einst durch das heutige El May. Hier steht in der Ortsmitte eine **ibaditische Moschee** aus dem 16. Jahrhundert mit der typischen festungsähnlichen Architektur, den mächtigen Stützpfeilern, einem auffälligen eiförmigen Turm und fast 1,5 Meter dicken fensterlosen Mauern, in denen sich an der einen oder anderen Stelle Schießscharten erahnen lassen. Weder die Moschee noch der Hof dürfen von Andersgläubigen betreten werden.

dje_037 Foto: dw

Bild auf den Seiten zuvor: Töpfer in Guellala

Praktische Tipps

Essen und Trinken

- **Café Azaiez,** Avenue de la Republique. Unter den Cafés in El May das edelste, innen sitzt man auf zwei Etagen, außen unter schattigen Bäumen. Große Kuchenauswahl, sehr guter *Café Turk* und *Thé à la Menthe*.
- **Café Les Étoiles,** am Markt. An Markttagen ist das Café brechend voll.
- **Café el Jazira,** Avenue du 7 Novembre. Mit kleiner Patisserie.
- **Fasd Food,** an der Zentralkreuzung. Die köstlichen Tabounas und Briks des Inhabers sind deutlich besser als seine Rechtschreibkenntnisse.
- **Restaurant Ala Eddine,** am Markt, Zufahrt von hinten durch die Straße an der Polizeistation, dort auch Parkmöglichkeit, Mobil 97/907 272. Das einzige Restaurant im Ort bietet solide tunesische Hausmannskost zu ortsüblichen Preisen.

Einkaufen

- **Backwaren: Patisserie, Croissanterie et Boulangerie Terrs,** Avenue Farhat Hached. Verführerisch duftende Croissants, Schokocroissants und andere Leckereien. Wer danach Durst hat, findet hier auch eine große Auswahl an Getränken, sogar so seltene wie roten Johannisbeersaft.
- **Brot: Bäckerei El Jebali,** verschiedene Brotsorten.
- **Kuchen: Patisserie du Soleil,** Avenue de la Republique. Gute Auswahl an Kuchen und Keksen.
- **Zeitungen: Librairie Elfaouz,** Avenue du 7 Novembre. Französische Zeitungen und Magazine.
- **Markt:** Am Samstag findet rund um die Moschee in der Ortsmitte der übliche Obst- und Gemüsemarkt statt; hier werden auch Textilien aus Libyen feilgeboten.

Transport

- **Bus:** nach Houmt Souk/Midoun und nach Sedouikech/Zarzis.
- **Tanken:** An der Avenue du 7 Novembre.
- **Taxistand:** An der Avenue de la Republique zwischen Zentralkreuzung und Kreisverkehr.

Sonstiges

- **Bank:** Zweimal in der Avenue de la Republique, jeweils mit Geldautomat.
- **Post:** Ebenfalls in der Avenue de la Republique.

Markttag in El May

Guellala

Ort mit langer Töpfertradition

Gebrauchs-keramik

Guellala und Sedouikech verbindet eine ungefähr 4 Kilometer lange Senke mit rotem Mergel, der Grundlage für die lange Töpfertradition dieser beiden Orte ist. Die hier gefertigte Gebrauchskeramik ist bei Einheimischen und Besuchern gleichermaßen beliebt. Guellala gilt neben Nabeul als führender Herstellungsort für tunesische Keramik. Und das **Angebot ist unwiderstehlich:** Vor den Gebäuden, in Höfen, auf Karren und Mauern stapeln sich die schönsten Töpferwaren - Krüge, Töpfe, Teller, Vasen und Schalen, ein Gegenstand schöner als der andere. Der Besucher hat hier wirklich die Qual der Wahl - und das wissen auch die vielen jungen Männer, deren Wettstreit in Verkaufskunst auf der Hauptstraße ein Erlebnis für sich ist, wenn man es mit der nötigen Gelassenheit betrachtet.

Gargou-lette

Feinschmecker begegnen einer alten Bekannten wieder, der Gargoulette. Dieser **amphorenartige Krug** wird von den Fischern rund um Djerba eingesetzt, um Tintenfische zu fangen. Restaurantköche schätzen das Gefäß als **Garbehälter:** Fleisch, Gemüse und Kartoffeln werden in einer Gargoulette im Ofen gegart und erlangen so einen sehr aromatischen Geschmack.

Produk-tion und Verkauf

Der Grundstoff für die Töpferwaren wird in bis zu 80 Meter tiefen **Schächten** *(Ghiran)* abgebaut, in die schmale, steile Treppen führen. Auch heute noch kommt es immer wieder zu tödlichen Unfällen, wenn einer der ungesicherten Stollen ein-

Töpfer bei der Arbeit an der Drehscheibe

dje_038 Foto: dw

bricht oder bei plötzlich einsetzendem Starkregen in kürzester Zeit vollläuft.

Der zutage geförderte **Lehm** wird getrocknet und mit einem Stößel zerkleinert. Die Qualität der fertigen Keramik ist stark davon abhängig, wie fein der Töpfer das Pulver reibt. In einer Mulde wird dieser Mergel nun wieder mit Wasser versetzt und zu gebrauchsfertigem Ton verarbeitet. Der Töpfer hat in Guellala sogar die Wahl, welche Farbe das Endprodukt haben soll: Wird der Mergel mit Süßwasser verarbeitet, entsteht nach dem Brennen eine dem Terrakotta ähnliche rötliche Farbe; kommt Salzwasser zum Einsatz, wird das fertige Produkt hellgelb, fast weiß.

Auf der **Drehscheibe** stellen die Töpfer in erster Linie Töpfe, Krüge und Amphoren her. Neben dieser **traditionellen Gebrauchskeramik** für den heimischen Markt dürfen aber auch **kleinere Gefäße** nicht fehlen, die für Touristen leichter zu transportieren sind. Besonders begehrt sind Kerzenleuchter, Aschenbecher und große Tassen.

Die Gefäße müssen **60 Tage trocknen,** bevor sie für vier bis acht Tage im zugemauerten, schmauchenden Ziegelofen gebrannt werden. Diese **Öfen** sind oft unterirdisch angelegt und werden mit Olivenholz und Palmzweigen befeuert. Weitere 10–14 Tage vergehen, während die Gefäße noch im Ofen stehend langsam abkühlen. Inzwischen gibt es auch in Guellala elektrische Brennöfen, d.h. auch hier ist jetzt Glasur möglich. Gewählt werden Berbermotive. Diese werden von den weiblichen Familienmitgliedern zu Hause gemalt, während die Männer die Brennöfen befüllen und die Ware feilbieten.

Wer zu einer der **Töpferwerkstätten** geht, die nicht unmittelbar an der im Sommer ziemlich überlaufenen Hauptstraße liegen, kann die Handwerker noch an der fußbetriebenen Töpferscheibe oder beim Befüllen des Brennofens beobachten. Hier sind auch die Gussmodelle zu sehen, mit denen viele der Verkaufsobjekte mittlerweile gegossen werden, weil dies schneller geht und eine gleichmäßigere Form erbringt. Man freut sich, wenn etwas gekauft wird, bleibt aber auch freundlich und unaufdringlich, wenn es nicht so ist. Angesichts der nicht sehr üppigen Einkünfte der Menschen hier sollte ein kleines Trinkgeld selbstverständlich sein, wenn sie als Fotomodell herhalten mussten.

Selbst verglichen mit Sonderangeboten in Baumärken und Gartencentern in der Heimat sind die **Preise moderat.** Für Urlauber mit Garten oder Balkon, die hier nach einer Saharatour mit dem eigenen Fahrzeug vorfahren, ist Guellala daher das Paradies auf Erden. Flugreisende müssen bei den Krügen und Amphoren die Transportkosten berücksichtigen.

Das „magische Kamel“

Man muss nicht lange warten, bis einer der Händler das vermeintliche Highlight der Guellala-Töpferkunst aus dem Hut zaubert und vorführt – das „magische Kamel“. Wird Wasser in ein Loch im

Touristennepp ...

... oder einfach nur **Anpassung an die Kundenwünsche?** Diese Frage stellt sich beim Anblick der kunterbunten Ware auf der Hauptstraße, die meist gar nicht aus Guellala stammt, sondern im nordtunesischen Nabeul hergestellt wurde. Wer konkret nachfragt, ob diese Schüssel mit dem hübschen blauen Fischmotiv oder jener vielfarbige Aschenbecher vor Ort gefertigt wurde, erhält in der Regel eine ehrliche Antwort. Erst zwei Betriebe in Guellala haben sich einen elektrischen Brennofen leisten können, der auch die für den **Glasurbrand** erforderlichen hohen und gleichmäßigen Temperaturen erreicht, alle übrigen ziehen das althergebrachte Brennen mit Olivenholz vor. Es ist oft zu beobachten, dass Touristen zwar die schlichten unglasierten Arbeiten der örtlichen Töpfer loben, sich dann aber doch für ein farbenprächtigeres Stück entscheiden. In Guellala sieht man sich eher als Handwerker, und da Nabeul eher für Kunst steht, kommt der Gedanke an Konkurrenz im eigenen Verkaufsstand nur selten auf. Und was ist dagegen einzuwenden, wenn das eigene Sortiment durch grundsätzlich verschiedene, aber qualitativ ebenbürtige Ware der Landsleute ergänzt wird?

dje_039 Foto: dw

Befüllung eines „magischen Kamels“

dje_040 Foto: ir

Krüge und Amphoren stapeln sich vor einer Töpferei

Rücken gefüllt und das getöpferte Kamel dann herumgedreht, so erwartet man, dass das Wasser bei erneutem Drehen auch wieder aus der Öffnung im Rücken fließt. Aber nein, es fließt aus dem Maul ...!

Geschichte der Keramikproduktion

Keramik seit 1500 v.Chr.

Wahrscheinlich stieg in Guellala schon 1500 v.Chr. Rauch aus den ersten Brennöfen. Weil es nur wenige Lehmvorkommen in der Region gibt, die hochwertige Keramik ermöglichen, machte sich

Djerba schon bald einen Namen bei der Verbrauchskeramik. Bereits den **Phöniziern** war die gute Qualität des Tons aus Guellala bekannt. Sie verschifften Keramik aus dem nicht mehr existenten Hafen von Guellala in die Hafenstädte Tunesiens und in den gesamten Mittelmeerraum. Besonders beliebt war sie in Form von Vorratsgefäßen und zum **Transport von Wasser, Wein und Olivenöl.** Die porösen Behälter hielten den Inhalt durch Verdunstung kühl.

Namensursprung

Damals hieß Guellala noch **Haribus,** was sich aus dem jüdischen Wort *Heres* für Gefäß herleiten lassen soll. Einen ähnlichen Ursprung vermutet man bei dem wohl von dem arabischen *K'olla* (= Gefäß) abgeleiteten heutigen Ortsnamen.

Weit verbreitete Töpferwaren

Neben dem Seeweg wurde Guellala-Keramik bis vor kurzem auch auf dem Landweg mit Karawanen in **alle Regionen der Sahara** vertrieben. In vielen abgelegenen Orten Südtunesiens wird darin auch heute noch ein Vorrat an Datteln oder Oliven gehalten, in den größten Behältern sammeln Mütter die Aussteuer für ihre Töchter, wenn sich die Familie eine hölzerne Aussteuertruhe nicht leisten kann.

Immer weniger Betriebe

Von den in früheren Jahren gezählten 400 Betrieben sind heute **noch knapp 40** in Betrieb und arbeiten nach den traditionellen Methoden. Dieser gewaltige Rückgang hat **vielfältige Gründe:** Viele junge Leute wanderten in die Hotelzonen ab, wo sie als Kellner und Zimmermädchen über regelmäßige Einkommen verfügen, für die sie nicht so hart körperlich arbeiten müssen wie in einer Töpferei. Ferner ging der Bedarf an irdenen Vorratsbehältern zurück. Viele Tunesier ziehen bei der Vorratshaltung inzwischen Kunststoffdosen vor, Wasser kommt aus der Leitung, Export in andere Mittelmeerstaaten findet kaum noch statt, und Touristen kaufen lieber die bunt glasierten Töpferwaren aus Nabeul. Manch eine Töpferwerkstatt wurde in den letzten Jahren in ein Restaurant, einen Imbiss oder ein Café umgewandelt; damit kann man die Besucher des Ortes ja auch glücklich machen. Die Töpfer, die noch tätig sind, können ganz passabel von den Verkaufserlösen leben, der Konkurrenzdruck ist erträglich.

Orientierung

Zentrale Kreuzung

Die zentrale Kreuzung von Guellala besteht aus einer **Straßengabelung:** Von Nordwesten (Erriadh, Zuwege nach Robbana und El May) nach Osten (Museum, Seduikech) führt die Hauptstraße; von Südosten mündet die Straße nach El Kantara in diese ein.

Sehenswertes

Ibaditenmoschee

Wie die meisten ibaditischen Moscheen präsentiert sich auch die von Guellala mit einem **wuchtigen Minarett,** das bei der Errichtung auch als Wehrturm konzipiert wurde. Die Moschee aus dem 15. Jahrhundert darf von Andersgläubigen nicht betreten werden. Sie ist **eine der meistfotografierten Moscheen auf Djerba** und taucht auf fast jeder Postkarte der Serie „Mosques de Djerba" auf, meist als Idylle im Sonnenuntergang zusammen mit einer Palme fotografiert.

Römische Ruinen

Nur etwa 400 Meter entfernt liegen westlich der Moschee am Meeresufer einige Mauerreste aus der Römerzeit frei, in der Verlängerung auch unter dem Wasserspiegel. Diese Fundstelle scheint archäologisch unbedeutend zu sein, denn weder ihr Name noch der ursprüngliche Zweck des Baus sind zu ermitteln. Die Bauern der Umgebung fin-

Darstellung der Beschneidungszeremonie im Musée du Patrimonie

den regelmäßig beim Pflügen Marmorstücke und kleinere Mosaiken, für die sich aber zu ihrem großen Bedauern niemand interessiert.

Musée du Patrimonie

Das **Volkskundemuseum** in Guellala hoch oben auf dem Hügel nördlich des Dorfs geht auf die Initiative eines djerbischen Schuldirektors zurück. Es wurde eher für den Heimatkundeunterricht als für Touristen konzipiert. Dies möge man beim Besuch bedenken, wenn manch eine Darstellung den europäisch sozialisierten Augen nicht gefällt. Zum **Verständnis der Sitten und Gebräuche** der südtunesischen Landbevölkerung ist das Gezeigte aber trotzdem – oder eben genau deshalb – sehr hilfreich und uneingeschränkt empfehlenswert. Besonders Kindern erschließt sich durch die Darstellung von Alltagsszenen und Festen mit lebensgroßen Puppen die Kultur ihres Gastlandes.

Schon die **Architektur des Museums** ist lehrreich: Es wurde in Form eines Menzels gebaut, gleicht also dem traditionellen Gehöft auf Djerba. Um einen großen sonnendurchfluteten Hof mit vielen idyllischen Sitzgelegenheiten zwischen Bougainvilleen steht schützend das Gebäudege-

dje_041 Foto: ir

viert. Darin sind die einzelnen Ausstellungsräume als Rundgang angelegt.

Alle **Darstellungen** sind **durch passende Musik unterlegt.** Besonders beeindruckend sind die aufwendigen Hochzeitsvorbereitungen im Frauengemach und die Beschneidungsfeier, denn es werden nicht nur die angenehmen Seiten illustriert: Der zappelnde kleine Junge, der sich mit aller Kraft gegen das Bevorstehende zur Wehr setzt, wird ebenso gezeigt wie die üppige Feier danach, in der er wie ein Prinz behandelt wird. Und bei der Szene, in der die Braut die Haare am ganzen Körper entfernt bekommt, leidet fast jede Besucherin hörbar mit ...

Auch der **berufliche Alltag** kommt nicht zu kurz. Die Wollverarbeitung von der Schur bis zum Färben und Weben nimmt einen breiten Raum ein. In der unterirdischen Ölmühle zieht sogar noch ein Kamel seine Runden, ebenso sein „Kollege", der nebenan auf der Tenne beim Dreschen eingesetzt wird: Dazu zieht das Kamel einen Schlitten, auf dem ein Mensch sitzt, über das Getreide; durch das Gewicht werden die Körner vom Stroh getrennt.

Eine **Galerie für zeitgenössische Kunst** präsentiert in ihren Wechselausstellungen vorwiegend Malerei, zeitweilig auch andere Grafiktechniken und Bildhauerei.

Maurisches Café, Imbiss, À-la-carte-Restaurant, **Aussichtsminarett** und Souvenirbuden runden das Besuchserlebnis ab. Vom Aussichtsminarett genießt man bei klarem Wetter eine Aussicht auf das Meer in alle Himmelsrichtungen (der Aufstieg kostet 1 TD).

- **Geöffnet:** tägl. 8–18 Uhr, Juli und August 7–23 Uhr.
- **Eintritt:** 5 TD, Kinder 2,5 TD, Fotoerlaubnis 1 TD, Filmerlaubnis 3 TD.
- **Fototipp:** Wer Einfluss auf den Zeitpunkt seines Besuchs hat, sollte den späten Nachmittag wählen. Vom Minarett herab lassen sich Sonnenuntergang und Abendrot besonders gut beobachten und fotografieren.

Töpfer-werkstätten

Es fällt schwer, eine der drei Dutzend Töpfereien hervorzuheben. Zu empfehlen ist ein Bummel durch den Ort, bei dem möglichst viele Auslagen in Augenschein genommen werden können. Die Preise sind überall ähnlich. Wird ein ganz konkretes Teil gesucht, das der Angesprochene nicht vorrätig hat, fragt er auch bei den Kollegen nebenan herum, und der Gewinn wird unter Anbieter und Vermittler geteilt. Die schönsten Exemplare von Guellala-Keramik fanden wir stets bei **Galfat Abdelgani;** seine Werkstatt liegt im Zentrum, etwas zurückversetzt von der Hauptstraße.

Auch etwas außerhalb des Ortszentrums lohnt sich ein Halt. Der frühere Dorfschreiber **Younes El Ghoul** soll das „magische Kamel" (s.o.) erfunden haben, sein Sohn führt nun sein Atelier an der Straße nach El Kantara fort.

Besonders anschauliche Erklärungen ihrer Handwerkskunst geben **Fethi Ben Aissi** in seiner Werkstatt an der Straße nach Ajim und **Fethi Ben Youssef** im Ortsteil El Fahamine an der Straße nach El Kantara (siehe auch „Einkaufen").

Ölmühle

Ali Berbers Höhle mit seiner traditionellen Ölmühle an der Straße nach El Kantara ist ein Gesamtkunstwerk; das Gebäude ist an der Keramiklandkarte auf der Eingangstür gut zu erkennen. Selbstverständlich kann man hier gutes Olivenöl kaufen. Aber die Art, wie *Ali* erklärt, dass seine Vorfahren hier schon zur Römerzeit Olivenöl hergestellt haben und wie genau dies heutzutage gemacht wird, grenzt schon an Erlebnisshopping. Er klettert sogar in eine riesige Amphore, um zu zeigen, wie sich *Ali Baba* und die 40 Räuber im Märchen versteckten. Ein Eintritt wird nicht verlangt, für die Besichtigung und Show ist aber ein kleines Trinkgeld durchaus angemessen.

Wer im November oder Dezember zur Zeit der Olivenernte im Ort weilt, wird von Ali weitere 200 Meter die Straße nach El Kantara hinuntergeschickt. Dort, etwa auf Höhe des Kilometersteins

„7 km", befindet sich nämlich die **neue Ölmühle,** bei der man sehen kann, was *Ali* vorher schon pantomimisch zum modernen Pressverfahren erklärt hatte.

Praktische Tipps

Essen und Trinken

- **Grillades Corby,** an der Straße nach Sedouikech. Obwohl sich der Wirt viel Mühe mit Neuanpflanzungen rund um sein Grillrestaurant gibt, liegt es auf einem Hügel inmitten einer dürren, kargen Umgebung. Gäste werden an sonnigen Tagen mit einem hinreißenden Blick auf die nahe Guellala-Bucht entschädigt. Einheimische Küche, besonders zu empfehlen sind die gefüllten Teigtaschen.
- **Le Dauphin Bleu,** an der Straße zum Museum, Mobil 22/804 659. Fischrestaurant und Pizzeria. Kleine Karte, guter Fisch. Der Chef holt ein Tablett mit Fischen aus dem Kühlschrank, und man sucht sich den schönsten aus.
- **Restaurant La Grande Jarre,** an der Straße zum Museum, Mobil 22/188 312. *Lassad* war früher Töpfer wie alle anderen Familienmitglieder. Weil er aber sehr gut kochen kann, hat der Familienrat ihm Mut zu diesem Restaurant mit Berberspezialitäten gemacht. Garnelen, fangfrischer Fisch und Couscous sind immer im Angebot, auf Vorbestellung Fleisch à la Gargoulette – sehr schmackhaft! Man sitzt draußen unter Arkaden, in der Hochsaison auch oben auf der Dachterrasse. Alle Fleisch- und Fischgerichte werden in großen amphorenförmigen Tonöfen gegrillt. Die Familie betreibt rechts daneben einen Keramikladen.
- **Café Ben Dilane,** Rue Salah Ben Youssef (rechts von der Polizeistation). Hier gibt es einen guten Mokka und immer einen netten Ausflugstipp. Unscheinbares Café in einer Gebäudeecke zwischen ehemaligem Fotogeschäft und Keramikladen.
- Das **Café Maure** im Guellala-Museum, Tel. 761 121, ist weit mehr als nur ein Café. Zugegeben, hier trinkt man in stilvoller Umgebung mit herrlichem Fernblick einen der besten Mokkas der Insel. Aber auch die Speisekarte in der angeschlossenen „Pizzeria" kann sich sehen lassen. Der Fisch ist fangfrisch, das Couscous köstlich. Pizza steht zwar auf der Karte, ist aber längst nicht an jedem Tag im Programm.
- **Café La Jeunesse,** auf dem Marktplatz. Heißt zwar Jugendcafé, scheint aber der Treffpunkt der älteren Männer von Guellala zu sein. Sie trinken Tee und Kaffee, palavern und spielen Domino und Schach. Die Einheimischen sitzen in den schattigen Arkaden und blicken gemeinsam in eine Richtung auf den Marktplatz, die Touristen setzen sich im Kreis um die Tische in der Sonne ...

• **Café La Republique,** fast ausschließlich von Einheimischen besuchtes Café an der Straße rechts der ATB-Bank.
• **Chez Noureddine,** neben dem Café La Republique. Beliebter Imbiss, in dem besonders gute Cassecroutes (belegte Baguettebrötchen) gemacht werden.

Einkaufen

Ohne Frage steht **Keramik** ganz oben auf dem Einkaufszettel für Guellala. Wer sich nicht von Verkäufern hetzen oder von besonders bunten und üppigen Auslagen blenden lässt und ohne Zeitdruck bei verschiedenen Handwerkern Preise und Qualität vergleicht, wird am Ende wahrscheinlich ein echtes Schmuckstück sein Eigen nennen können. In den größeren Läden ist eine Bezahlung auch mit Mastercard und VISA möglich. Hier einige Preisbeispiele: „Magisches Kamel" 3 TD, Aschenbecher 2–3 TD, Kanne und 6 Tassen 15 TD, Kaffeebecher 4 TD.

• **La Broche,** an der Straße zum Museum, Mobil 97/289 123, Fax 761 647. Die Inhaber gehören zu den ersten Töpfern, die sich einen Glasurbrandofen gekauft haben, sie können daher auch farbige Keramik verkaufen. Hier ist nur der Verkaufsraum, weil nebenan ein Familienmitglied ein gutes Restaurant betreibt, gemalt und gebrannt wird im Ortszentrum.
• **Poteries Traditionelles Romdan Ben Mahmoud,** Rue Salah Ben Youssef. Weitläufiger Innenhof mit vielen Töpferwaren, unterirdische Ölmühle. Der Besitzer war schon auf vielen Tourismusmessen weltweit, u.a. 1996 in Stuttgart.
• **Poterie Antique,** neben Polizeistation und Café Ben Dilane. Der wettergegerbte *Bob Dilain Chadok* verkauft traditionelle Töpferwaren mit Berbermotiven. Hier sind ferner viele spaßige Dinge aus Keramik zu finden, etwa ein Zauberkrug, eine getöpferte Mausefalle und eine Dose, bei der man merkt, wenn jemand genascht hat ...!
• **Maison Berbère** (Berberhaus), Rue Salah Ben Youssef, Mobil 98/602 132. Mehrere hundert Jahre alt, Decke aus großen Palmenstämmen, Boden aus feinem Saharasand.
• **Galerie für Töpferei,** Rue Salah Ben Yousef, links von der BNA-Bank und Polizeistation, Tel. 760 780. Man nimmt den Wunsch vieler Touristen ernst und zeichnet alle Waren mit Festpreisen aus. *Faouzi* spricht sehr gut deutsch. Große Auswahl an Töpferwaren.
• **Boutique Les Arcades,** Rue Salah Ben Youssef, das übernächste Gebäude rechts vom Café Ben Dilane. Neben dem „Magischen Kamel" gibt es hier auch eine „Magische Kanne", aus der Wasser fließen kann, obwohl Löcher in der Kannenwand sind, und einen „Magischen Topf", bei dem der Deckel plötzlich nicht mehr passt.
• **Literatur und Karten** sind in der gut sortierten Verkaufsausstellung des Guellala-Museums in einer auf der Insel unvergleichlichen Vielfalt erhältlich. Auch andere Souve-

nirs, Töpferarbeiten und Korbflechtereien werden dargeboten. Die in der typischen Kleidung der Guellala-Frauen gekleideten Verkäuferinnen beraten gut und angenehm unaufdringlich.

- **Malerei:** In der Galerie im letzten Raum des Rundgangs durch das Guellala-Museum (s.o.) ist zeitgenössische djerbische Malerei für jeden Geschmack und Geldbeutel zu finden; es überwiegen Landschaftsmalereien.
- **Markttage:** Sonntag und Mittwoch, die Händler beginnen oft schon am Vorabend mit dem Auslegen ihrer Ware; um 12 Uhr ist nichts mehr davon zu sehen.

Transport

- **Bus:** Die **Buslinie 14** führt von Houmt Souk über El May und Sedouikech nach Guellala und verkehrt anschließend über Erriadh zurück nach Houmt Souk. Eine Fahrt kostet 800 Millimes und dauert etwa 30 Minuten.
- **Taxi:** Taxistand am Marktplatz, eine Taxifahrt in die Hotelzone kostet 6–9 TD.
- **Tuc-Tuc:** Auch das einmal wöchentlich verkehrende Touristenbähnchen steuert Guellala an, allerdings mit verhältnismäßig kurzem Aufenthalt.

Fest

- Ende Juli oder Anfang August wird in Guellala ein großes **Töpferfest** gefeiert. Infos über das genaue Datum haben die ONTT-Büros und viele Hotelrezeptionen.

Sonstiges

- **Bank:** Die Arab Tunisian Bank am Markt hat einen Geldautomaten.
- **Öffentliches WC:** Im *Bloc Sanitaire* an der Moschee; nur zu Marktzeiten geöffnet.

dje_042 Foto: ir

Moschee Sidi Yati

Malerische Lage

Am südlichen Ortsausgang von Guellala schließt sich ohne deutliche Trennung das Örtchen **El Fahmine** an. Folgt man dort kurz vor dem Ortsausgang der Piste rechts zum Meer etwa 800 Meter, gelangt man zur malerisch gelegenen Moschee Sidi Yati, die bei Sonnenuntergang ein herrlich kitschiges Fotomotiv abgibt. Die **Ibaditenmoschee** aus dem 9. Jahrhundert wird nicht mehr zum Gebet genutzt und darf daher auch von Andersgläubigen betreten werden. Die Moschee wird seit Jahren renoviert. Auch wenn sie bis zum Abschluss der Arbeiten weder besichtigt noch in strahlendem Weiß fotografiert werden kann, ist dies ein ungestörter Ort, an dem schon im November **Safran-Krokusse** und **Flamingos** zu sehen sind. Hier, im wechselfeuchten Marschland des **Sebkhet Rougou,** sind häufig Vögel zu beobachten.

Achtung: Wer mit dem Taxi zur Moschee gefahren werden will, landet oft stattdessen an einer nördlich gelegenen Moschee, die in den meisten Karten als **„Mosque Guellala"** eingezeichnet ist. Sie ist auch schön anzusehen, aber es handelt sich eben nicht um Sidi Yati!

Bucht von Guellala

Vielzahl an Vögeln

Die Straße nach Ajim führt nach knapp 2 Kilometern zur Bucht von Guellala, an der nur noch ein paar alte Häuser stehen, die inzwischen zu Ställen umfunktioniert wurden. Am Ufer bieten sich nun gute Beobachtungsmöglichkeiten für eine Vielzahl von Vögeln, die hier nach Futter suchen. Man muss nicht lange warten, bis ein Blässhuhn, ein

Haubentaucher, ein Graureiher oder gar ein Flamingo in guter Fotografierentfernung erscheint.

Noch etwas weiter Richtung Ajim sind in der **Lagune** mit einigen Flachwassertümpeln regelmäßig Seeregenpfeifer, Uferschnepfen, Löffler, Rot- und Grünschenkel, Strand-, Flussufer- und Kampfläufer sowie Brachvögel zu sehen, die mitunter von einem Lannerfalken aufgemischt werden. Auf der trockeneren gegenüberliegenden Straßenseite sind es eher Kurzzehenlerchen, Haubenlerchen, Grasmücken, Schafstelzen und Pieper.

Erriadh

Synagoge La Ghriba

In dem netten kleinen Ort mit guter Infrastruktur sind die Menschen wunderbar unaufdringlich, keiner quatscht Besucher an oder will sie gar in einen Teppichladen schleppen. Selbst am Markttag sind im Ort keine Touristen zu sehen. Europäer kommen nahezu ausschließlich nach Erriadh, um die Synagoge La Ghriba zu besichtigen, das unumstritten **bedeutendste Heiligtum der Insel.** In Erriadh lebt der Künstler *Mohamed Desrati,* bekannt durch seine Nischenmalereien im Museum Guellala; er hat hier aber kein Verkaufsatelier.

dje_043 Foto: ir

Geschichte

Juden

Erriadh hieß früher **Hara Seghira.** Das bedeutet „Kleines Getto" und war lange Zeit zutreffend, denn etwa 6 Kilometer nördlich bei Houmt Souk lebten in Hara Kebira („Großes Getto"; s.u.) deutlich mehr Juden. Schon zur Zeitenwende siedelten in Hara Seghira viele **Flüchtlinge,** die nach den beiden Zerstörungen der Tempel in Jerusalem eine neue Bleibe suchten und eine erste Synagoge bauten. Später folgten jüdische Flüchtlinge aus Andalusien.

Orientierung

Rue Cheikh Ben Yaala

Im Ortszentrum wird die Avenue Habib Bourguiba von Guellala nach El May von der Rue Cheikh Ben Yaala gekreuzt, die **zur Synagoge** La Ghriba führt und deshalb oft auch Rue La Ghriba genannt wird. Die Synagoge liegt etwa 1 Kilometer außerhalb des Ortes. Auf dem Weg dorthin gehen rechts die Rue de la Pepinière und die Rue Ennakhil ab. In Gegenrichtung führt die Rue Cheikh Ben Yaala zum Hotel Dar Dhaifa.

Synagoge La Ghriba

Älteste Synagoge Afrikas

La Ghriba wurde vermutlich **586 v.Chr.** von Juden erbaut, die nach der Zerstörung Jerusalems durch den Babylonierkönig *Nebukadnezar* aus Palästina flohen. Sie ist damit die älteste Synagoge Afrikas mit einer der weltweit ältesten jüdischen Gemeinden. La Ghriba gilt als **eine der heiligsten Stätten des Judentums,** denn die gläubigen Flüchtlinge sollen bei ihrer Flucht aus Jerusalem einen Stein des ebenfalls zerstörten Tempels von König *Salo-*

Kachelmuster in der Synagoge La Ghriba

mon mitgenommen und als symbolischen Grundstein der Synagoge verwendet haben. Das aktuelle Gebäude mit dem reich verzierten Altarraum stammt aus dem Jahr 1920.

Legenden

Der Name La Ghriba bedeutet **„Das Wunder"** und geht auf die Legende einer Frau zurück, die zu Lebzeiten stets allen Mitmenschen half. Nachdem ein Blitz in ihr Heim einschlug und es völlig ausbrannte, fand man sie unversehrt zwischen den rauchenden Trümmern. Voller Ehrfurcht errichteten die Nachbarn die Synagoge am Ort dieses Wunders. Eine andere Legende berichtet von einem heiligen Stein, der vom Himmel fiel. Zeitgleich tauchte eine geheimnisvolle Frau im Ort auf, die orakelte, dass der silberne Schlüssel zur Synagoge gen Himmel geschleudert werden würde, wenn die Juden jemals die Insel verlassen – einerlei, ob durch freien Entschluss oder durch Vertreibung.

Das Attentat auf die Synagoge La Ghriba

Am **11. April 2002** zündete ein Attentäter vor der Synagoge La Ghriba eine **Autobombe.** 16 Menschen fanden dabei den Tod, davon elf deutsche Touristen. Der Besucher heutzutage sieht sich geradezu beklemmenden Sicherheitsvorkehrungen gegenüber. Die Zufahrt ist nun mit Pollern abgesperrt, vor der Synagoge steht unübersehbar ein Polizeiposten, alle Besucher werden von *Garde Nationale* und Polizei kontrolliert und durch eine Sicherheitsschleuse wie an einem Flughafen geschickt.

Eine Gedenktafel für die Opfer der Autobombe ist nicht vorgesehen, hier **will niemand an diesen Tag erinnert werden** oder erinnern. Auf Fragen nach dem Anschlag wird allenfalls ausweichend, meist gar nicht geantwortet. Vor allem Menschen, die im Tourismusgeschäft tätig sind, versuchen, das Ganze als Autounfall darzustellen, der weder den Touristen gegolten habe noch politische Hintergründe hatte. Deutlich ist die Angst zu spüren, die als besonders ängstlich bekannten Deutschen könnten der Insel fernbleiben und ihr Geld in anderen Urlaubsregionen lassen.

dje_044 Foto: ir

Besichtigung

Eine Besichtigung der Synagoge beginnt an dem weißen würfelförmigen Häuschen zwischen Parkplatz und Gebäude. Darin ist eine **Sicherheitsschleuse** aufgebaut, in der die Pässe aller Besucher kontrolliert werden und deren Gepäck durchleuchtet wird. An dieser Stelle gleich der Hinweis, wenig mitzunehmen und **angemessene Kleidung** zu tragen (Schultern und Knie müssen bedeckt sein) sowie den Pass/Ausweis und eine eigene Kopfbedeckung nicht zu vergessen!

Hinter der Kontrollstelle geht man geradeaus durch den Torbogen; an der Ecke links vorne am Gebäude ging 2002 die Autobombe hoch. Linker Hand folgt bald der Eingang zur Synagoge, dahin-

Arkadenbögen im Hauptraum der Synagoge La Ghriba

dje_045 Foto: ir

ter liegt ein jüdischer Friedhof. Im großen **Vorraum** erhält man eine Kopfbedeckung (falls man nicht selbst schon eine dabeihat) und zieht seine Schuhe aus. Schon dieser Raum mit seinen vielen blauen Rundbögen ist sehenswert. Bei genauerer Betrachtung sind blaue Leisten kurz unter der Decke zu erkennen; sie heißen *Hannaka:* An jüdischen Feiertagen werden an ihnen Kerzen aufgehängt.

Der **Hauptraum** der Synagoge wirkt wegen seiner bemalten Holzdecke und den kleinen bunten Fenstern im Vergleich zum Vorraum recht dunkel. Die Wände sind mit Kacheln verziert, auf denen verspielte orientalische Muster überwiegen. An den Wänden sind Bänke angebracht, auf denen Strohmatten liegen – nach Auskunft eines Wärters verringern sie bei strenggläubigen Besuchern, die

Vor dem Gelände der Synagoge La Ghriba

regelmäßig kommen, die Gefahr von Hämorrhoiden ... An der Stirnseite des Raums können hinter Glas die **Gaben der Pilger** betrachtet werden, meist Silberplaketten und Votivtäfelchen. Auf dieser nach Jerusalem ausgerichteten Ostwand sind traditionelle **Glückssymbole** zu sehen, die zum Teil auch in anderen Religionen bekannt sind, wie zum Beispiel der Fisch. In dem kunstvoll verzierten Schrein auf der Empore in der Mitte des Raums liegt eine 2000 Jahre alte **Thorarolle;** sie wird an Festtagen und für besondere Besucher (auch besonders zahlungskräftige, nicht aber andersgläubige) hervorgeholt.

Die bärtigen **Rabbis,** die in beiden Räumen auf den Bänken unter den hübschen Arkadenbögen sitzen und murmelnd in religiösen Schriften lesen, wollen üblicherweise nicht mit aufs Foto. Der Besucher ist – so verlockend das Motiv auch sein mag – hier zu entsprechender Rücksichtnahme aufgefordert. Wenn ein Rabbi seine Lektüre unterbricht, ist eine freundliche Frage nach einem Foto durchaus zulässig, ein „Nein" zur Antwort sollte aber ohne Diskussion akzeptiert werden.

- **Geöffnet:** im Sommer 8–18 Uhr, im Winter 9–16 Uhr, freitags nur bis 15 Uhr, samstags geschlossen.
- **Eintritt:** Der Eintritt ist frei; zahlreiche Spendendosen und die eindeutigen Hinweise der Wärter stellen aber sicher, dass alle Besucher ihren Teil zum Unterhalt der Synagoge beitragen. Unter dem Spendenaspekt sollte man auch den Preis der Postkarten sehen, die im Hauptraum für 1 TD pro Stück verkauft werden; der Erlös fließt in die Kasse zum Erhalt der Synagoge.

Gegenüber vom Eingang zur Synagoge erwacht ein altes **Foundouk** einmal im Jahr aus Anlass des **Laghba-Omer-Festes** (s.u.) zu neuem Leben. Dann werden darin Gästezimmer für 600 Personen eingerichtet und in den koscheren Restaurants, Bars und Cafés bis zu 4000 Pilger verköstigt.

Die **Moschee Ben Yaala** gegenüber der Synagoge ist für viele Reisende ein beliebtes Fotomotiv. Betreten werden darf sie nur von Moslems.

Praktische Tipps

Hotel

●**Hotel Dar Dhiafa**€€€, BP 63, 4146 Erriadh, Tel. 671 166, Fax 670 793, www.hoteldardhiafa.com, dardhiafa@gnet.tn. Mit Restaurant, 2 Pools, Bar, Hammam, Fernsehzimmer mit offenem Kamin, vielen Innenhöfen, nur 14 Zimmer, davon 2 Suiten. Das Hotel ist in einem Komplex von vier früheren Wohnhäusern untergebracht und entsprechend verwinkelt. Jeder Raum ist pfiffig und individuell eingerichtet mit Dusche/Bad und WC, Klimaanlage, Safe, Minibar und Sitzecke.

Essen und Trinken

●**Café Gaidour Erriadh,** Avenue Habib Bourguiba Richtung Guellala. Von der Terrasse lässt sich entspannt dem Markttreiben zusehen.

●**Le Roi de la Brik, Chez Moncef,** Rue de la Ghriba (Ortsmitte), Mobil 95/478 274. Hier gibt es ausschließlich Brik und Salat, aber in so guter Qualität, dass man sonst nichts vermisst.

Einkaufen

●**Backwaren: Patisserie Fellah,** Rue de la Ghriba (Ortsmitte), gegenüber dem Taxihalteplatz. Gute Blätterteigsnacks und Cassecroute.

●**Markt:** Ein Bummel auf dem Sonntagsmarkt in Erriadh ist besonders schön; andere Touristen und die typischen Touristenwaren sucht man vergeblich, hier sind die Einheimischen noch weitgehend unter sich und verwickeln den Urlauber, der sich „verlaufen“ hat, vielfach auch in neugierige Gespräche.

dje_046 Foto: ir

Wellness

- **Bain Turk la Coupole,** Rue Ennakhil, geöffnet für Männer von 6–12 und 19–24 Uhr, für Frauen von 13–19 Uhr. Eines der schönsten Hammams der Insel, geräumig, mit Ruhe- und Umkleidebereich auf zwei Etagen, für die private Habe stehen sogar abschließbare Schränke zur Verfügung. Hammam 1,5 TD, Schrankmiete 0,5 TD, Massage 1,5 TD, Dusche 1 TD.

Transport

- **Bus: Linien 14 und 18** nach Houmt Souk und Guellala.
- **Taxi:** Taxis sind nur selten an der Synagoge zu finden, größere Chancen bestehen im Ortszentrum.

Fest

- **Laghba-Omer-Fest:** La Ghriba ist im Frühjahr Ziel einer **Pilgerfahrt,** zu der alljährlich Juden aus Europa, Nordamerika und Israel anreisen. Eine der hier verwahrten Thoras zählt zu den ältesten und wertvollsten Exemplaren weltweit und wird nur während des Laghba-Omer-Festes 33 Tage nach Passah den staunenden Pilgern zugänglich gemacht. Das Fest wird zur Erinnerung an den Bar-Kochbar-Aufstand gegen die Römer im Jahr 135 und zu Ehren des Rabbis *Shimon Bar Yashai* gefeiert, der vor mehr als 400 Jahren starb. Auch Andersgläubige sind willkommen und können sich an den verschiedenen Bräuchen erfreuen; so werden beschriftete Eier in einer Grotte versenkt, um sie dann als Fruchtbarkeitssymbol mit nach Hause zu nehmen. Einer Versteigerung von Blumen und Bildern folgt eine kurze Prozession in die Ortsmitte von Erriadh.

Sonstiges

- **Apotheke:** In der Avenue Habib Bourguiba.
- **Post:** In der Avenue Habib Bourguiba.

Es Souani

Hara Kebira

Am südöstlichen Stadtrand von Houmt Souk liegt Es Souani, dessen alter Name Hara Kebira („Großes Getto") war. Hier war früher das **Zentrum der Juden** auf Djerba, es gibt immer noch eine große jüdische Gemeinde. Auffallend sind die Straßennamen, die nicht Politiker ehren, sondern sich auf Nüsse und Früchte beziehen. In der Rue des Amandes wird das einzige **koschere Restaurant** Tunesiens betrieben: **La Gargote** ist täglich außer Freitag von 8–11 und 17–20 Uhr geöffnet.

Die Moschee Ben Yaala gegenüber der Synagoge La Ghriba

dje_048 Foto: ir

Der Westen

Ajim

Schwammfischerei

Der kleine Hafenort im Südwesten der Insel war früher Zentrum der Schwammfischerei auf Djerba; inzwischen üben nur noch wenige Männer diesen anstrengenden und gefährlichen Beruf aus. Entsprechend sind die angebotenen Schwämme auch deutlich teurer als in der Blütezeit der Schwammfischerei.

Nur wenige Touristen verirren sich in den Ort, sie steuern allenfalls den Hafen an, um aufs Festland zu gelangen. Fans von **„Star Wars"** kommen nach Ajim, weil hier in der Avenue Abou el Kacem Chabbi die Szene gedreht wurde, in der *Luke Skywalker* und *Obi Wan Kenobi* in einer Bar *Han Solo* treffen.

Geschichte

Die **Phönizier** gründeten an Ort und Stelle wohl schon die erste Siedlung unter dem Namen *Tipasa* und nutzten den Hafen als Zugang zur Insel Djerba. Wegen der nur 3 Kilometer kurzen Strecke nach Djorf auf dem Festland ist Ajim also schon mehrere tausend Jahre der **Fährhafen** der Insel.

Orientierung

In dem **lang gezogenen Straßendorf** bildet der Place du 7 Novembre die Ortsmitte, die Straße zur Fähre heißt Boulevard 7 Novembre, die Avenue de la Republique wird bald zur Piste, die an der Westküste entlang zum Bordj Jilij verläuft.

Der Hafen

Fährverkehr

Hauptfunktion des Hafens ist die Abfertigung des regen Fährverkehrs zum und vom Festland. Auf den letzten Metern der Mole drängen sich die **Souvenirbuden** dicht an dicht. Hier kann man seinen Vorrat an Erfrischungsgetränken auffüllen, Postkarten, Souvenirs und Landkarten kaufen oder sich gar mit einem lebenden Leguan auf der Schulter fotografieren lassen.

Bild auf den Seiten zuvor: Moschee am Meer

Hinter den niedrigen Gebäuden am Hafen dümpeln die Fischerboote im Wasser, frühmorgens geht es in der kleinen **Fischmarkthalle** lebhaft zu. Im Sommer sind manchmal noch Schwammfischer zu sehen. In den Wintermonaten, wenn das Wasser kälter wird, stapeln sich jeden Morgen die krugähnlichen **Tintenfisch-Fallen** am Ufer. Abends werden sie zum Meeresgrund hinabgelassen; wenn die Tintenfische nach ihren nächtlichen Jagdzügen auf der Suche nach einem sicheren und warmen Versteck einen solchen Krug gewählt haben, gibt es in den frühen Morgenstunden kein Entrinnen mehr für sie, sobald die Fischer die Fallen an die Wasseroberfläche ziehen. Die große staatliche **Fischzuchtstation,** in der Goldbrassen, Meerwolf und andere Speisefische gezüchtet werden, kann nicht besichtigt werden.

Schwammtaucher

Die geschützte **Bucht von Bou Grara** bietet ideale Wachstumsbedingungen für Naturschwämme. Dies erkannten schon die Griechen und Malteser, die vor Ajim nach diesem Naturprodukt tauchten. Sie wurden später von einheimischen Tauchern abgelöst.

Die besten Schwämme wachsen in einer Tiefe von 10–20 Metern. Um in der trüben See den richtigen Ort für einen Tauchgang zu finden, nahmen die Schwammfischer früher einen **Schwammspiegel** zu Hilfe, eine zylindrische Metallröhre, die an ihrer Unterseite durch eine Glasscheibe verschlossen ist. Damit hatte man einen klaren, ungetrübten Blick auf die Schwammbänke. Die genaue Wahl des Tauchplatzes war früher von größerer Bedeutung als heute. Es wurde gänzlich ohne Ausrüstung getaucht, da zählte jeder Meter Tauchstrecke. Allenfalls gab es eine Leine, die sich der Taucher um den Bauch schlang und an der er zog, wenn ihm die Luft knapp wurde. Dann konnten ihn seine Kollegen zurück zum Boot ziehen. Die Ausbeute war sehr von den Tauchfertigkeiten abhängig, meist betrug sie nicht einmal drei Stück pro Tauchgang.

Heute wird meist mit der auch bei Hobbytauchern üblichen Tauchausrüstung nach Schwämmen getaucht. Wegen des hohen Anschaffungspreises gibt es nur noch wenige hauptberufliche Schwammtaucher in Ajim, selbst gute Taucher suchen ihr Glück lieber als Tauchlehrer oder Unterwasserführer für Touristen.

Ganz neu entsteht westlich des Fähranlegers ein **Pier mit Restaurants, Café und Freibad.** Dieser so genannte *Pôle d'Animation Touristique, Culturelle et de Loisir El Malga Jerba* wird voraussichtlich Ende 2007 fertig gestellt sein. Dann kann auch das Freibad unmittelbar am Meer genutzt werden; das Café, die Restaurants und die Piergastronomie sind bereits in Betrieb.

Praktische Tipps

Essen und Trinken

- **Café Patisserie La Tasse d'Or,** das einzige Café direkt an der Fähre. Trotz des Namens Patisserie gibt es nur eine kleine Kuchenauswahl; hier kehren Arbeiter ein, die sich Kuchen nicht leisten können. Kaffee und Tee sind sehr preiswert und gut.
- **Complexe de l'Oasis,** Café und Pizzeria am Kreisverkehr mit dem Fisch, Mobil 97/741 278. Am Markttag sitzen hier die Männer wie gesteckt unter den Schatten spendenden Dächern und Bäumen und schlürfen Tee.
- **Pizzeria Casablanca,** Boulevard 7 Novembre. Geboten wird eine kleine Auswahl an preisgünstigen und üppig belegten Pizzen und Tabounas, die Einheimischen kehren hier für die Tagessuppe ein.
- **Poisson d'Or,** Boulevard 7 Novembre, Mobil 22/793 937. Spezialitäten sind Calamares, Crevetten und Fisch. Die gute Küche lockt Durchreisende aller Nationen an. Streit um die Plätze wird es aber nie geben: Die Einheimischen sitzen direkt an der Straße unter einer Markise, die ausländischen Gäste suchen sich entweder ein ruhiges Plätzchen in der oberen Etage oder setzen sich begleitet vom Kopfschütteln der Tunesier in die pralle Sonne.
- **Salem,** Rue Sliman Jidaouni, am Kreisverkehr mit der Uhr vom Hafen gesehen rechts, Tel. 660 620. Gutes Fischrestaurant mit freundlicher Bedienung.

Sport und Aktivitäten

- **Schnorcheln:** Die Küste vor Ajim ist bei Schnorchlern beliebt, die sich die Schwammbänke und die Tintenfische ansehen wollen. Das Schwimmen und Tauchen ist hier aber wegen der Strömungen, des regen Boots- und Fährverkehrs und einiger giftiger Quallenarten nicht ganz ungefährlich. Der Rat der Hoteliers und Tauchlehrer, auch zum Schnorcheln besser einen Führer oder Tauchlehrer mitzunehmen, sollte daher nicht voreilig als Beutelschneiderei abgetan werden.

Im neuen Tourismuskomplex beim Fährhafen

Einkaufen

- **Backwaren: Patisserie el Afrah,** Boulevard 7 Novembre, und **Patisserie Ideale** im Hafen; *Cornes des Gazelles,* Torten, Sandwiches, Brot und mehr – nur zum Mitnehmen.
- **Schwämme:** Das **Artisanat Mezrani,** Boulevard 7 Novembre, verkauft die größten und schönsten Schwämme der Insel, allerdings sind die Preise recht hoch.
- **Souvenirs: Temala Ayed,** Boulevard 7 Novembre. Flechtwaren, Fischreusen, Keramik aus Mitteltunesien, Naturschwämme und andere Souvenirs gibt es bei dem netten alten Herrn.
- **Souvenirs:** Unter den kleinen Läden an der Hauptstraße ist der von **Ridha Bach Raies** sehenswert; er liegt ziemlich am Ende der Ladenzeile Richtung Fähre. Der nette **Holzschnitzer** hat ein breites Angebot an Holzspielzeug und hübschen Mitbringseln aus Holz. Ein Verkaufsrenner sind die kleinen weißen Häuser mit den blauen Fenstern, die noch lange nach der Rückkehr an die typische Bauweise auf der Insel erinnern.
- **Markt:** Auf dem Markt am Sonntag sind neben den üblichen Marktwaren auch hübsche Flechtarbeiten und im Sommer Naturschwämme im Angebot. Touristen sind hier kaum zu finden.

Feste/Event

- Der genaue Termin des sommerlichen **Schwammfestes** von Ajim richtet sich nach der Saison der Schwammfischer. Meist findet es Mitte bis Ende Juli statt. Dann werden überall im Ort frisch geerntete Schwämme angeboten. Die Alten erzählen, wie sie früher mit der traditionellen Spiegeltechnik getaucht sind, die Jungen geben Auskunft über das Tauchen mit Pressluftflasche und Qualitätsmerkmale der Schwämme.
- **Festival de la Plongée et de la voile traditionelle,** Ende Juli, Infos und Anmeldung über Syndicat d'Initiative/ONTT.
- **Surfbrett-Festival,** im September.

dje_049 Foto: ir

Transport

- **Bus:** Busse verkehren **nach Houmt Souk und Guellala;** sie halten an der Straße nach Houmt Souk hinter dem Café de la Mediterranée.
- **Fähre:** Zwischen Ajim auf Djerba und Djorf auf dem tunesischen Festland besteht eine Fährverbindung mit Roll-on-roll-off-Fähren. Preise: Lkw und ähnlich große Fahrzeuge 3 TD, Pkw 0,8 TD, Motorrad 0,2 TD, Fußpassagiere haben freie Überfahrt. Die **sechs Fähren** namens „Ajim", „El Jazira", „Ulysses", „Houmt Souk", „Meninx" und „7 Novembre" pendeln abwechselnd zwischen Djorf und Ajim. Auf beiden Seiten können jeweils zwei Fähren parallel be- und entladen werden; die Fähren starten nicht nach Zeitplan, sondern sobald sie voll sind; vor allem an Wochenenden und nach Marktende kann es zu längeren Wartezeiten kommen. Die können mit einem Bummel entlang der Souvenirauslagen oder einem kühlen Getränk an einem der kleinen Verkaufsstände überbrückt werden.
- **Louage:** Sammeltaxis fahren vom Busbahnhof nach Houmt Souk und Medenine.
- **Taxi:** Kein fester Taxistandplatz, am Hafen und am Place du 7 Novembre bestehen gute Chancen. Preisbeispiel: nach Houmt Souk 8 TD.

Sonstiges

- **Bank:** Die **Amen Bank** am Place du 7 Novembre hat einen Geldautomaten.
- **Öffentliches WC:** am Hafen und am Markt.
- **Post:** In der Avenue du 7 Novembre, mit Geldautomat.
- **Telefonieren: Tunisiana-Filialen** in der Avenue de la Republique und beim Busbahnhof.

dje_050 Foto: dw

Die Westküste

Piste den Strand entlang

Immer am Strand der Westküste entlang führt eine 20 Kilometer lange Piste von Ajim nach Norden zum Bordj Jilij. An diesem **einsamen Küstenstreifen** mit Felsen und muschelbedeckten Stränden kann man glatt vergessen, wie trubelig es am anderen Ende der Insel zugeht. Bei einer ruhigen Radtour oder einem beschaulichen Autoausflug heißt es: Genießen! An der Westküste sind mehrere große Hotelkomplexe geplant.

Aus Richtung Fähre kommend zweigt etwa 1 Kilometer hinter dem Ortseingang von Ajim die Avenue de la Republique nach links ab; ausgeschildert ist „Bordj Djillidj“ (andere Schreibweise für Jilij). Die Straße wird bald zur Schotterpiste und führt stetig mit Blick aufs Meer gen Norden. Ab Bordj Jilij lohnt eine Weiterfahrt an der Küste nicht unbedingt: Hier befindet sich die Müllkippe der Insel, an Ruhe ist wegen des nahen Flughafens nicht zu denken.

Sehenswertes

Strandidylle

Die ersten Kilometer verstreichen angenehm ereignislos. Rechter Hand wachsen Palmen, links rauschen Meer und Wind über die angeschwemmten Muscheln. Hin und wieder kreischt eine Seemöwe, vielleicht ist noch ein Fischerboot zu sehen. Idylle pur! Fans des SF-Kultfilms **„Star Wars“** werden nach etwa 3 Kilometern auf der Seeseite die alte **Moschee Jemaa Amghar** wiedererkennen, die im Film *Obi Wan Kenobis* Haus darstellte.

Sonnenuntergang in Sidi Djimour an der Westküste

Sidi Djimour

Nach 14 Kilometern kommt man an eine **verlassene Moschee mit Marabout** in einem Olivenhain, an dessen Rand auch Oleander und Eukalyptus wachsen. Diese frühere Pilgerstätte ist heute an Sonntagen im Sommer ein **beliebtes Ausflugsziel djerbischer Familien.** Die älteren Familienmitglieder legen sich in die kühle Moschee zum Mittagsschlaf, die jungen Burschen tummeln sich im Wasser und messen sich bei gewagten Sprüngen von den Felsen, am kleinen Sandstrand spielen die Kinder. Der ausgewaschene Sandstein unterhalb der Moschee hat Mulden und Löcher, bizarre Formationen haben sich gebildet.

Von Sidi Djimour führt inzwischen eine befestigte Straße durch Olivenhaine **nach Mellita,** auf der die Tour abgekürzt werden kann. Sie mündet im Ort auf Höhe der Moschee Sidi Tahar in die Straße nach Houmt Souk.

Bordj Jilij

Das Bordj Jilij wurde **1745 als osmanische Festung gegründet.** Davor sollen an der Stelle schon ein römisches Fort und ein Leuchtturm gestanden haben. Der neue **Leuchtturm Nadhour** ist Teil des Marinestützpunkts, den die Festungsmauern heute beherbergen. Wie bei jeder Militäranlage ist auch hier das Fotografieren verboten.

Unterhalb der Festung gibt es besonders bei Sonnenuntergang ein gleichwertiges Ersatzmotiv. Hier befindet sich ein Fischereihafen, in dem noch die traditionelle **Langleinenfischerei** praktiziert wird. Dabei werden Palmzweige als Sperre in eine Sandbank gesteckt; die Strömung treibt dann die Fische genau in eine Reuse, die der Fischer am Morgen nur noch ausleeren muss.

Mellita

Der Ortsname ist den meisten Djerba-Reisenden bekannt, denn in Mellita befindet sich der **Flughafen** der Insel. Die **Moschee Sidi Taieb** in der Ortsmitte wurde zur Entlastung der alten Moschee el Kebir (s.u.) gebaut. In Mellita liegen die **ältesten Menzel der Insel,** deren Bewohner an einer Öffnung für Touristen nicht interessiert sind – viel zu belastend sind schon der Fluglärm und die täglichen Buskarawanen zum und vom Flughafen.

Moschee el Kebir

1 Kilometer hinter dem Ortsausgang von Mellita liegt rechter Hand die Moschee el Kebir. Obwohl der Name „Große Moschee" bedeutet, ist sie nicht größer als die meisten anderen Moscheen der Insel. Erbaut ist sie in der **inseltypischen fensterlosen Bauweise,** weiß getüncht und mit dicken, festungsähnlichen Mauern. Möglicherweise bezieht sich das „groß" eher auf das Alter, denn wir haben es mit der nachweislich ältesten noch erhaltenen Moschee Djerbas zu tun; sie wurde bereits im 10. Jahrhundert gebaut. Mihrab und Minbar im Inneren sind **nur Muslims zugänglich.**

Praktische Tipps

An der Westküste gibt es **keinerlei verlässliche Infrastruktur,** Proviant und Wasser müssen mitgenommen werden. Motorisierte Ausflügler sollten auf eine hinreichende Füllung ihres Kraftstofftanks achten, Radfahrer den nötigen Sonnenschutz mitnehmen.

Café

- **In den Sommermonaten** ist an der verlassenen **Moschee Sidi Djimour** an manchen Tagen ein kleines Café geöffnet.

Sport und Aktivitäten

- **Geocaching:** Ein Geocache liegt hier an der Westküste an einer Stelle versteckt, an der kleine und große Muschelsammler gute Funde machen können.
- **Radfahren:** Da sich die motorisierte Konkurrenz in Grenzen hält, ist der südliche Abschnitt der Westküstenpiste bei Radlern besonders beliebt.

Transport

An der Westküste verkehren **weder Busse noch Taxis oder Louagen.** Selbst im August muss man Glück und diplomatisches Geschick haben, um einen Taxifahrer zu einer solchen Fahrt zu überreden: Er wird im Sommer Angst vor den sandigeren Passagen haben, den Rest des Jahres sein Auto im Schlamm versinken sehen. An trockenen Tagen ist die einsame Piste auch mit hochbeinigen Pkw und robusten Fahrrädern befahrbar, nach regnerischen oder stürmischen Tagen geht es selbst mit Mountainbikes, Quads, Enduros und Geländewagen auf den zum Teil überfluteten Abschnitten nur langsam voran.

dje_056 Foto: ir

Auf dem Festland

Zarzis

Großer Badeort

Zarzis ist neben Djerba der einzige große Badeort in Südtunesien. Der Ortsname wird mit zweimal butterweich gesummtem „s" ausgesprochen. Verglichen mit Houmt Souk wirkt der 15.000-Einwohner-Ort glanzlos, hier wird typisch tunesischer Alltag gelebt. In der Hochsaison stehen in den **Hotelzonen Souihel** (3–6 Kilometer vom Ortszentrum entfernt) und **Sangho** (8–13 Kilometer) 6500 Gästebetten bereit. Die **Thermalquellen** am nördlichen Stadtrand werden von einigen Touristenhotels genutzt. Die Stadt ist umgeben vom größten Ölbaumhain Südtunesiens; im November und Dezember sieht man die Familien bei der Olivenernte. Im Frühjahr haben es Romantiker schwer, von den **Olivenhainen** loszukommen, die Bäume mit ihrer weißen Blüte sind einfach bezaubernd.

Zarzis ist eine **Oasenstadt mit Dattelpalmen,** in deren Schatten Obstbäume und Gemüse wachsen. Die Stadt lebt von einer gesunden Mischung aus Handel, Freihafen, Fischerei, Datteln, Olivenöl und Tourismus.

In Zarzis leben heute vorwiegend **Nachfahren** der Halbnomaden **des Akkara-Stammes,** meist in Dörfern wie Hassi Djerbi. Die Menzel-Wohnweise der Djerbi ist den Bewohnern von Zarzis fremd, sie ziehen kleine Dorfgemeinschaften vor.

Geschichte

Gergis

Von der **römischen Siedlung** *Gergis,* Vorläuferin von Zarzis, sind keine Spuren erhalten geblieben. Archäologen gehen davon aus, dass auf den Siedlungsresten das **ottomanische Fort** gebaut wurde. Dessen Grundmauern wiederum wurden beim Bau der Moschee verwendet. Zarzis entwickelte sich erst in der **Kolonialzeit** zur Stadt, nachdem die französischen Soldaten es zu ihrem bevorzugten Badeort gemacht hatten. In einigen

Bild auf den Seiten zuvor: Am Strand von Zarzis

Quellen wird sogar von einer „Gründung durch die Franzosen" geschrieben.

Anreise/Orientierung

Route Touristique

Die schnellere Route von El Kantara nach Zarzis führt über Sidi Chammakh; als schöner wird die Route Touristique **durch die Vororte** Sangho, Souihel & Co. empfunden, wo man im nördlichen Abschnitt aufs Meer blickt.

Sehenswertes

Große Moschee

Beherrscht wird das Stadtzentrum von der 1970 gebauten Großen Moschee mit ihren **sandfarbenen Tür- und Fensterbögen** und dem **wuchtigen Minarett.**

Kunst- und Heimatmuseum

Das volkskundliche Museum in der Avenue Habib Thameur ist in einem **Kuppelbau** hinter großen Eukalyptusbäumen untergebracht, der zu Kolonialzeiten eine katholische Kirche war. In fünf Räumen werden dem Besucher **Geschichte und Kultur der Region** recht anschaulich mit Erklärungen in Arabisch, Französisch und Englisch nahegebracht. Im Zentrum des Hauptsaales ist die **Ausgrabungsstätte Gigthi als Modell** zu sehen, in den Vitrinen sind Amphoren, Stelen, Kapitelle, Statuen und Schalen aus der Römerzeit ausgestellt. Im zweiten Raum steht ein hölzerner Sarkophag aus Gigthi (4. Jahrhundert v.Chr.). Aus der Zeit der punisch-römischen Besiedlung von Zita, westlich von Zarzis, finden sich im dritten Raum etliche schöne Fundstücke. Dort wurden im Februar 1988 weit mehr als 500 Votiv-Stelen aus weichem Sandstein gefunden. Der vierte Raum ist dem Thema Öl und Oliven gewidmet: Zu sehen sind Werkzeuge, Öllampen, Gebrauchsgeschirr aus Olivenholz, Mess- und Aufbewahrungsgefäße. Raum 5 befasst sich mit dem Meer, mit Oktopus- und Fischfang und dem nahe gelegenen Sebkhet de Biben, einer etwa 300 Quadratkilometer großen Wasserfläche, die durch den Solb, einen natürlichen Damm, vom Meer getrennt ist.

- **Geöffnet:** Di. bis So. Mitte April bis Mitte September 8–13 und 15–19 Uhr, im Winter 9.30–16.30 Uhr.
- **Eintritt:** 1,1 TD.

Hafen

Ein Bummel durch den Fischereihafen ist zu jeder Tageszeit ein Erlebnis. Schon frühmorgens laufen die Boote aus, um dann mit Tunfisch, Doraden, Rotbarben, Seebarben, Tintenfisch, Kraken, Garnelen, Seezungen und Schwämmen beladen zurückzukehren. Die ersten Fische werden gleich von Bord verkauft, auch die übrigen verschwinden schnell zum Markt und in die Küchen von Hotels und Restaurants. Danach geht es geruhsamer zu. Die Fischer flicken ihre Netze, schrubben das Deck, räumen auf und waschen ihre Kleidung. Stets bleibt Zeit für einen Schwatz mit Kollegen oder interessierten Touristen, denen selbst dann das Geheimnis des Tintenfischfangs erklärt wird, wenn der Fischer nur arabisch und der Zuhörer nur deutsch spricht. Das **Fotografieren** im Hafenbereich ist **nicht gestattet.** Wen es dennoch in den Fingern juckt, sollte es keinesfalls heimlich versuchen, die meisten werden ertappt. Mitunter hilft es, ein gewinnendes Lächeln aufzusetzen und bei einem Kollegen der *Garde Nationale* oder der Hafenmeisterei zu fragen.

An den Fischereihafen schließt sich die **Zone Franche,** der Freihafen, an. In den riesigen runden Stahlbehältern wird Olivenöl gelagert, das große Gebäude an der Weltkugel, die auf dem Gelände steht, ist eine Seifenfabrik. Auf der anderen Seite des Fischereihafens ist ein Yachthafen geplant.

Das Minarett der Großen Moschee dominiert das Stadtzentrum

dje_051 Foto: ir

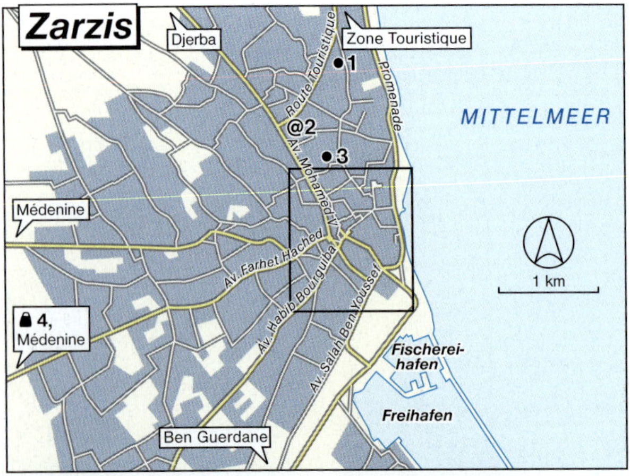
Zarzis
Djerba
Zone Touristique
Route Touristique
1
@2
3
Promenade
MITTELMEER
Av. Mohamed V
Médenine
Av. Farhet Hached
Av. Habib Bourguiba
Av. Salah Ben Youssef
1 km
4, Médenine
Fischerei-hafen
Freihafen
Ben Guerdane

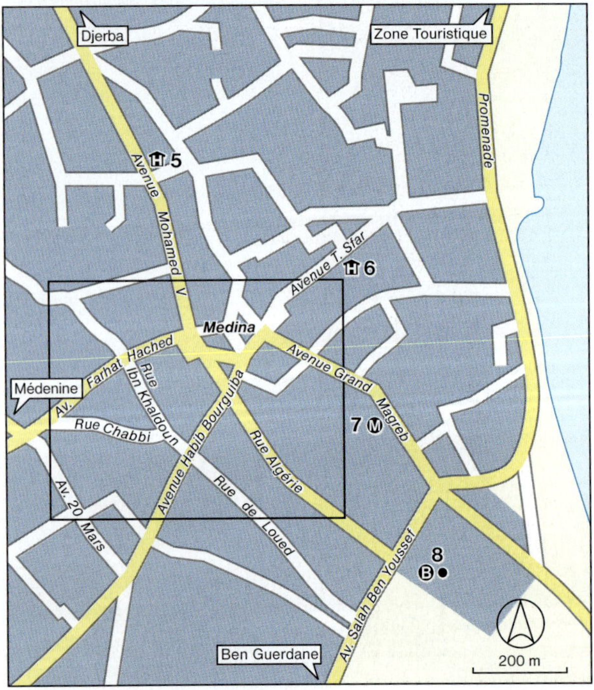
Djerba
Zone Touristique
Promenade
5
Avenue Mohamed V
Avenue T. Sfar
6
Medina
Av. Farhat Hached
Médenine
Rue Ibn Khaldoun
Rue Chabbi
Avenue Habib Bourguiba
Rue Algérie
Avenue Grand Magreb
7
Av. 20 Mars
Rue de Loued
8
Av. Salah Ben Youssef
Ben Guerdane
200 m

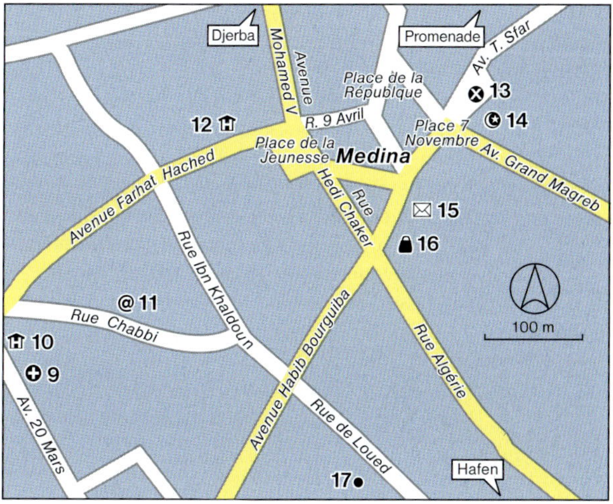

- ● 1 Schule
- @ 2 Publinet
- ● 3 Hammam
- 4 Berbermarkt in El Mouensa
- 5 Hotel Afif
- 6 Corniche
- 7 Kunst- und Heimatmuseum
- 8 Busbahnhof,
- ● Louage
- 9 Krankenhaus
- 10 Hotel de la Station
- @ 11 Publinet
- 12 Hotel Medina
- 13 Taxi
- 14 Große Moschee
- 15 Post
- 16 Markthalle
- ● 17 Hammam

Berbermarkt in El Mouensa

In dem kleinen **Vorort von Zarzis** herrscht von Dienstagabend bis Mittwochmittag Trubel in allen Gassen. Der Mittwochsmarkt zieht schon am Vorabend viele Händler an, die ihre Stände aufbauen und Nachrichten aus ihren Heimatdörfern austauschen. Am **Mittwoch** werden auf dem Viehmarkt zwischen 6 und 10 Uhr vorwiegend Schafe und Ziegen verkauft. Auch Geflügel, Esel und Kamele sind im Angebot, manchmal sogar Pferde und Ponys. Wenn die Viehhändler schon längst den Heimweg angetreten haben, geht das Geschäft für die übrigen Händler noch lange weiter. Bis in den Nachmittag hinein werden Obst, Gemüse, Eier, Kleidung, Haushaltswaren und Souvenirs verkauft.

dje_052 Foto: dw

Olivenölmuseum

Das kleine **Privatmuseum „La Grotte"** musste 2006 aus familiären Gründen geschlossen werden; der Inhaber hofft darauf, es bald wieder öffnen zu können. Er hat in liebevoller Kleinarbeit viele Utensilien zusammengetragen, um dem Besucher anschaulich zu erklären, wie aus der reifen Olive küchenfertiges Olivenöl entsteht.

Moschee Kbir

Von den vielen Moscheen Tunesiens ist diese eine der schönsten. Schon von weitem sieht man die **zwei auffälligen grünen Minarette,** wenn man auf der Küstenstraße Richtung Hafen unterwegs ist. Auch das Marabout davor ist schön anzuschauen.

Memoire de la Mer

Der Künstler, Denker und **Umweltschützer Lihidheb Mohsen** hat sein Grundstück an der Route Touristique in der Nähe des Hotels Zita in ein **Öko-Kunstprojekt** verwandelt, das die Gefahren der Umweltverschmutzung aufzeigen soll. Jeden Tag auf dem Weg zur Arbeit und zurück sammelt er Strandgut auf, sortiert es und drapiert all die vielen leeren Plastikflaschen, Seile, Autoteile und unzählige andere Dinge kunstvoll zu einem Kunstwerk ganz eigener Art. Die zeitkritischen Skulpturen lassen in Zarzis die Diskussion aufkommen, ob er Künstler oder Verrückter ist, denn viele Menschen können nicht nachvollziehen, warum man anderer Leute Müll sammelt und ausstellt. *Mohsen* hält den Weltrekord für die größte Anzahl unterschiedlicher gesammelter Objekte (26.820) und präsentiert jedem Besucher stolz die Urkunde und die Kopie des Eintrags im „Guinness Book of Records". Am Festlandende des Römerdamms nach Djerba hat er bunt angemalte Kunstwerke aus alten Autoreifen und anderen Fundstücken ins Flachwasser gesetzt, die viele Vorbeifahrende fas-

Die Moschee Kbir – eine der schönsten Tunesiens

zinieren. Dorthin will er auch die bisherige Ausstellung verlagern. Sein nächstes Projekt beginnt er in einem Salzsee zwischen Zarzis und Ben Guerdane.

• **Keine festen Öffnungszeiten, telefonische Anmeldung empfohlen:** Mobil 98/254 426, www.seamemory.org, zarzis21@yahoo.fr. Den hohen Eintrittspreis von 4,5 TD pro Person sollte man als Spende für dieses Projekt verstehen.

Praktische Tipps

Infos

• **ONTT,** Route Touristique, Mobil 98/212 458. Das Touristenbüro ist Mo. bis Do. von 8.30–13 und 15–17.45 Uhr, Fr. und Sa. von 8–13 Uhr geöffnet, der Leiter *Othman Smaali* ist fleißig und hilfsbereit. Er führt ein Reklamationsbuch für alle Wehwehchen der Reisenden, kann Ferienhäuser vermitteln und hilft sogar bei den Formalitäten eines Hauskaufs. Sollte das Büro einmal geschlossen sein, ist er bestimmt unterwegs, um einem Touristen aus der Patsche zu helfen. Für 2008 ist ein Umzug ins Stadtzentrum geplant.

Unterkunft in Sangho

• **Club Oamarit**€€€, Tel. 705 770, Fax 705 685, oamarit@gnet.tn. Bungalowanlage mit Pool, Bars, Restaurants, Pizzeria, Sauna, sehr vielen Sportangeboten und Nachtclub.
• **Giktis**€€€, Tel. 705 800, Fax 705 002. Hotel mit großen Zimmern, Disco, Friseur, Läden, Animation, Außenpool und Thermalhallenbad.
• **Odyssée Ressort**€€€, Tel. 705 705, Fax 705 634, www.odysseeresort.com, odyssee.resort@planet.tn. Die stilvolle Architektur dieses Hotels ist inspiriert von den südtunesischen Formen der Berberwohnungen, Ksour und Moscheen. Einige Bereiche des Hauses erinnern an die Höhlenwohnungen von Matmata, andere glänzen im strahlenden Weiß frisch gekalkter Bürgerhäuser. Die Zimmer bieten alle Annehmlichkeiten wie Sat-TV, Telefon, Klimaanlage, Heizung, Minibar, Safe, separates WC und Bad mit Badewanne, Bidet und Haartrockner. Tagsüber hat man die Wahl zwischen einem umfangreichen Animationsprogramm und dem orientalischen Spa.
• **Sangho Club**€€€, Tel. 705 124, Fax 705 715, www.sangho.com. Das Hotel ist Namensgeber für die nördliche Touristenzone. Es ist in maurischer Architektur gehalten und hat weitläufige Gärten, eine Bank, Boutiquen und Disco.
• **Sultana Residence**€€, Tel. 705 206, Fax 705 167, www.residence-sultana.com, sultana.hotel@gnet.tn. Kleines, erlesenes Hotel mit eigenem Pier für das Baden im Meer und Schnorchelausflüge. Die 4 Zimmer, 5 Suiten und 3 Appartements sind liebevoll ausgestattet, Klimaanlage, Heizung,

dje_053 Foto: ir

Telefon, Minibar und Sat-TV sind vorhanden. Im Sommer versprechen die Moskitonetze einen erholsamen Schlaf.
- **Zyen**€€, Sangho, Tel. 706 630, Fax 706 629. Die Zimmer sind makellos sauber, klimatisiert und haben einen großen Balkon.

Unterkunft in Souihel

- **Amira**€€, Tel./Fax 694 188. Kleines Strandhotel, preiswert, freundlich, Strandbar, der Besitzer spricht deutsch, Stellmöglichkeit für Wohnmobile.
- **Errachid**€€, Tel. 694 919. Klein, freundlich, gemütlich, sauber, Sonnenterrasse und Küche auf dem Dach.
- **Nozha**€€, Tel. 694 593, Fax 683 335. Familiär, gemütlich, eigener Abschnitt am Kiesstrand. Gutes Restaurant.
- **L'Oasis**€, Tel. 690 483. Kleiner Familienbetrieb, Zimmer mit Dusche.
- **Zarzis**€€€, Tel. 684 160, Fax 694 706, zarzis.hotel@planet.tn. Hier waren die Deutschen eine ganze Weile unter sich, jetzt haben sie Verstärkung aus Tschechien erhalten. Thermalpool, Sauna, Radverleih, Pizzeria, maurisches Café, kleiner Zoo.
- **Zarzis Residence**€€, Route Touristique, Tel. 707 400, Fax 690 050, www.zarzisresidence.com. Neues Appartementhotel direkt am Meer, 3 Kilometer von der Ortsmitte entfernt, mit Liegewiese und Café, im Sommer auch Restau-

Öko-Kunstprojekt Memoire de la Mer

rant. Die Appartements haben 2, 4 oder 6 Betten, Küchennische, Bad, Wohnzimmer und Balkon oder Dachterrasse. Das nette Personal sorgt auf Wunsch auch für einen gefüllten Kühlschrank. Die Preise liegen (noch) deutlich unter denen vergleichbarer Hotels.

- **Zephir**€€, Tel. 694 027, Fax 694 026, zephir@iberostar.com.tn. Clubhotel der Iberostar-Kette mit Thermalhallenbad, 2 Pools (Süßwasser und Thermalwasser), Boutiquen, Reitmöglichkeiten, Pizzeria und maurischem Café.

Stadthotels

- **Afif**€, Avenue Mohamed V, Tel. 684 639. Einfaches Stadthotel mit Etagenbad, meist sauber und mit gutem Kaffee.
- **Corniche**€, Avenue Tahar Sfar, Tel./Fax 692 822. Das beliebte Billighotel liegt vom Place du 7 Novembre Richtung Meer. Freundlich, hell und sauber, einige Räume mit eigenem Bad.
- **Haroun Errachid**€, Route de Ben Guerdane, Tel./Fax 684 333. In diesem Einfachhotel haben die Zimmer zwar eigene Duschen, aber kein WC und teilweise kein Fenster.
- **Hotel de la Station**€, Avenue Farhat Hached, Tel. 684 661. Spartanische kleine Räume, aber zum Teil mit eigenem Bad.
- **Medina**€, Avenue Farhat Hached, beim Place de la Jeunesse, Tel. 691 901. Unter den billigen Stadthotels die beste Wahl, saubere und kühle Räume mit eigenem Bad.

Essen und Trinken in Sangho

- **Il Jardino**€€€, 3 Gabeln, Tel./Fax 705 781. Etwas edleres Restaurant an der Straße zum Hotel Oamarit, abends oft mit Live-Musik.
- **Le Typique**€€, gegenüber dem Sangho-Club. Auf einer schattigen Terrasse sitzend, kann man zu günstigen Preisen gut essen.

Essen und Trinken in Souihel

- **Abou Nawas**€€, 1 Gabel, Tel. 706 383. „Bei Charlie" heißt dieses Restaurant bei den Deutschen, der Inhaber *Krimi Mohamed* hat lange in Trier gelebt und gearbeitet. Zutreffender Spruch aus dem Gästebuch: „Charlie ist kein Restaurant, Charlie ist eine Institution!". Serviert werden tunesische Hausmannskost, Fisch und Meeresfrüchte. Für Überwinterer bietet *Charlie* im Winter nachmittags einen deutsch-tunesischen Tanzkaffee an.
- **Café l'Oasis**€€, gegenüber ONTT. Nette Bedienung, der Inhaber hat stets gute Tipps für Hotels, Restaurants und Ausflüge auf Lager.
- **El Borj**€€, 1 Gabel, Tel. 706 361. Gute Fischküche, auch die Meeresfrüchte und Crevetten sind vorzüglich.
- **Pacha**€€, Tel. 694 497, nördlich vom Le Pirate (s.u.). Tunesische und internationale Speisen in entspannter Atmosphäre.
- **La Mamma**€€, Tel. 707 299. Lauter leckere Dinge aus dem Pizzaofen und vom Grill.

Le Pirate€€, gegenüber Hotel Zarzis. Tunesische Spezialitäten und internationale Küche.

Robertos Café€€, „Willkommen bei Roberto" steht in großen Lettern an diesem sauberen Café unweit der Touristeninformation – und der Gast fühlt sich auch willkommen. Draußen sitzen die Einheimischen und beobachten das lebhafte Treiben auf der Straße, im schattigen Hof sind Plätze für Urlauber reserviert. In dem außergewöhnlich breiten Angebot sind sogar Karottensaft, Tomatensaft und ein köstlicher Aloe-vera-Drink zu entdecken.

Essen und Trinken in der City

Café und Patisserie Wouroud, Rue de Medenine. Erstklassige Backwaren und entspannte Atmosphäre – da fällt gar nicht auf, dass man im Stehen essen muss.

Chez Nader, Place de la Jeunesse. Cafeteria mit großer Auswahl an Kuchen und Blätterteiggebäck.

El Bibène€€, Avenue Farhat Hached. In der Innenstadt eine besonders gute Wahl für anspruchsvolle Esser mit kleinem Geldbeutel.

La petite vague Sfaxienne€€, am Strand in der Nähe der Kaserne. Preiswerte Menüs, hervorragende Fischgerichte. Allein die Show des Inhabers, wenn er zwischen Grill und Restaurant mit dem frisch gegrillten Fisch über die Straße rennt, ist ein Erlebnis.

Restaurant Zarzis€, Avenue Farhat Hached, gegenüber der Esso-Tankstelle, Tel. 693 732. Einfachrestaurant mit gutem Essen und Service zu sehr günstigen Preisen.

Tunisien€, Avenue Farhat Hached, gegenüber ONTT. Sauberes und billiges Restaurant, in dem gern Einheimische essen.

Sport und Aktivitäten

Buggy-Touren: Crazy Wheels Buggy Tours, Sangho, Tel 707 200, Mobil 98/425 283, crazy@crazy-wheels-online.com, www.crazy-wheels-online.com. In urigen Buggys lässt man sich von seinem Guide in die kleinen Ortschaften in der Umgebung, zu Sandstränden, felsigen Ebenen, Oasen und Olivenhainen führen. Wer sich traut, kann auf einem Sebkhet so richtig Gas geben. Gefahren wird etwa 90–100 Minuten mit maximal 10 Buggys und 2 Führern; insgesamt stehen 20 Einsitzer und 5 Zweisitzer zur Verfügung.

Fahrradverleih: In den Clubhotels Oamarit und Sangho.

Reiten: Paradis des Chevaux, Sangho, www.paradisdeschevaux.com, info@paradisdeschevaux.com, Mobil 98/596 662. In dem modernen Reitzentrum mit Pferden, Ponys und Dromedaren sorgen diplomierte Reitlehrer für die nötigen Grundfertigkeiten, bevor es zu langen Ausritten an den Strand geht. Reitstunden werden für Anfänger und Fortgeschrittene als Einzelunterricht oder in der Gruppe angeboten. Wer nicht reiten kann oder mag, bucht eine Kutschfahrt am Strand, durch die Olivenhaine und zum Fischereihafen. Montags und freitags ist das Ziel der meisten

Kutschen der Markt in Zarzis, mittwochs geht's zum Bermarkt.

Kultur und Show

• **Folklore:** Die **Folkloregruppe Gougou** aus Zarzis hat mit ihren Tänzen schon mehrere regionale und nationale Preise gewonnen. Ihr Markenzeichen ist der **Krugtanz,** bei dem der Tänzer bis zu zwölf schwere Krüge übereinander stapelt, auf seinen Kopf setzt und dabei immer noch tanzt. Die Gruppe hat abends regelmäßige Auftritte in fast allen Strandhotels, zu denen die Rezeptionisten auch „Nonresidents" den Zutritt gestatten. Die genauen Spielzeiten sind an den Hotelrezeptionen oder im ONTT zu erfragen.

• **Kulturaustausch:** Manch einem Leser ist **Gabriele Schwarz** schon aus Sousse bekannt. Mit ihrem **Forum International** ist sie nun nach Zarzis umgezogen und bereichert das übliche Freizeitprogramm durch qualitativ hochwertige Kulturangebote. Im Stil deutscher Volkshochschulen werden Vorträge, Sprachkurse und Ausflüge angeboten. Für die älteren Jahrgänge unter den Überwinterern sind deutsch-tunesische Tanztees geplant. Mobil 98/528 630, Gab_Schwarz@yahoo.de, www.forum-international-travel.de.

Einkaufen

• **Backwaren: L'Exemple,** am Beginn der Route Touristique. Hier gibt es die wohl leckersten Croissants und Blätterteiggebäcke im Ort.

• **Schmuck: Makran Abdel Hamid,** blauer Laden schräg gegenüber vom Hotel Zarzis, Mobil 21/146 665, djwave15 @hotmail.com. Wiederholungsurlauber kommen zum Schmuckkauf immer wieder zu *Makran.*

• **Supermarkt: Magazin Général,** Place de la Jeunesse; **Sahara Comfort,** Avenue Farhat Hached; **Bonprix,** Avenue de l'Environnement/Rue el Hareth Zrioudet.

• **Souvenirs: Medina Shopping Centre,** natürlich ist hier auch der übliche Touristenkitsch zu haben, aber wer tiefer in den Verkaufsbereich hineingeht, wird eine beeindruckende Auswahl an Zierdolchen und ein kleines Museum für alte Gebrauchsgegenstände aus Haus und Hof finden. Auf Nachfrage wird erklärt, welche Gegenstände welche Funktion haben. In der kleinen Bücherecke sind auch deutschsprachige Romane für wenig Geld zu entdecken. Wie es kommt, dass alle aussehen, als seien sie bereits mindestens einmal gelesen worden, kann oder will das Verkaufspersonal nicht erklären. Egal, so werden wenigstens Ressourcen geschont.

• **Souvenirs: Zarzis Shopping,** Tel. 694 150. Angemessene Fixpreise, sehr unaufdringliches Personal.

• **Berbermarkt:** Mittwochs in El Mouensa.

• **Markt:** Am Montag und Freitag in Zarzis, am Samstag im Vorort Souihel.

Schwämme

Beim jährlichen Schwammfest sieht man sich einer großen Auswahl an Schwämmen gegenüber. Die Entscheidung fällt schwer, wenn man sich nicht gerade in ein besonders geformtes Exemplar verliebt hat, über das man nicht diskutieren will, egal welcher Preis verlangt wird. **Je großporiger** der Schwamm ist, **desto besser** ist seine Qualität - und desto höher sein Preis. Die Einheimischen verwenden nur die großporigen zur Körperpflege und zahlen für ein handliches Exemplar etwa 7 TD. Die feinporigen sind schon für den halben Preis zu haben, werden aber nur zum Malen verwendet. Wer beim Preis unsicher ist, mag berücksichtigen, dass der Kilopreis je nach Qualität 130–240 TD für die Schwammfischer beträgt. Wenn also der Händler auch noch etwas verdienen will, muss er die Schwämme entsprechend teurer für Endkunden anbieten. Natürliche Schwämme sind bräunlich und wirken etwas schmutzig. Spontan will man sich für die hellgelben Exemplare entscheiden, sollte dann aber wissen, dass diese in der Waschmaschine gebleicht wurden.

dje_055 Foto: ir

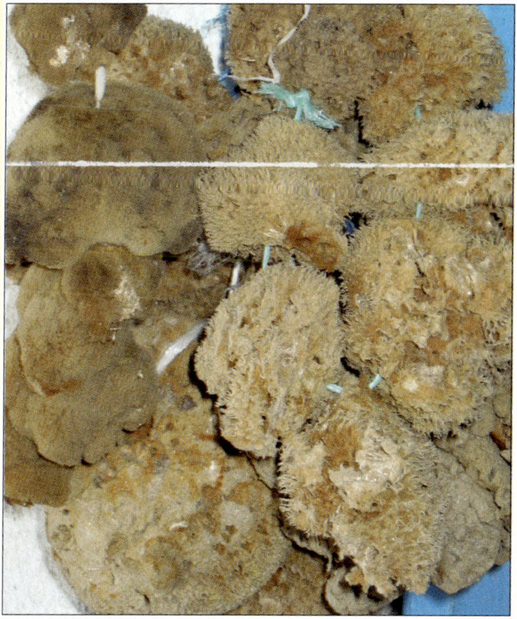

dje_054 Foto: dw

Transport

• **Bus:** Busbahnhof *(Gare Routière)* am Hafen, gute Verbindung zur Hotelzone. **Fernbusse** starten hier mit Ziel Ben Guerdane (4x tägl.), Bizerte/Kairouan, Gabès (2x), Houmt Souk (7x), Medenine (4x), Midoun, Sousse/Sfax, Tataouine und Tunis/Kairouan. Für Ausflügler nach Djerba besonders praktisch ist der **Linienbus durch Souihel und Sangho:** Er ist täglich kurz nach 8 Uhr in Souihel und entsprechend später in Sangho, Bushaltestellen befinden sich vor fast allen großen Hotels. Preisbeispiel: Souihel bis Seduikech 2 TD, bis El May 2,350 TD, bis Houmt Souk 2,650 TD.
• **Taxi:** Place du 7 Novembre. Preisbeispiele: Zarzis - Souihel 3 TD, Zarzis - Sangho 5 TD, Souihel - Sangho 2,5 TD. Taxiruf: Tel. 690 414.

Mietwagen

• **Autoverleih: Avis,** neben dem Hotel Zephir; **Hertz,** im Clubhotel Sangho; **Sixt,** im Clubhotel Oamarit. Freie Anbieter sind **Victory Cars,** Tel. 705 275, und **Boulaaba Travel Service Rent a Car,** Tel. 705 097, Fax 706 629.
• **Tanken:** In der Avenue de l'Environnement.

Ausflüge

Alle größeren Touristenhotels bieten Ausflüge **nach Djerba und Südtunesien** an.

Zarzis - auf dem Berbermarkt in El Mouensa

Wellness

- **Hammam Zouari,** Rue Med Ali, geöffnet von 8–21 Uhr, nur für Frauen. Hammam 2 TD, Gommage 2 TD, Massage 3 TD.
- **Thalasso:** Im Odyssée Ressort, Tel. 705 705, Fax 705 634, www.odysseeresort.com, odyssee.resort@planet.tn. Im orientalischen Spa gibt es ein beheiztes Meerwasserschwimmbecken, Sprudelbäder, Hydromassagen, Whirlpools, Hammam und Sauna. Es werden verschiedene Massagen und Schönheitspflegen angeboten.

Feste

- **Schwammfest,** im Juli/August.
- **Olivenfest,** November/Dezember.

Internet

- **Espace d'Internet,** Maison des Jeunes, Rue d'Alger, Tel. 690 599, geöffnet von 8–22 Uhr, 1,2 TD pro Stunde.
- **Publinet Dhouib,** Avenue de l'Environement, geöffnet im Sommer von 9.30–22.30 Uhr, im Winter von 8–12 und 14–22 Uhr, 1,5 TD pro Stunde.
- **Z@rzisnet,** Rue Farhat Hached, Imm Dhouib, Tel./Fax 694 566, Mobil 98/431 505, zarzisnet@hotmail.com, zarzisnet.homestead.com/yes.html. Geöffnet tägl. 8–22 Uhr, die Viertelstunde kostet 500 Millimes.

Sonstiges

- **Banken:** Place de la Jeunesse, Place du 7 Novembre, Avenue d'Environnement; alle mit Geldautomat.
- **Dialyse: Klinik El Raya,** Tel. 690 260. Nur wenige freie Kapazitäten für Urlauber!
- **Krankenhaus:** Avenue 20 Mars, Tel. 694 302.
- **Nachtapotheke:** Avenue 20 Mars, Ecke Avenue Farhat Hached.
- **Öffentliches WC:** Bei der Großen Moschee.
- **Polizeistation:** Avenue 20 Mars, Tel. 694 017, und in der Avenue Farhat Hached.
- **Post:** Place du 7 Novembre.
- **Privatklinik Zitouna:** Souihel, Tel. 738 630.
- **Telefonieren: Tunisiana-Filiale,** in der Rue d'Alger kurz vor dem Busbahnhof, tägl. außer So 8–20 Uhr; **TunTel,** neben der Post.

Djorf

Fährhafen

Das Ziel der Fähre auf dem Festland ist nicht viel mehr als eine **kleine Ansammlung von Häusern;** die meisten davon liegen am Fährhafen und werden als Café, Andenkenladen oder Kiosk genutzt. Darüber freuen sich die Reisenden, die hier in der

Warteschlange von Touristenbussen, Markthändlern und Wochenendheimkehrern stehen.

Djorf entstand aus dem **historischen Karawanenhaltepunkt Tarf el Djerf,** wo die Waren (Ebenholz, Elfenbein, Sklaven) der Karawanen aus der Sahara auf Schiffe Richtung Djerba, Nordtunesien, Italien, Malta und Griechenland umgeladen wurden. Der **Legende** nach soll schon weit vor der Zeit der Karawanen eine Stadt existiert haben, die dann im Meer versank. An dieser Stelle der Sage wird sich der Erzähler mit bedeutungsvoller Geste zur Steilküste hinwenden und von einem gewaltigen Erdrutsch berichten. Obwohl nicht einmal der Name der angeblich versunkenen Stadt bekannt ist, sind viele Einheimische und Besucher von der Geschichte überzeugt; die vielen Keramikfunde in der Meerenge zwischen Djorf und Ajim bestärken sie dabei regelmäßig.

Praktische Tipps

Transport

- **Fähre nach Ajim/Djerba:** siehe im Kapitel zu Ajim. Am Samstagabend ist mit langen Wartezeiten zu rechnen, je nach Route empfiehlt es sich dann, über Medenine und den Römerdamm zu fahren.
- **Louage:** Ziel ist Medenine im Landesinneren.

Sonstiges

- Ein **Café, Schnellimbiss** und **Andenkenläden** finden sich im Hafengelände.
- Ein **Bankautomat** steht an der **Post** zur Verfügung, außerdem sind ein **öffentliches Telefon** und eine **Tankstelle** vorhanden.

Bou Grara

Golf von Bou Grara

Der **kleine Ort mit** der **großen Vergangenheit** ist Namensgeber für den Golf von Bou Grara, der Djerba vom tunesischen Festland trennt. Im Osten wird der Golf durch den Römerdamm begrenzt. Auch nach der Fertigstellung der neuen Brücke im Damm ist für größere Schiffe nur in der Meerenge zwischen Djorf und Ajim die **freie Fahrt ins Mit-**

telmeer möglich. Vom Felsen rechts der Ausgrabungsstätte von Gightis hat man einen umwerfenden Blick auf den Golf von Bou Grara mit seinem alten Fischereihafen. Ein Besuch des palmenbestandenen Strandes lohnt sich nur für Menschen, die sich an herumfliegendem Müll nicht stören.

Geschichte

Gightis

Wohl schon die **Phönizier** kamen im 6. Jahrhundert v.Chr. als erste Siedler an den Golf von Bou Grara, wo 202 v.Chr. der **karthagische Stützpunkt** Gightis entstand. Nach den Punischen Kriegen fiel er der **römischen Provinz Africa Nova** zu. Lange Zeit lag hier eine **Zwischenstation für alle Karawanen** zwischen Kleiner Syrthe (Golf von Gabès) und Großer Syrthe (Golf von Tripolis); einer der römischen Handelswege führte von Karthago über El Jem und Gabès nach Gightis und weiter über Leptis Magna und Ghadamès bis nach Schwarzafrika. Im 4. Jahrhundert war Bou Grara die **Hochburg des Christentums** in Südtunesien, der Ort stellte den Erzbischof der Provinz Libyen. **Unter byzantinischer Herrschaft** blühte Bou Grara als **Handelszentrum** auf, dann verlor es an Bedeutung. Der Golf von Bou Grara verlandete immer mehr, und die Karawanen folgten nicht mehr der Küste, sondern wählten den direkteren Weg durch die Ebenen. Nach dem Einfall der **Vandalen** wurde der Ort zwar noch einmal aufgebaut, als dann aber im 7. Jahrhundert die **Araber** Stadt und Hafen zerstörten, versank Gightis im Dunkel der Geschichte, bis Anfang des 20. Jahrhunderts (1901–1906) die Archäologen mit ihren Ausgrabungen für eine Wiederentdeckung sorgten.

Anreise/Orientierung

Richtung Medenine

Bou Grara erreicht man von Djerba mit der Fähre von Ajim nach Djorf. Dort wählt man die Straße, die links Richtung Medenine führt. Nach etwa 20

Kilometern gelangt man zunächst in den Ort Bou Grara, die Ruinenstätte liegt etwa 1 Kilometer hinter dem südlichen Ortsausgang.

Römische Ruinenstätte Gightis

50 Hektar groß

Hinter dem Eingang zu der 50 Hektar großen Ausgrabungsstätte liegen die Reste der Westthermen, zu denen auch eine runde Sportarena gehörte. Dahinter, Richtung Meer, lag das Stadtzentrum mit dem gepflasterten **Forum** und den Zentralthermen. Der Platz entstand unter der Regentschaft des Kaisers *Hadrian* (117–138 n.Chr.). Er war früher von einem Säulengang umgeben, von dem kaum etwas erhalten ist, wie auch von den

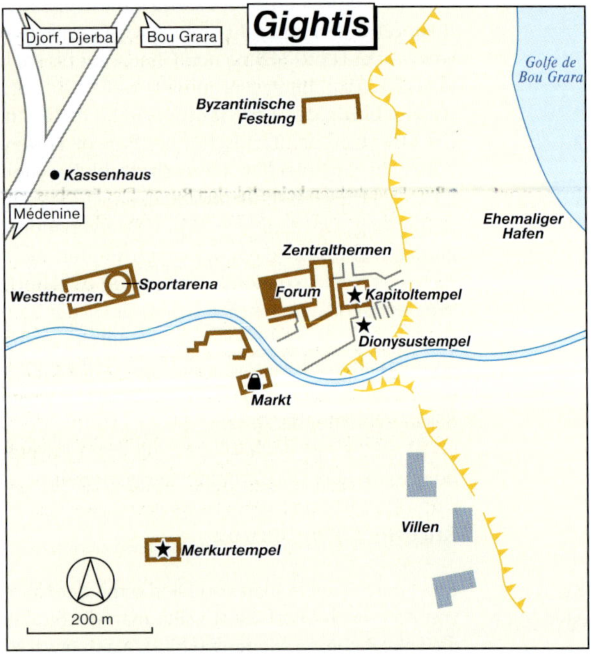

Tempeln, die *Apollo, Concordia* und *Herkules* geweiht waren. Einige Stufen hinauf geht man zum **Kapitoltempel,** zwischen dessen Säulenresten sich ein herrlicher Ausblick über den Golf von Bou Grara hinüber nach Djerba bietet. Vermutlich wurden in diesem Tempel die ägyptischen Gottheiten *Isis* und *Serapis* verehrt. Ein **weiterer Tempel** war *Liber Pater* geweiht, geläufiger unter dem Namen *Dionysos.* Auf einer Pflasterstraße spaziert man zum ehemaligen **Hafen,** der wegen der Verlandung trocken liegt. Hier fand man die Reste eines 140 Meter langen Piers. Nördlich des Forums lag die byzantinische Festung, südlich des Forums thronen die **Ruinen prunkvoller Villen** hoch über dem Meer. Auf dem Weg zurück zum Eingang hat man noch Gelegenheit, sich den Markt und den Merkurtempel anzuschauen.

- **Geöffnet:** tägl. außer Freitag von 8.30–17.30 Uhr (16.09. bis 31.03.) bzw. 8–12 und 15–18 Uhr (01.04. bis 15.09.).
- **Eintritt:** 2 TD, Fotoerlaubnis 1 TD; kleine Trinkhalle.

Praktische Tipps

Transport

- **Bus:** Es verkehren **keine lokalen Busse.** Der **Fernbus von Houmt Souk** hält in Bou Grara auf ausdrücklichen Wunsch zum Aussteigen, nicht aber zum Einsteigen.
- **Louage:** Es gibt keine offizielle Louage-Station; wer in Bou Grara/Gightis aussteigt, muss meist den vollen Preis für die Fahrt bis Medenine zahlen.
- **Taxi:** Wer mit dem Taxi anreist, sollte **sicherstellen, dass der Taxifahrer während der Besichtigung wartet.** Wegen der schlechten Verkehrsanbindung ist er sonst sehr schnell geneigt, die nächstbesten verzweifelten Touristen, die mit Louage oder Bus angekommen sind, nach Djerba zu fahren und seine ursprünglichen Fahrgäste ihrem Schicksal zu überlassen. Es ist eher die Regel als die Ausnahme, dass in Gightis Menschen mit den Händen wedelnd am Straßenrand stehen, um nach Djorf mitgenommen zu werden.

dje_074 Foto: ir

Anhang

Reise-Gesundheitsinformationen

Stand: Januar 2007
© Inhalte: Centrum für Reisemedizin

Die nachstehenden Angaben dienen der Orientierung, was für eine geplante Reise in das Land an Gesundheitsvorsorgemaßnahmen zu berücksichtigen ist. Die Informationen wurden uns freundlicherweise vom Centrum für Reisemedizin zur Verfügung gestellt. Auf der Website **www.travelmed.de** werden diese Informationen stetig aktualisiert. Es lohnt sich, dort noch einmal nachzuschauen.

Die nachstehenden Angaben wurden nach bestem Wissen und sorgfältiger Recherche zusammengestellt. Eine Gewähr oder Haftung kann nicht übernommen werden.

Klima:

- Im Norden Mittelmeerklima mit trockenheißen Sommern und milden Wintern, in denen der Großteil der Gesamtniederschläge fällt; südlich des Atlas trockenheißes Wüstenklima mit sehr unregelmäßigen Niederschlägen; durchschnittliche Temperatur in Tunis im Januar 10,2°C, im August 26,2°C.

Einreise-Impfvorschriften:

- **Bei Direktflug aus Europa: keine Impfungen** vorgeschrieben.
- Bei einem vorherigen Zwischenaufenthalt (innerhalb der letzten 6 Tage vor Einreise) in einem der aufgeführten Länder (Gelbfieber-Endemiegebiete) wird bei Einreise eine gültige Gelbfieber-Impfbescheinigung verlangt (ausgenommen Kinder unter 1 Jahr).

Gelbfieber-Impfbescheinigung erforderlich bei Einreise aus: Angola, Äquatorialguinea, Äthiopien, Benin, Bolivien, Brasilien, Burkina Faso, Burundi, Ecuador, Elfenbeinküste, Franz. Guayana, Gabun, Gambia, Ghana, Guinea, Guinea-Bissau, Guyana, Kamerun, Kenia, Kolumbien, Kongo, Rep., Kongo, Dem. Rep., Liberia, Mali, Niger, Nigeria, Panama, Peru, Ruanda, Sao Tomé & Principe, Senegal, Sierra Leone, Somalia, Sudan, Surinam, Tansania, Togo, Tschad, Uganda, Venezuela, Zentralafrikanische Republik.

Empfohlener Impfschutz:

- **Generell:** Standardimpfungen nach dem deutschen Impfkalender, speziell Tetanus, Diphtherie, außerdem Hepatitis A, Polio.
- **Je nach Reisestil und Aufenthaltsbedingungen** im Lande sind außerdem zu erwägen:

Impfschutz	Reisebedingung 1	Reisebedingung 2
Typhus	x	x
Hepatitis B (f)	x	
Tollwut (g)	x	

(f) bei Langzeitaufenthalten und engerem Kontakt mit der einheimischen Bevölkerung
(g) bei vorhersehbarem Umgang mit Tieren

- Reisebedingung 1: Reise durch das Landesinnere unter einfachen Bedingungen (Rucksack-/Trecking-/Individualreise) mit einfachen Quartieren/Hotels; Camping-Reisen, Langzeitaufenthalte, praktische Tätigkeit im Gesundheits- oder Sozialwesen, enger Kontakt zur einheimische Bevölkerung wahrscheinlich.
- Reisebedingung 2: Aufenthalt in Städten oder touristischen Zentren mit (organisierten) Ausflügen ins Landesinnere (Pauschalreise, Unterkunft und Verpflegung in Hotels bzw. Restaurants mittleren bis gehobenen Standards).

Wichtiger Hinweis: Welche Impfungen letztendlich vorzunehmen sind, ist abhängig vom aktuellen Infektionsrisiko vor Ort, von der Art und Dauer der geplanten Reise, vom Gesundheitszustand sowie dem eventuell noch vorhandenen Impfschutz des Reisenden.

Da im Einzelfall unterschiedlichste Aspekte zu berücksichtigen sind, empfiehlt es sich immer, rechtzeitig (etwa 4–6 Wochen) vor der Reise eine persönliche Reise-Gesundheits-Beratung bei einem reisemedizinisch erfahrenen Arzt oder Apotheker in Anspruch zu nehmen.

Malaria:
- **Das Land ist malariafrei.**

Ratschläge zur Reiseapotheke:
- Vergessen Sie nicht, eine kleinere oder größere Reiseapotheke mitzunehmen (wenigstens Medikamente gegen Durchfall, Fieber und Schmerzen sowie Verbandstoff, Pflaster und Wunddesinfektion), damit Sie für kleinere Notfälle gerüstet sind. Nicht vergessen: Medikamente, die der Reisende ständig einnehmen muss! Wenn Sie spezielle Fragen zur Reiseapotheke haben, wenden Sie sich am besten an eine Apotheke mit reisemedizinisch qualifizierten Mitarbeitern.

Aktuelle Meldungen:
- **Darminfektionen:** Risiko für Durchfallerkrankungen landesweit, auch Typhus wird gelegentlich bei Rückkehrern beobachtet. Nahrungs- und Trinkwasserhygiene beachten, ggf. Impfung.

Literaturtipps

Roman

• *Mario Fortunato,* **Die Kunst leichter zu werden,** Verlag Klaus Wagenbach. Der gewaltsame Tod eines Professors verändert das Leben einer kleinen internationalen Ferien-Gemeinschaft auf Djerba: Plötzlich ist jeder verdächtig.

Kinderbuch

• *May Angéli,* **Ali Al Andaloussi, Töpfer in Tunis.** Sieht man über die holprige Rechtschreibung hinweg, ist dies das ideale Vorlesebuch für Familien, die etwas über die Ursprünge und die Entwicklung des Töpferhandwerks in Tunesien erfahren wollen. Das Buch ist sorgsam recherchiert, anhand der vielen farbigen Zeichnungen kann ein Ausflug nach Guellala perfekt vorbereitet werden. In gleicher Aufmachung sind auch erschienen: „Attia Choraqi, Juwelier in Mahdia", „Marcus Magonius, Mosaikhersteller in Karthago" und „Saliha Karoui, Weberin in Kairouan".

Kochbuch

• *Mourad Mazouz,* **Couscous & Co. Spezialitäten aus Marokko, Tunesien und Algerien.** Zur Vorbereitung der Reise, beim Sortieren von Fotos oder immer dann, wenn das Fernweh plagt – einfach in diesem Buch blättern und etwas Köstliches kochen hilft immer!

Textsammlung

• *Hans-Ulrich Wagner,* **Tunesien – Ein literarisches Portrait,** Insel Taschenbuch. Mit Geschick zusammengestellte Textsammlung von Autoren aller Jahrhunderte, zurück bis zu *Homer.*

Reisehandbuch

• *Ursula Eckert, Ingrid Retterath,* **Tunesien,** Reise Know-How Verlag. Das unentbehrliche Reisehandbuch für Individualreisende in Tunesien. Alle Regionen des Landes werden ausführlich vorgestellt, bei den Pistenrouten rund um den Chott el Djerid und in der tunesischen Sahara sind zu allen wichtigen Wegpunkten Koordinaten enthalten. *Ingrid Retterath,* Autorin des vorliegenden Djerba-Urlaubshandbuchs, ist zuständig für die Aktualisierung des Klassikers.

Sachbuch

• *Mounir Fendri,* **Kulturmensch in „barbarischer" Fremde – Deutsche Reisende im Tunesien des 19. Jahrhunderts.** Habilitationsschrift über die Kulturbeschreibungen und Werturteile von 50 Autoren, die im vorletzten Jahrhundert Tunesien bereisten.

Bild auf den Seiten 298/299: Taxifahrer an der Westküste

Glossar

- **Abou:** Vater (von ...)
- **Allah akbar:** „Gott ist groß“, islamische Glaubensformel

- **Basar:** orientalischer Markt
- **Ben:** Sohn
- **Bey:** Beamtentitel während der Türkenherrschaft
- **Bir:** Brunnen
- **Bordj:** Fort, Festung
- **Boukha:** Feigenschnaps
- **Burnus:** südtunesischer Kapuzenmantel der Männer

- **Chechia:** rote Filzkappe der Männer
- **Chicha:** Wasserpfeife
- **Chott:** Salzsee im Landesinneren

- **Dar:** Haus

- **Fantasia:** Reiterspiele
- **Foundouk:** Karawanserei, Herberge aus der Karawanenzeit

- **Ghorfa:** Speicherkammer mit Tonnengewölbe

- **Habib:** Liebling (auch männlicher Vorname)
- **Hadith:** Ausspruch des Propheten, zweite Quelle islamischen Rechts neben dem Koran
- **Hadsch:** Wallfahrt nach Mekka
- **Hammam:** maurisches Bad, Dampfbad
- **Hara:** Judenviertel
- **Henna:** roter Farbstoff zum Färben von Haaren und Haut
- **Houmt:** Viertel

- **Ibaditen:** islamische Glaubensrichtung
- **Imam:** Vorbeter

- **Kadi:** Richter
- **Karawane:** Reisegruppe in der Wüste, meist Kaufleute und Pilger
- **Kelim:** Webteppich
- **Khol:** schwarzes Pulver, das zur Betonung der Augen auf die Lider aufgetragen wird
- **Kibla:** Gebetsrichtung nach Mekka
- **Ksar** (Plural *Ksour*): festungsartige Wohn- und Speicheranlage, meist bestehend aus wabenartig übereinander gebauten Ghorfas.

- **Laghmi:** Saft aus dem Stamm der Dattelpalme
- **Lalla:** heilige Frau

- **Maalouf:** andalusische Musik, auch auf Djerba sehr verbreitet
- **Marabout:** Gebäude mit Grab für einen weisen Mann
- **Medina:** Stadt, heute meist Altstadt
- **Mehari:** Rennkamel
- **Menzel:** Familiensiedlung
- **Mihrab:** Gebetsnische
- **Mirgoun:** bestickter Webteppich
- **Minarett:** Turm einer Moschee
- **Minbar:** Treppenkanzel in der Moschee
- **Muezzin:** Gebetsausrufer

- **ONAT:** *Office National de Artisanat en Tunisie,* staatliche Einrichtung zur Förderung des Kunsthandwerks
- **ONTT:** *Office National de Tourisme en Tunisie,* staatliches Fremdenverkehrsamt

- **SOCOPA:** *La Société de Commercialisation des Produits de l'Artisanat,* staatliche Stelle zur Verkaufsförderung von Kunsthandwerk

- **Ramadan:** islamischer Fastenmonat
- **Ras:** Kap, Kopf

- **Schiiten:** islamische Glaubensrichtung
- **Schirokko:** heißer Wind
- **Sebkha/Sebkhet:** Salzsee mit Verbindung zum Meer, zumindest bei Hochwasser; in langen Trockenzeiten und bei Niedrigwasser fallen sie häufig trocken und werden zu Salztonsenken, die den inländischen Salzseen ähneln
- **Sefsari:** Umhang der Frauen
- **Seguia:** Bewässerungskanal
- **Sharia:** Recht nach dem Koran
- **Sidi:** Anredeform „Herr"
- **Souk:** Markt, Marktstraße
- **Sunniten:** islamische Glaubensrichtung
- **Sure:** Kapitel des Koran
- **Syndicat d'Initiative:** städtisches Fremdenverkehrsamt

- **Wahabiten:** islamische Glaubensrichtung

- **Zaouia:** Kulturort für einen weisen Mann
- **Zitouna:** Olivenbaum, Olive

Kleine Sprachhilfe

Französisch

Französisch ist **Handelssprache** und wird schon in den ersten Schuljahren gelehrt. Überall in Tunesien wird daher ein gut verständliches Französisch gesprochen, in Houmt Souk, Midoun, den Hotelzonen und Ausflugszielen kommt man sogar mit Deutsch zurecht.

Fast alle Schilder sind zumindest **zweisprachig** in Arabisch und Französisch verfasst.

• **Buchtipps:** Der Kauderwelsch-Band **„Französisch für Tunesien"** (REISE KNOW-HOW Verlag) ist handlich und alltagsorientiert und verzichtet auf überflüssigen akademischen Ballast. Gleiches gilt für den Band **„Tunesisch-Arabisch"**, der auch wichtige Tipps zur Grammatik und zur nonverbalen Sprache der Tunesier enthält. Beide Bücher liegen auch als AusspracheTrainer auf Audio-CD vor.

Arabisch

Arabisch ist offizielle **Amtssprache.** Jeder Urlauber, der etwas auf sich hält, versucht sich in der Landessprache. Je nach Sprachbegabung und Temperament werden VHS-Kurse besucht, Fernschulverträge abgeschlossen, Sprachführer gekauft oder der Inhaber des marokkanischen Grillstübchens um die Ecke gelöchert. Dabei ist immer zu beachten, dass **Arabisch nicht gleich Arabisch** ist. Das in Tunesien gesprochene Arabisch weicht zum Teil deutlich vom Hocharabisch und von den Dialekten der Nachbarländer ab. Aber schon einige wenige Worter, in der entsprechenden Situation richtig eingesetzt, können Wunder wirken. Mit einem lauten „Kiff!" (Halt! Stopp!) habe ich auch ohne Sprachenstudium ein kleines Mädchen vor einem herannahenden Sattelschlepper warnen können; aufdringliche Strandverkäufer reagieren verblüfft auf ein „Imschi!" (Geh weg!) – wie angenehm! Und ein simples „Shukran" (Danke) sollte auch gänzlich Sprachunbegabten problemlos über die Lippen kommen.

Geschrieben und gelesen wird im Arabischen **von rechts nach links,** Zahlen allerdings werden stets von links nach rechts geschrieben. In Tunesien werden Zahlen meist mit lateinischen Ziffern gebildet.

Einige Worte und Wendungen

(„kh" wird wie „ch" in Loch ausgesprochen.)

ja	naam
nein	la
bitte	men fadlek
danke	shukran
bitte (auf danke)	afuan
Willkommen!	marhaba
Hallo	asslama
Auf Wiedersehen	bisslama
Gute Reise!	bismillah
Wie geht's?	labass?
es geht	labass
gut/okay	behi
nicht gut/schlecht	misch behi
Vorsicht!	baalek
Stopp!	kiff
Geh weg!	Imschi
Hau ab!	barra (sehr grob, wirkt wie „verpiss dich!")
Entschuldigung!	sahmani
Tee (mit Minze)	tay (bennana)
Kaffee (Mokka)	kahwa (kahwa arabi)
Wasser	mä
Milch	halib
Suppe	schorba
Obst	khalla
Brot	khobs
Gemüse	khodra
Fisch	huta
Fleisch	leham
Guten Appetit!	chakya ta-iba
du	änti (w.)/äntä (m.)
ich	änä
ich heiße ...	änä ismi ...
ich bin ...	änä ...
... Deutscher	... almani
... Österreicher	... nimsewi
... Schweizer	... swisri
Sprechen Sie ...?	tkalam änti (w.)/äntä (m.)
... deutsch	... almani
... englisch	... inglesi
... französisch	... faranzi
langsam	schwaya schwaya

Wo ist ...?	fen ...?
rechts	jemin
links	jesar
geradeaus	tul

Zahlen

1	١	6	٦
2	٢	7	٧
3	٣	8	٨
4	٤	9	٩
5	٥	0	٠

Wichtige Worte in arabischer Schrift

Abfahrt/Abflug	قيام
Ankunft	وصول
Apotheke	صيدلية
Ausgang	خروج
Damen	للسيدات
Eintritt verboten!	ممنوع الدخول
Eingang	دخول
Fotografieren verboten!	ممنوع تصوير
Frisch gestrichen!	احذر البويا
Gefahr!	خطر
Hammam, Dampfbad	حمام
Herren	للرجال
Hotel	اوتيل
Jugendherberge	فندق دار
Krankenhaus	مستشفى
Notausgang	ممنوع التدخين
Rauchen verboten!	باب الطوارئ
Raucher	ممنوع التدخين
Restaurant	مطعم
Toiletten	مسموح التدخين

Reise Know-How

Edition RKH

Praxis

Die Reiseführer auf einen Blick

Reisehandbücher
Urlaubshandbücher
Reisesachbücher
Rad & Bike

Afrika, Bike-Abenteuer
Afrika, Durch, 2 Bde.
Agadir, Marrakesch, Südmarokko
Ägypten
Ägypten/Niltal
Alaska ⇗ Kanada
Algerische Sahara
Äqua-Tour
Argentinien, Uruguay, Paraguay
Äthiopien
Auf nach Asien!
Australien, Osten und Zentrum
Australien – Handbuch für Auswanderer

Bahrain
Baikal, See u. Region
Bali und Lombok
Bali, die Trauminsel
Bangkok
Botswana
Brasilien
Brasilien kompakt

Cabo Verde
Chile, Osterinsel
China
Chinas Osten
Costa Rica
Cuba

Dominikanische Republik
Dubai, Emirat

Ecuador, Galapagos
El Hierro
Erste Hilfe unterwegs

Fahrrad-Weltführer
Florida
Fuerteventura

Gomera
Gran Canaria
Guatemala

Havanna
Hawaii
Honduras
Hongkong, Macau, Kanton

Indien Norden
Indien Süden
Iran

Jemen
Jordanien

Kalifornien und USA Südwesten
Kalifornien, Süden und Zentrum
Kambodscha
Kamerun
Kanada, USA
Kanadas Maritime Provinzen
Kanadas Osten, USA Nordosten
Kanadas Westen, Alaska
Kapstadt – Garden Route (Südafrika)
Kapverdische Inseln
Kenia
Kerala (Indien)
Kreuzfahrtführer
Krügerpark – Kapstadt (Südafrika)

Ladakh, Zanskar
Lanzarote
La Palma
Laos
Lateinamerika BikeBuch
Libyen

Malaysia, Singapur, Brunei
Marokko
Mauritius, La Réunion
Mexiko
Mexiko kompakt
Mongolei
Motorradreisen
Myanmar

Namibia
Neuseeland BikeBuch
New Orleans
New York City

Oman
Outdoor-Praxis

Panama
Panamericana, Rad-Abenteuer
Peru, Bolivien
Peru kompakt
Phuket (Thailand)

Qatar
Queensland (Australien)

Rajasthan (Indien)

San Francisco
Senegal, Gambia
Singapur
Sri Lanka
St. Lucia, St. Vincent, Grenada
Südafrika
Südafrika: Kapstadt – Garden Route
Südafrika: Krügerpark – Kapstadt
Sydney
Syrien

Taiwan
Tansania, Sansibar
Teneriffa
Thailand
Thailand – Tauch- und Strandführer
Thailands Süden
Tokyo, Kyoto, Yokohama
Transsib
Trinidad und Tobago
Tunesien
Tunesiens Küste
Türkei, Hotelführer

Uganda, Ruanda
USA, als Gastschüler
USA, Canada
USA Nordosten, Kanada Osten,
USA Süden
USA Südwesten, Kalif., Baja California
USA, Südwesten, Natur u. Wandern
USA, Westen

Vereinigte Arabische Emirate
Vietnam

Westafrika – Sahel
Westafrika – Küste
Wo es keinen Arzt gibt

Yucatán, Chiapas (Mexiko)

Edition RKH

Abenteuer Anden
Durchgedreht – Sieben Jahre im Sattel
Inder, Leben und Riten
Myanmar – Land der Pagoden
Please wait to be seated
Rad ab!
Salzkarawane
Südwärts durch Lateinamerika
Taiga Tour
USA – Unlimited Mileage

Praxis

Aktiv Marokko
All inclusive?
Australien: Reisen/Jobben
Australien: Outback/Bush
Auto durch Südamerika
Ayurveda erleben
Buddhismus erleben
Canyoning
Clever buchen/fliegen
Daoismus erleben
Drogen in Reiseländern
Dschungelwandern
Expeditionsmobil
Fernreisen, Fahrzeug
Fliegen ohne Angst
Frau allein unterwegs
Früchte Asiens
Fun u. Sport im Schnee
Geolog. Erscheinungen
GPS f. Auto, Motorrad
GPS Outdoor
Handy global
Hinduismus erleben
Höhlen erkunden
Hund, Verreisen mit
Indien und Nepal, Wohnmobil
Internet für die Reise
Islam erleben
Kanu-Handbuch
Kartenlesen
Kommunikation unterw.

Fernziele

Konfuzianismus erleben
Kreuzfahrt-Handbuch
Küstensegeln
Maya-Kultur erleben
Mountainbiking
Mushing/Hundeschlitten
Neuseeland: Reisen und Jobben
Orientierung mit Kompass und GPS
Paragliding-Handbuch
Pferdetrekking
Radreisen
Reisefotografie
Reisefotografie digital
Reisen und Schreiben
Reiserecht
Respektvoll reisen
Safari-Handbuch Afrika
Schutz vor Gewalt und Kriminalität
Schwanger reisen
Selbstdiagnose unterwegs
Shopping Guide USA
Sicherheit Bärengeb.
Sicherheit am Meer
Sonne, Wind, Reisewetter
Sprachen lernen
Südamerika, Auto
Survival-Handbuch Naturkatastrophen
Tango in Buenos Aires
Tauchen Kaltwasser
Tauchen Warmwasser
Transsib – Moskau-Peking
Trekking-Handbuch
Trekking/Amerika
Trekking/Asien Afrika, Neuseeland
Tropenreisen

Fernziele

Praxis – die handlichen Ratgeber

Wer seine Freizeit aktiv verbringt, in die Ferne schweift, moderne Abenteuer sucht, braucht spezielle Informationen und Wissen, das in keiner Schule gelehrt wird. REISE KNOW-HOW beantwortet mit über 120 Titeln die vielen Fragen rund um Freizeit, Urlaub und Reisen in einer praktischen Ratgeberreihe: „Praxis".

So vielfältig die Themen auch sind, gemeinsam sind allen Büchern die anschaulichen und allgemein verständlichen Texte. Praxiserfahrene Autoren schöpfen ihr Wissen aus eigenem Erleben und würzen ihre Bücher mit unterhaltsamen und teils kuriosen Anekdoten.

Jeder Titel hat 144–160 Seiten, ein handliches Taschenformat in der Größe von 10,5 x 17 cm, eine robuste Bindung, Glossar, Register und Griffmarken zur schnellen Orientierung.

Zu allen lieferbaren Titeln vgl. die Programmübersicht.

- Klaus Becker:
Tauchen in warmen Gewässern
- M. Faermann:
Sicherheit im und auf dem Meer
- Volker Heinrich:
Reisefotografie digital
- Frank Littek:
Fliegen ohne Angst
- Rainer Höh:
Orientierung mit Kompass und GPS
- Wolfram Schwieder:
Richtig Kartenlesen
- Rainer Höh:
Outdoor-Navigation

REISE KNOW-HOW Verlag, Bielefeld

Mit REISE KNOW-HOW gut orientiert unterwegs

Die Landkarten des **world mapping project** bieten gute Orientierung – weltweit.

- Moderne Kartengrafik mit Höhenlinien, Höhenangaben und farbigen Höhenschichten
- GPS-Tauglichkeit durch eingezeichnete Längen- und Breitengrade und ab Maßstab 1:300.000 zusätzlich durch UTM-Markierungen
- Einheitlich klassifiziertes Straßennetz mit Entfernungsangaben
- Wichtige Sehenswürdigkeiten, herausragende Orientierungspunkte und Badestrände werden durch einprägsame Symbole dargestellt
- Der ausführliche Ortsindex ermöglicht das schnelle Finden des Zieles
- Wasser abstoßende Imprägnierung
- Kein störender Pappumschlag, der den behindern würde, der die Karte unterwegs individuell falzen möchte oder sie einfach nur griffbereit in die Jackentasche stecken will

Derzeit rund 160 Titel lieferbar (siehe unter www.reise-know-how.de), z.B.:

- **Ägypten** (1:1,25 Mio.)
- **Libyen** (1:1,6 Mio.)
- **Marokko** (1:1 Mio.)
- **Tunesien** (1:600.000)

world mapping project
REISE KNOW-HOW Verlag, Bielefeld

Register

Entfernungen

Auf Djerba:

• Houmt Souk – Ras Taguermes	20 km
• Houmt Souk – Flughafen Mellita	11 km
• Houmt Souk – Ajim	22 km
• Houmt Souk – Midoun	17 km
• Houmt Souk – Erriadh	10 km
• Houmt Souk – El May	11 km
• Houmt Souk – Guellala	19 km
• Ajim – Guellala	11 km
• El Kantara – Guellala	9 km
• El Kantara – Sedouikech	7 km
• El Kantara – Aghir	13 km
• Midoun – Aghir	6 km
• Aghir – Ras Taguermes	10 km

Auf dem Festland:

• Ajim/Djorf – Bou Grara/Gightis	20 km
• Ajim/Djorf – Mareth	43 km
• Ajim/Djorf – Gabès	82 km
• Ajim/Djorf – Medenine	47 km
• Ajim/Djorf – Tataouine	96 km
• Ajim/Djorf – Tunis	445 km
• Ajim/Djorf – Zarzis	109 km
• El Kantara – Zarzis	27 km
• El Kantara – Medenine	71 km
• El Kantara – Tataouine	107 km
• Zarzis – Ben Guerdane	46 km
• Zarzis – Tunis	544 km

Die Autorin

Ingrid Retterath (www.retterath.net) lebt in Hürth bei Köln. Sie ist Juristin im Hauptberuf und bereist Tunesien mehrmals jährlich. Seit dem Jahr 2000 aktualisiert sie das Reise Know-How-Handbuch „Tunesien" von *Ursula Eckert*. Als freie Reiseschriftstellerin verfasst sie ferner Regionalreiseführer und Wanderführer mit den Schwerpunkten Rheinland, Eifel und Wales. An der Redaktion der Reise Know-How-Karte zu Tunesien im *world mapping project* ist sie ebenfalls beteiligt.

dje_093 Foto: dw